Ullstein Sachbuch

ÜBER DAS BUCH:

Vor über hundert Jahren, noch zur Zeit des wahren »Wilden Westens«, machte sich der deutschstämmige J. W. Schultz, Abenteurer aus Leidenschaft, auf, als Weißer bei den Schwarzfuß-Indianern zu leben.
Aus dem jungen Highschool-Absolventen von der amerikanischen Ostküste wurde ein zäher Trapper, ein Mann, der nicht nur unter den Indianern lebte, sondern einer von ihnen wurde, der mit seinen Freunden auf den Kriegspfad ging und zusammen mit seiner Geliebten, der Squaw Nät-ah'-ki, den Bison jagte.
Als Schultz in das Land der Indianer kam, war die Welt des Roten Mannes – fast – noch in Ordnung. Gut zwanzig Jahre später war der letzte Bison geschossen, das Feuerwasser floß in Strömen, und der Weiße Mann sprach das Urteil über eine alte, stolze Kultur: Ab ins Reservat!
Dieser autobiographische Bericht eines »weißen Indianers« ist nicht nur spannende Abenteuer-Lektüre, sondern zugleich ein letztes Porträt von Menschen, deren Leben noch eins war mit der Natur, mit ihren Göttern, mit sich selbst – das Bild einer Zeit, die unwiederbringlich verloren ist und deren Botschaft dennoch – oder gerade deshalb – um so eindringlicher zu uns spricht.

DER AUTOR:

James Willard Schultz (1859–1947), geboren in Neuengland, verließ sein Elternhaus im Alter von 17 Jahren, zog zu den Blackfoot-Indianern und heiratete dort eine Squaw.
Indem er nicht nur als Beobachter, sondern als Mitglied des Stammes das Leben, die Zeremonien und Rituale der Indianer erlebte, wurde er zu einem der besten, auch in ethnologischen Kreisen anerkannten Kenner dieser Kultur. Er verfaßte zahlreiche ethnologische Abhandlungen und Bücher über die indianische Lebensweise. Der hier vorliegende Bericht erschien erstmals 1907 in den Vereinigten Staaten.

James Willard Schultz

Sucht mich in der Prärie

Mein Leben als Indianer

Ullstein Sachbuch

Ullstein Sachbuch
Ullstein Buch Nr. 34302
im Verlag Ullstein GmbH,
Frankfurt/M – Berlin – Wien
Amerikanischer Originaltitel:
»My Life as an Indian«
Übersetzt von Amelie Schenk

Ungekürzte Ausgabe

Umschlagentwurf:
Hansbernd Lindemann
Unter Verwendung einer Illustration des
Archivs für Kunst und Geschichte, Berlin

Printed in Germany 1985
Druck und Verarbeitung:
Elsnerdruck, Berlin
ISBN 3 548 34302 3

November 1985

CIP-Kurztitelaufnahme
der Deutschen Bibliothek

Schultz, James W.:
Sucht mich in der Prärie: mein Leben als
Indianer/James Willard Schultz. [Übers.
von Amelie Schenk]. – Ungekürzte Ausg. –
Frankfurt/M; Berlin; Wien: Ullstein, 1985.
(Ullstein-Buch; Nr. 34302:
Ullstein-Sachbuch)
Einheitssacht.: My life as an indian ‹dt.›
ISBN 3-548-34302-3

NE: GT

Inhalt

Fort Benton

Die Liebe zum freien Leben und zum Abenteuer ist mir wohl angeboren. So weit meine Erinnerung zurückreicht, war ich in meiner Heimatstadt in New England nur dann glücklich, wenn ich in den Schulferien durch die großen Wälder im Norden streifte, weitab vom Lärm der Kirchen- und Schulglocken und der pfeifenden Lokomotiven. Aber es kam der Tag, an dem ich endlich tun und lassen konnte, was ich wollte, und so verließ ich an einem warmen Aprilmorgen St. Louis auf einem Dampfschiff, das missouriaufwärts in Richtung Ferner Westen fuhr. Mein erstes Reiseziel war Fort Benton im Missouri-Territorium, 2600 Meilen den Big Muddy flußaufwärts.

Immer und immer wieder hatte ich Lewis' und Clarks *Journal*, Catlins *Eight Years* und *The Oregon Trail*, das Buch über Fremonts Expeditionen, gelesen; endlich sollte ich wirklich etwas von dem Land und den Indianerstämmen sehen, über die sie berichteten.

Als wir dann ins Land der Bisons vordrangen, bedauerte ich es, an vielen Orten vorbeifahren zu müssen – ich hätte nur zu gern einen Zwischenhalt gemacht und sie erforscht. Doch der Kapitän der Prahm sagte dann immer: »Nur Geduld, halte bis Fort Benton durch. Dort wirst du Händler und Trapper aus dem ganzen Nordwesten treffen, alles Männer, auf die du dich verlassen und mit denen du umherziehen kannst. Großer Gott, Junge, angenommen, ich würde dich hier an Land setzen! Mit Sicherheit hättest du deinen Skalp keine zwei Tage lang! Diese Schluchten und Waldungen verbergen so manchen umherziehenden Trupp von Kriegern. Auch wenn du sie nicht siehst, sind sie trotzdem da.«

Ich konnte mir damals kaum vorstellen, daß ausgerechnet mir, der ich so viel von den Indianern hielt und mit ihnen leben wollte, von ihrer Seite etwas zustoßen sollte. Doch eines Tages bot sich uns irgendwo zwischen Round Butte und der Mündung des Musselshell River ein gräßlicher Anblick. An einer abschüssigen, sandigen Uferböschung lagen bei einem noch schwelenden Feuer, aus dem auch ihr halb verkohlter Kahn ragte, die Überreste von drei weißen Männern. Sie waren skalpiert und in Stücke geschnitten, ihre Köpfe zerschmettert, Hände und Füße abgetrennt und wahllos durcheinandergeworfen. Wir hielten an und begruben sie. Ich bat nicht noch einmal darum, an Land gesetzt zu werden.

Unser Boot war das erste, das in diesem Frühjahr Fort Benton erreichte. Schon lange bevor wir in Sichtweite des Ortes kamen, hatten die Einwohner die Rauchfahne unseres Bootes bemerkt und Vorbereitungen getroffen, uns gebührend zu empfangen. Sobald wir um die Biegung des Flusses kamen und uns der Landestelle näherten, donnerten die Kanonen, wurden Flaggen geschwungen, und die gesamte Bevölkerung versammelte sich am Ufer, um uns zu begrüßen. Die Schar wurde von zwei Händlern angeführt, die vor einiger Zeit die American Fur Company, mit ihrem Fort und allem, was dazu gehörte, aufgekauft hatten. Sie trugen Anzüge aus blauem, feinem Wollstoff und langschwänzige, hochkragige, mit leuchtenden Messingknöpfen besetzte Röcke. Darunter trugen sie weiße Hemden mit Stehkragen und schwarze Krawatten; ihr langes, ordentlich gekämmtes Haar fiel ihnen bis auf die Schultern. Neben ihnen standen ihre Angestellten und Handwerker – Kontoristen, Schneider, Zimmerleute; sie hatten Anzüge aus schwarzem Barchent an, ebenfalls mit Messingknöpfen geschmückt, und auch ihr Haar war lang. Sie trugen mit enthaarter Bisonhaut besohlte Mokassins, die mit verschlungenen und blumigen Mustern aus Glasperlen bunt verziert waren. Hinter diesen Honoratioren des Ortes stand eine Gruppe von Leuten, die besonders malerisch aussah; da waren die französischen Arbeiter, zum größten Teil Kreolen aus St. Louis und vom unteren Mississippi, Männer, die ihr Leben lang für die American Fur Company gearbeitet und schon so manches Schiff über beträchtliche Entfernungen den sich windenden Missouri heraufgetreidelt hatten. Diese Männer trugen schwarze Barchentumhänge oder Kapuzenmäntel und durch Schärpen gehaltene Barchent- oder Wildlederhosen. Zu dieser Gruppe gehörten auch Viehtreiber, Maultiertreiber, »Freihändler« und unabhängige Trapper, die meisten von ihnen in Anzügen aus einfachem oder mit Fransen besetztem und mit Perlen besticktem Wildleder. Fast alle von ihnen hatten Messer und sechsschüssige Colts in ihren Gürteln stekken; ihre Kopfbedeckung, besonders jene der Händler und Trapper, war selbstgemacht und im allgemeinen aus dem Fell eines Präriefuchses zu einem mehr oder weniger runden Gebilde zusammengenäht, so daß der Kopf des Tiers vorne saß, während der Schwanz über den Rücken fiel. Hinter den Weißen standen einige Indianer, Männer und Jugendliche aus dem nahen Lager und Frauen, die mit den ansässigen oder hier gerade Station machenden Weißen verheiratet waren.

Von dem, was ich auf unserer Fahrt flußaufwärts von den verschiedenen Stämmen gesehen hatte, wußte ich bereits, daß der gewöhnliche Prärie-Indianer nicht das prächtig mit Adlerfedern geschmückte Geschöpf ist, das ich mir nach den verschiedenen Drucken und Beschreibungen vorgestellt hatte. Selbstverständlich besaßen alle solche bunten Kostüme, man legte sie jedoch nur zu feierlichen Gelegenheiten an. Jene, die ich jetzt sah, trugen lederne Leggins, einfache oder mit Perlen bestickte Mokassins, Kattunhemden und entweder eine Dekke oder eine lederne Toga. Die meisten waren barhäuptig, die Haare hatten sie ordentlich geflochten und ihre Gesichter waren mit rötlich-braunem Ocker oder Chinesischem Zinnober bemalt. Einige führten einen Bogen und Köcher mit Pfeilen bei sich, andere Steinschloßgewehre, wieder andere besaßen die moderneren Zündhütchengewehre. Die Frauen trugen Kattunkleider, einige der »Ehefrauen« der Händler, Kontoristen und Handwerker sogar Gewänder aus Seide, goldene Ketten und Uhren, und alle hatten den unvermeidlichen, prächtig gefärbten und gefransten Schal über ihre Schultern geworfen.

Die Stadt ließ sich, klein wie sie damals war, mit einem Blick überschauen. Es gab ein großes rechteckiges Fort aus Adobe-Ziegeln, das an jeder Ecke mit Kanonen bestückte Wehrtürme hatte. Oberhalb, in geringer Entfernung davon, lagen einige Blockhütten und aus Lehm erbaute Unterkünfte. Dahinter, über eine lange, breite Talsohle verstreut, erstreckten sich ein Händler- und Trapperlager neben dem anderen und Kolonne um Kolonne von mit Planen bezogenen Frachtwagen; und unterhalb, am entferntesten Ende der Ebene, hatten sich einige hundert Piegan-Familien angesiedelt. Diese kunterbunte Gesellschaft hatte sich schon vor Tagen und Wochen versammelt und seither ungeduldig die Ankunft des Dampfschiffes erwartet. Die Lebensmittelvorräte, die die Boote im Jahr zuvor hier herausgebracht hatten, waren auf Grund der starken Nachfrage schon längst verbraucht. Tabak gab es um keinen Preis. Keno Bill, der hier eine Bar und einen Spielsaloon betrieb, war der einzige, der noch Branntwein besaß – und der war nichts anderes als vier zu eins mit Wasser verdünnter Alkohol. Er verkaufte ihn für einen Dollar das Glas. Es gab kein Mehl, keinen Zucker, keinen Speck mehr in der Stadt, doch das machte nichts, denn Bison- und Antilopenfleisch gab es reichlich. Wonach alle, Indianer wie Weiße, sich sehnten, waren Tabak und Schnaps. Und nun endlich war es soweit: Da nahte eine ganze Schiffsladung Tabak und Schnaps zusammen mit den Lebensmitteln. Kein Wunder, daß Kanonen krachten und Fahnen flatterten und die Bevölkerung jubelte, als das Boot beidrehte.

Ich ging an Land und stieg im Overland Hotel ab, einer ziemlich großen Blockhütte mit einer Reihe Anbauten im gleichen Baustil. Zum Abendessen gab es erstklassige gebratene Bisonrippenstücke, Speck und Bohnen, weiche Brötchen, Kaffee mit Zucker, Sirup, Kompott aus getrockneten Äpfeln. Die Stammgäste nahmen kaum von dem Fleisch, doch die Mengen Brot, Sirup und getrocknete Äpfel, die sie wegputzten, waren erstaunlich.

Ich hatte Empfehlungsschreiben an die Firma, die die American Fur Company aufgekauft hatte. Dort empfing man mich freundlich, und einer der Leute der Firma führte mich herum, um mich mit den verschiedenen Angestellten, den Einwohnern der Stadt und mit einigen Händlern und Trappern bekannt zu machen. Unter den Trappern traf ich einen Mann, der nur wenige Jahre älter war als ich selbst, und der, so sagte man mir, der erfolgreichste und wagemutigste Händler der Prärien war. Er beherrschte mehrere indianische Sprachen und fühlte sich in den Lagern eines jeden Stammes der Umgebung zu Hause. Die Indianer nannten ihn Berry.

Noch nicht eine halbe Stunde nach Ankunft des Schiffes sank der Preis für Whisky auf normale 50 Cent für einen Drink und für Tabak auf 2 Dollar das Pfund. Die Weißen strömten – mit wenigen Ausnahmen – in die Saloons, um dort zu trinken, zu rauchen und zu spielen. Einige beeilten sich, ihre Wagen mit kleinen Fässern zu beladen, und machten sich zum indianischen Lager auf. Die Indianer hatten erstklassige Bisonfelle und wollten Whisky. Den bekamen sie. Als die Nacht hereinbrach, war die einzige Straße des Ortes voll von ihnen, sie galoppierten auf ihren gescheckten Ponys auf und ab, sangen, johlten, feuerten aus ihren Büchsen und verlangten, so erzählte man mir, lautstark nach mehr Branntwein. In dieser Nacht florierte ein reger Handel an den Hintertüren des Saloons. Reichte ein Indianer eine ansehnliche Bisonrobe mit Kopf und Schwanz herein, erhielt er dafür zwei oder gar drei Flaschen Branntwein. Er hätte genausogut geradewegs durch die Vordertür eintreten und über die Bar den Tausch vollziehen können, dachte ich, erfuhr aber, daß ein Marshal der Vereinigten Staaten sich irgendwo im Territorium aufhielt und niemand voraussehen konnte, wann er auftauchen würde.

Berry und ich spazierten die Straße hinauf zu einer ziemlich großen, aus Adobe-Ziegeln erbauten Hütte. Wir kamen zur geöffneten Eingangstür und schauten hinein. »Hallo Berry, komm rein alter Junge!« riefen einige Tänzer, und »Bon soir, Monsieur Berri, bon soir, entrez, entrez!« Wir traten ein und nahmen auf einer Bank an der Wand Platz. Sämtliche Frauenzimmer im Raum waren Indianerinnen, überhaupt waren sie zu jener Zeit die einzigen Frauen in ganz Montana, einmal abgesehen von einer Handvoll weißer Tingeltangel-Mädchen bei den Gruben von Helena und Virginia City.

Diese indianischen Frauen waren, was mir schon am Morgen aufgefallen war, als ich etliche von ihnen auf dem Uferdamm gesehen hatte, anmutig, von gefälliger Gestalt und hohem Wuchs, und sie wirkten ordentlich gekleidet, obwohl sie kein Korsett kannten und Mokassins trugen. Wie sehr unterschieden sie sich doch von den gedrungenen, grobschlächtigen, dunkelhäutigen Eingeborenen der Wälder im Osten, denen ich begegnet war. Und sie besaßen sehr viel Stolz und Würde, das konnte man auf den ersten Blick sehen. Nichtsdestoweniger waren sie vergnügt, schwatzten und lachten genauso wie ein Haufen weißer Frauen. Das verblüffte mich. Ich hatte gelesen, daß die Indianer wortkarge, finstere, gleichmütige Menschen seien, die selten lächelten, geschweige denn ausgelassen und frei heraus lachen und scherzen konnten.

»Dies«, erklärte mir Berry, »ist der Tanzabend der Händler und Trapper. Der Herr des Hauses ist nicht daheim, sonst hätte ich dich mit ihm bekannt gemacht. Was die anderen angeht«, fuhr er mit einer ausholenden Handbewegung fort, »die sind jetzt zu sehr beschäftigt, als daß ich sie dir vorstellen könnte. Mit den Frauen kann ich dich nicht bekannt machen, da sie kein Englisch sprechen. Wie auch immer, du mußt mit ein paar von ihnen tanzen.«

»Aber wenn sie unsere Sprache nicht sprechen, wie soll ich sie dann zum Tanzen auffordern?«

»Geh auf die zu, die dir gefällt, und sage *Ki-tak-stai-pes-ka* – magst du tanzen?«

Gerade hatte eine Quadrille aufgehört. Beherzt ging ich auf die nächste Frau zu, während ich die Worte immer wieder vor mich hinmurmelte, um sie nicht zu vergessen; ich verbeugte mich höflich und sagte: *»Ki-tak-stai-pes-ka?«*

Die Frau lachte, nickte und erwiderte *»Ah!«*, was »Ja« hieß, wie ich später erfuhr. Sie streckte ihre Hand aus, ich ergriff sie und führte sie auf den Tanzboden zur nächsten Quadrille, die sich soeben formierte. Während wir warteten, redete sie mich mehrmals an, doch ich konnte lediglich mit dem Kopf schütteln und sagen: »Ich verstehe nichts.« Sie lachte und wandte sich in ihrer Sprache an ihre Nachbarin, eine andere hübsche junge Frau, die genauso lachte und mich mit einem belustigten Blick ansah. Das brachte mich in Verlegenheit.

Die Musik spielte auf, und ich entdeckte, daß meine Dame eine behende, graziöse Tänzerin war. Ich vergaß meine Verlegenheit und freute mich von Herzen an der Quadrille, meiner fremdartigen Partnerin, der sonderbaren Musik und der ungewohnten Umgebung.

Als der Tanz zu Ende war und ich meine Partnerin zu einem Sitzplatz bringen wollte, führte sie mich statt dessen zu Berry hinüber, der auch getanzt hatte. Sie wechselte rasch einige Worte mit ihm.

»Dies«, sagte er zu mir, »ist Mrs. Sorrel Horse [Rotfuchs]. Sie lädt uns ein, sie und ihren Mann nach Hause zu begleiten und ein kleines Fest zu feiern.«

Natürlich schlugen wir das nicht ab, und nach einigen weiteren Tänzen brachen wir auf. Ich wurde mit Sorrel Horse bekannt gemacht, einem sehr großen, schlanken Mann mit fuchsrotem Haar und Schnurrbart sowie blauen Augen. Er war, wie ich erst später erfahren sollte, ein Mann von ausgesprochen fröhlichem Temperament, selbst unter den widrigsten Umständen, und ein aufrichtiger Freund für jene, die er gerne hatte, jedoch der Schrecken aller, die ihn zu hintergehen suchten.

Sorrel Horses Zuhause war ein schmuckes, großes indianisches Zelt aus 18 Häuten, das neben seinen zwei Planwagen nahe dem Flußufer stand. Seine Frau entfachte ein kleines Feuer, bereitete Tee zu und setzte uns kurz darauf einige am offenen Feuer gebackene Brötchen vor, geröstete Bisonzunge und Büffelbeerenkompott. Wir ließen uns das Essen schmekken, und ich begeisterte mich vor allem für die prachtvolle Ausstattung des Zeltes: das Ruhelager, auf dem wir saßen, aus geschmeidigen Bisonroben, die abgeschrägten Rückenlehnen aus Weidenholz an jedem Ende, das muntere kleine Feuer in der Mitte, die seltsam geformten, bemalten und mit Fransen besetzten Parfleches, in denen Mrs. Sorrel Horse ihre Lebensmittelvorräte und ihre verschiedenen Habseligkeiten aufbewahrte. Alles war neu und aufregend für mich, und als Sorrel Horse, nachdem wir geraucht und geplaudert hatten, sagte: »Es wäre das beste, Jungens, ihr macht's euch hier für die Nacht bequem«, war mein Glück vollkommen. Mit weichen Decken zugedeckt schliefen wir auf dem Bisonfellager ein, während wir auf das leise Rauschen des Flusses horchten.

Entführung am Judith River

Wir machten aus, daß ich im Herbst, wenn Berry seinen Handel mit den Indianern wieder eröffnete, mit ihm zusammentreffen sollte. Er besaß mehrere Ochsengespanne, mit denen er im Sommer Waren von Fort Benton zu den Minenfeldern beförderte. So kam er eher auf seine Kosten, denn Hirsch-, Wapiti- und Antilopenfelle – die einzigen wertvollen Felle, welche die Indianer zu dieser Jahreszeit anzubieten hatten, brachten nicht viel ein, und Bisonroben besaßen nur Wert, wenn sie von Tieren stammten, die von November bis Ende Februar erlegt worden waren.

Ich wollte in diesem Land, wo die Sonne so herrlich scheint und die Luft so trocken und klar ist, den Sommer über jagen und umherstreifen. Ich kaufte mir also die hier übliche Bettrolle, Unmengen von Tabak und 44 Packungen Patronen für meinen Henry-Stutzen, ein für die Bisonjagd abgerichtetes Pferd und einen Sattel. Dann verließ ich mit Sorrel Horse die Stadt.

Sorrel Horse besaß ein wahrhaft langes Gespann, einen großen Wagen mit Anhänger, der von acht Pferden gezogen wurde. Er war bis oben hin mit Lebensmitteln und Handelsgütern beladen, denn er wollte die Small Robes, eine Untergruppe der Piegan, auf die alljährliche Sommerjagd begleiten. Das paßte mir sehr gut, und so nahm ich seine Einladung, ihn zu begleiten, gerne an. Jetzt konnte ich dieses Volk endlich richtig kennenlernen. Sorrel Horses Schwager, Lis'-sis-tsi bzw. Wolverine [Vielfraß], und ich wurden sehr gute

Freunde. Ich lernte bald, mich durch Zeichensprache zu verständigen, und er half mir beim Erlernen der Blackfoot-Sprache.

Wir verbrachten den Sommer teils am Fuß der Belt Mountains, teils am Warm Spring Creek und am Judith River. Ich beteiligte mich an den Bisontreibjagden, und dank meines schnellen und wohltrainierten Pferdes erlegte ich selbst viele dieser Tiere. Mit Wolverine zusammen jagte ich Antilopen, Wapitis, Hirsche, Dickhornschafe und Bären.

Es gab Tage, an denen Wolverine mit langem Gesicht und geistesabwesender Miene umherlief und nur antwortete, wenn er etwas gefragt wurde. Eines Tages im August, als er wieder einmal in dieser Stimmung war, wollte ich wissen, was ihn denn so bekümmere.

»Mir fehlt nichts«, erwiderte er. Doch nach einem langen Schweigen erklärte er: »Ich habe gelogen, ich habe sogar großen Kummer. Ich liebe Piks-ah'-ki, und sie liebt mich, aber ich darf sie nicht haben, denn ihr Vater will sie mir nicht geben. Ihr Vater ist ein Gros Ventre und ihre Mutter eine Piegan. Vor langer Zeit beschützte mein Volk die Gros Ventre, kämpfte für sie und half ihnen, ihr Land gegen alle Feinde zu verteidigen. Dann zerstritten sich die beiden Stämme und führten jahrelang Krieg gegeneinander. Letzten Winter schlossen sie jedoch wieder Frieden. Damals sah ich auch Piks-ah'-ki zum ersten Mal. Sie ist sehr schön und groß, hat langes Haar, Augen wie eine Antilope und zierliche Hände und Füße. Oft ging ich zum Zelt ihres Vaters, und wenn die anderen es nicht merkten, schauten wir uns an. Eines Abends stand ich am Zelteingang, als sie gerade herauskam, um einen Arm voll Holz vom großen Haufen neben dem Zelt zu holen. Ich hielt sie fest und küßte sie, und sie legte ihre Arme um meinen Hals und küßte mich ebenfalls. Daher weiß ich, daß sie mich auch liebt. Glaubst du, sie hätte das getan, wenn sie mich nicht liebte?«

»Nein, das glaube ich nicht.«

Sein Gesicht heiterte sich auf, und er fuhr fort: »Obwohl

ich damals nur 12 Pferde besaß, sandte ich sie ihrem Vater mit der Botschaft, daß ich seine Tochter heiraten wolle. Er schickte sie mir mit den Worten zurück: ›Meine Tochter soll keinen armen Mann heiraten.‹

Ich schloß mich dann einem Kriegstrupp gegen die Crow an und brachte 8 von ihren besten Pferden mit nach Hause. Ich erhandelte noch weitere, bis ich insgesamt 32 besaß. Ich schickte einen Freund mit ihnen zum Lager der Gros Ventre, um noch einmal um das Mädchen zu werben; doch er kam wieder mit den Pferden zurück. Ihr Vater hatte gesagt: ›Meine Tochter wird Wolverine niemals heiraten, denn die Piegan haben meinen Sohn und meinen Bruder getötet.‹« Unschlüssig sah er zwei- oder dreimal zu mir herüber und sagte endlich: »Die Gros Ventre lagern am Missouri, an der Mündung des kleinen Judith River. Ich werde das Mädchen stehlen. Willst du mit mir kommen?«

»Ja«, erwiderte ich rasch, »ich werde mit dir kommen. Aber warum fragst du nicht einige der Raven Carriers, ob sie mit dir gehen wollen? Du gehörst doch zu ihnen.«

»Weil die Sache auch schiefgehen kann«, antwortete er, »und dann kriege ich das Mädchen nicht; ja, sie könnte sich sogar weigern, mit mir zu kommen, und dann würden es meine Freunde herumerzählen, und alle würden sich lustig machen über mich. Du jedoch würdest bestimmt niemals darüber sprechen.«

Eines Abends, in der Dämmerung, verließen wir unauffällig das Lager. Niemand außer Sorrel Horse wußte von unserem Unternehmen.

Wir brachen abends auf, weil es nicht ratsam war, am Tag über die Prärien zu reiten; zu viele Kriegsbanden der verschiedenen Stämme waren unterwegs, die, gierig nach Ruhm und Reichtum, es auf die Skalps und die Habseligkeiten nichtsahnender Reisender abgesehen hatten. Wir ritten das Judith Valley hoch und ostwärts auf die Ebene hinaus, und sobald wir uns weit genug draußen befanden, so daß wir die tiefen, ausgetrockneten Wasserläufe, die sich dort hineinschnitten, umgehen konnten, wendeten wir und folgten dem Flußlauf auf der Anhöhe. Wolverine ritt ein lebhaftes, aber zahmes Pony, auf das wir einige Bettrollen und ein großes, in eine schöne Bisonrobe eingewickeltes Bündel gepackt und mit einem Riemen festgebunden hatten. Diese Sachen hatte er schon die Nacht zuvor aus dem Lager geschafft und im Gebüsch versteckt.

Es war eine wunderbare Vollmondnacht; wir fielen abwechselnd in Trab und Galopp und kamen gut voran. Wir waren noch nicht allzuweit vom Lager entfernt, als wir die Bisons brüllen hörten; es war ihre Brunstzeit, und die Bullen stießen unentwegt ein tiefes, eintöniges Gebrüll aus, während sich die mächtigen Herden gegenseitig angriffen und bekämpften. Wir ritten in der Nacht einige Male dicht an eine Herde heran und schreckten sie auf, so daß sie im Mondlicht mit prasselnden Hufen über den harten Boden donnerten und auf und davon jagten; lange nachdem sie unseren Augen entschwunden waren, konnten wir sie noch laufen hören. Es schien auch, als trieben sich sämtliche Wölfe der Gegend in dieser Nacht draußen herum, denn wir hörten aus allen Richtungen, von nah und fern, ihr klagendes Geheul.

Aber Wolverine ritt weiter, er trieb sein Pferd unablässig an, ohne auch nur ein einziges Mal zurückzuschauen. Ich blieb dicht hinter ihm und ließ mir nicht anmerken, daß ich das Tempo für zu schnell hielt. Als endlich der Morgen dämmerte, befanden wir uns in einer Gegend von hohen, kiefernbewaldeten Hügeln und Bergketten, etwa zwei oder drei Meilen vom Judith Valley entfernt. Wolverine blieb stehen und schaute sich um.

»Soweit ich sehen kann«, sagte er, »ist alles in Ordnung. Bisons und Antilopen grasen ruhig. Aber trotzdem könnten dort oben in den Bergen Feinde in den Kiefern lauern und uns beobachten. Laß uns rasch zum Fluß reiten, denn wir brauchen Wasser, und dann wollen wir uns im Gehölz verbergen.«

Wir sattelten in einem Wald unter Baumwollbäumen und Weiden ab und führten unsere Pferde zur Tränke. Auf einer nassen Sandbank, gerade dort, wo wir zum Fluß traten, stießen wir auf menschliche Spuren, die so frisch wie unsere eigenen Abdrücke waren. Die Entdeckung jagte uns einen gehörigen Schrecken ein. Wir schauten uns ängstlich um und hielten unsere Gewehre bereit. Auf dem gegenüberliegenden Flußufer war kein Wald, und da wir gerade durch das Waldstück oberhalb von uns gekommen waren, wußten wir, daß sich die Fremden nicht in unmittelbarer Nähe befanden.

»Cree oder Männer aus dem Land jenseits der Berge«, meinte Wolverine, während er die Spuren nochmals untersuchte. »Ganz egal, wer es war – alle sind unsere Feinde.«

Wir tranken uns satt, gingen in den Wald zurück und banden unsere Pferde so an, daß sie weiden konnten.

»Wie kannst du wissen«, fragte ich, »daß die Spuren nicht von Crow, Sioux oder anderen Prärieindianern stammen?«

»Die Fußspuren waren breit und rundlich, selbst die Abdrücke der Zehen waren sichtbar; diese Männer trugen Mokassins mit weichen Sohlen. Nur dieses Volk trägt solche Mokassins, alle anderen Präriestämme haben Mokassins mit harten, rohledernen Sohlen. – Ich werde am inneren Waldrand entlanggehen und mir die Gegend anschauen.«

Aber Wolverine kam schnell zurück. »Die Bande ist durch den Wald gezogen«, sagte er, »und ins Tal hinunter. In ungefähr zwei Nächten werden sie versuchen, den Gros Ventre die Pferde zu rauben. So, nun wollen wir aber essen.«

Er öffnete das Bisonrobenbündel und breitete verschiedene Dinge vor uns aus: schweren roten und blauen Stoff, der für zwei Kleider reichte. Er kam aus England, und die Händler verkauften ihn für ungefähr 10 Dollar das Yard. Wolverine packte Perlenschnüre, Messingringe, Seidentaschentücher, Chinesischen Zinnober, Nadeln, Garn und Ohrringe aus – alles Dinge, die das Herz einer indianischen Frau höher schlagen lassen.

»Für sie«, sagte er und legte die Sachen behutsam beiseite.

Das war ein langer Tag. Abwechselnd ruhten wir, doch ich traute mich nicht einmal zu dösen, denn ich erwartete jeden Augenblick einen Überfall. Ja, ich war damals noch sehr unerfahren in diesen Dingen; dem Indianer ging es jedoch nicht viel besser. Nach dem Tränken der Pferde hätten wir auf einen Berggipfel reiten und dort den Tag über bleiben sollen. Von dieser Anhöhe aus hätten wir das Herannahen der Feinde von weitem sehen und auf unseren Pferden mühelos entkommen können. Es war reines Glück, daß uns niemand bemerkte, als wir ins Tal hinunter und in den Baumwollbaumwald ritten, denn dort hätte man uns leicht umzingeln und unser Entkommen unmöglich machen können.

Bis jetzt war sich Wolverine noch nicht klar darüber, wie er das Mädchen fortbringen wollte. Einmal plante er, sich in der Nacht ins Lager und zu ihrem Zelt zu schleichen. Doch das schien zu gefährlich, denn selbst wenn es ihm gelänge, bis zum Zelt zu kommen, ohne schon vorher als Pferdedieb ertappt zu werden, könnte er die falsche Frau aufwecken, und das würde einen fürchterlichen Aufruhr verursachen. Andererseits, begäbe er sich dreist zu einem freundlichen Besuch ins Dorf, würde der alte Bull's Head [Bullenkopf], der Vater des Mädchens, Verdacht schöpfen und ein noch wachsameres Auge auf seine Tochter haben. Die Entdeckung, daß eine Bande flußaufwärts zum Lager der Gros Ventre vorrückte, brachte ihn allerdings auf einen guten Gedanken.

»Ich wußte, daß mich meine Medizin nicht im Stich lassen würde«, sagte er unerwartet am Nachmittag. »Wir werden mutig ins Dorf und geradewegs zum Zelt des großen Häuptlings Three Bears [Drei Bären] reiten. Ich werde sagen, daß mich unser Häuptling schickt, ihn vor einem Kriegstrupp, der auf dem Weg hierher sei, zu warnen. Ich werde ihm weiter sagen, daß wir selbst ihre Spuren auf den Sandbänken am Fluß entdeckt hätten. Dann werden die Gros Ventre ihre Pferde bewachen und sich in den Hinterhalt legen. Es wird ein großes Gefecht geben und eine ungeheure Aufregung herrschen. Alle Männer werden in den Kampf stürmen, und das wird der richtige Augenblick für mich sein. Ich werde Piks-ah'-ki rufen, und wir werden schnell fliehen.«

Wiederum ritten wir scharf die Nacht hindurch, und bei Tagesanbruch erblickten wir vor uns auf der weiten Ebene den breiten, dunklen Einschnitt, der den Verlauf des Missouri anzeigt. Am Vorabend hatten wir den Judith River durchquert und befanden uns nun auf einem ausgetretenen und von Travois und Zeltstangen zerfurchten Weg, auf dem manch eine Gruppe von Piegan oder Gros Ventre zwischen dem großen Fluß und den Bergen nach Süden gewandert war. Die Sonne stand noch nicht hoch, als wir endlich den kiefernbewaldeten Rand des Tales erreichten und auf die sich weit hinziehende Talsohle an der Mündung des Judith hinabblickten; vor dem dunklen Blätterwerk einer Baumwollbaumwaldung standen schimmernd die Zelte der Gros Ventre. Hunderte von Pferden grasten auf der über und über mit Salbei bewachsenen Niederung; Reiter galoppierten hierhin und dorthin, trieben ihre Pferde zur Tränke oder fingen ausgeruhte Tiere für die tägliche Jagd ein. Selbst einige Meilen vom Lager entfernt hörten wir das lärmende Durcheinander vor den Zelten: Rufen, Kinderlachen, Singen und Trommeln.

Verfolgt von erstaunten Blicken der Bewohner ritten wir ins Lager ein. Man zeigte uns das Zelt des Häuptlings. Vor dem Zelteingang saßen wir ab, überließen einem jungen Burschen unsere Pferde und traten ein. Drei oder vier Gäste vergnügten sich bereits so früh am Tage bei einem Fest und rauchten. Häuptling Three Bears deutete uns durch einen Wink an, auf dem Ehrenplatz – seinem Lager im hinteren Teil des Zeltes – Platz zu nehmen. Er war ein kräftig gebauter, dicker Mann – eben ein typischer Gros Ventre.

Die Pfeife ging herum, und auch wir rauchten einige Züge, als die Reihe an uns kam. Ein Gast erzählte gerade eine Geschichte, und als er damit fertig war, wandte sich der Häuptling uns zu und fragte in flüssigem Blackfoot nach dem Grund unseres Kommens. Fast alle älteren Gros Ventre sprechen gut Blackfoot, während die Balckfoot nie Gros Ventre gelernt haben; die Sprache ist zu schwer für jemand, der nicht damit aufgewachsen ist.

»Wir kommen«, antwortete Wolverine, »vom oberen Yellow River [Judith], von der Mündung des Warm Springs herab. Häuptling Big Lake [Großer See] sendet dir dieses hier«, dabei zog er eine große Rolle Tabak hervor und überreichte sie ihm, »und bittet dich, mit ihm in Freundschaft die Pfeife zu rauchen.«

»Ah«, meinte Three Bears lächelnd, indem er den Tabak neben sich legte. »Big Lake ist mein guter Freund.«

»Mein Häuptling läßt dir sagen, daß ihr ein wachsames Auge auf eure Pferde haben solltet. Einige unserer Jäger haben Anzeichen dafür entdeckt, daß sich ein Kriegstrupp auf dem Weg zu euch befindet. Wir selbst, der weiße Mann hier und ich, sind gestern morgen am Fluß auch auf ihre Fährte gestoßen. Es sind 20, möglicherweise 30 von ihnen, und sie sind zu Fuß unterwegs. Vielleicht heute nacht, sicher aber morgen nacht werden sie eure Herden überfallen.«

Nach dem Frühstück rauchten wir noch einmal, und der Häuptling stellte uns etliche Fragen über die Piegan. Dann schlenderten Wolverine und ich durchs Lager hinunter zum Fluß. Unterwegs zeigte er mir das Zelt seines voraussichtlichen Schwiegervaters. Der alte Bull's Head war Medizinmann, und die Außenhaut seines Zeltes war mit den Symbolen seiner besonderen, durch Träume verliehenen Macht bemalt: unter zwei riesigen Grizzlybären Kreise roter Monde. Wir saßen eine Weile am Ufer und schauten einigen Knaben und jungen Männern zu, die im Fluß schwammen. Ich bemerkte jedoch, wie mein Gefährte die Frauen, die zum Wasserholen kamen, im Auge behielt. Das Mädchen aber, auf das er sehnlichst wartete, erschien offensichtlich nicht, und so kehrten wir zum Zelt des Häuptlings zurück.

Man nahm an, daß der Feind für die Nacht einen Überfall plane. Sobald es dunkel war, ergriffen fast alle Männer des Dorfes ihre Waffen, schlichen durch das Salbeigebüsch hinaus zum Fuß der Hügel und verbargen sich weit verstreut zwischen ihren grasenden Pferden. Wir hatten unsere Pferde gesattelt und hielten sie bereit, und Wolverine versicherte dem Häuptling, daß wir, sobald es zum Gefecht käme, hinausreiten und mitkämpfen würden. Mein Gefährte ging früh am Abend fort, ich blieb noch etwa eine Stunde auf und legte mich, als er nicht zurückkehrte, aufs Lager, deckte mich zu und schlief bald fest ein – bis zum nächsten Morgen.

Wolverine stand gerade auf, als ich erwachte. Nach dem Frühstück erzählte er, daß es ihm am Vorabend gelungen sei, heimlich mit Piks-ah'-ki zu sprechen, und sie ihm gerne folgen wolle, wenn die Zeit dafür gekommen sei. Er war in Hochstimmung, und als wir am Fluß entlangbummelten, stimmte er vergnügt die Kriegslieder an, die die Blackfoot immer dann singen, wenn sie glücklich sind.

Gegen Mittag – wir waren bereits ins Zelt zurückgekehrt – fanden sich dort einige Gäste ein, unter ihnen auch ein großer, kräftiger, bösartig aussehender Mann. Als er sich uns gegenüber setzte und uns finstere Blicke zuwarf, gab mir Wolverine einen Rippenstoß, und sofort wußte ich, daß es Bull's Head war. Sein kräftiges Haar trug er pyramidenförmig auf dem Kopf zusammengerollt. Er redete eine Weile mit Three Bears und den anderen Gästen und dann, zu meiner Überraschung, unterhielt er sich mit ihnen weiter auf Blackfoot. Er sprach über uns, und seine Worte waren voller Haß.

»Diese ganze Geschichte von einem herannahenden Kriegstrupp ist reine Lüge«, sagte er. »Und Big Lake schickt eine Botschaft, daß seine Leute ihre Fährte gesehen hätten? Nun, ich weiß, daß die Piegan Feiglinge sind. Aber wenn sie doch so zahlreich waren, warum verfolgten sie dann nicht die Spur und griffen den Feind an? Nein, sie sahen überhaupt keine Spur, sie schickten uns auch keine Botschaft. Was ich allerdings glaube, ist, daß ein Feind sich ins Lager eingeschlichen hat; er sitzt mitten unter uns und hat es nicht auf unsere Herden, sondern auf unsere Frauen abgesehen. Letzte Nacht war ich ein Narr. Ich ging hinaus und hielt nach Pferdedieben Ausschau. Ich wachte die ganze Nacht, aber es kam kein Dieb. Heute nacht bleibe ich in meinem Zelt, passe auf Frauendiebe auf und halte mein Gewehr für sie schußbereit. Euch rate ich, das gleiche zu tun.«

Damit stand er auf und verließ mit großen Schritten das Zelt; zweifellos verfluchte er alle Piegan und ganz besonders einen von ihnen. Der alte Three Bears sah ihm mit grimmigem Lächeln nach und wandte sich dann an Wolverine: »Er weiß nicht, was er sagt; er ist alt und kann nicht vergessen, daß sein Sohn und sein Bruder von deinem Volk getötet wurden. Andere von uns haben auch ihre Brüder und Söhne im Krieg mit deinem Volk verloren, aber mittlerweile haben wir ja den großen Friedenspakt geschlossen. Die Toten können nicht mehr lebendig werden, aber die Lebenden werden nun länger leben und glücklicher sein, jetzt, nachdem wir aufgehört haben, einander zu bekämpfen und uns gegenseitig zu berauben.«

»Du sagst die Wahrheit«, erklärte Wolverine. »Frieden zwischen unseren Völkern ist gut. Ich werde die Worte des alten Mannes vergessen. Paßt nur auf eure Pferde auf, denn heute nacht kommt der Feind gewiß.«

Mit Einbruch der Dämmerung sattelten wir wieder unsere Pferde und pflockten sie in der Nähe des Zeltes an. Wolverine legte seinen Sattel auf das gescheckte Pony und verkürzte die Steigbügel; sein eigenes Pferd wollte er ohne Sattel reiten. Er erzählte mir, daß Piks-ah'-ki den ganzen Tag von den Gros-Ventre-Frauen ihres Vaters bewacht worden sei; denn der Alte mißtraute ihrer Piegan-Mutter, die mit ihrer Tochter zusammen zum Wasser- und Holzholen gehen wollte. Ich legte mich wieder früh schlafen, während mein Gefährte, wie am Abend zuvor, fortging.

Schüsse draußen in der Niederung und ein großer Tumult

im Lager weckten mich dieses Mal auf; Männer riefen, lärmten und rannten ins Kampfgetümmel, Frauen schrien und redeten aufgeregt durcheinander, Kinder plärrten und kreischten. Ich eilte mit meinem und Wolverines Gewehr hinaus, dorthin wo unsere Pferde angepflockt waren. Wie ich später hörte, war Bull's Head einer der ersten gewesen, die zur Rettung der Pferde hinauseilten, kurz nachdem die Schießerei angefangen hatte.

Sowie der Alte das Zelt verlassen hatte, rannte Wolverine, der in der Nähe im Salbeigebüsch versteckt gewartet hatte, hin und rief den Namen seines Lieblings. Sie kam sofort heraus, gefolgt von ihrer Mutter, die verschiedene kleine Beutel trug. Gleich darauf waren sie schon bei mir. Beide Frauen weinten; Wolverine und ich banden die Pferde los.

»Schnell!« rief er. »Beeilt euch!«

Sanft zog er das weinende Mädchen aus den Armen der Mutter, hob es in den Sattel und gab ihm die Zügel in die Hand.

»Hör zu!« sagte die Mutter. »Sei gut zu ihr! Ich werde zur Sonne beten, daß sie dich so behandeln möge wie du meine Tochter.«

»Ich liebe sie und werde gut zu ihr sein«, erwiderte Wolverine. Dann rief er uns zu: »Folgt mir! Schnell!«

Und fort ging es über die Ebene, geradewegs auf den Pfad zu, den wir ins Tal hinuntergekommen waren, und geradewegs in den Kampf hinein, der am Fuß des Hügels tobte. Wir hörten die Schüsse und das Schreien und sahen das Feuer der Gewehre aufblitzen. Da hatte ich mir aber was Schönes eingebrockt! Schon bereute ich, mich auf diese Mädchenentführung eingelassen zu haben; und in den Kugelhagel des Kampfgetümmels wollte ich mich gleich gar nicht stürzen, zumal mich das ja alles überhaupt nichts anging. Aber Wolverine ritt voraus, seine Geliebte dicht hinter ihm, und mir blieb kaum etwas anderes übrig, als den beiden zu folgen. Als wir uns dem Kampfplatz näherten, fing mein Gefährte an zu rufen:

»Wo ist der Feind? Wir wollen die Pferdediebe töten! Wo sind sie? Wo haben sie sich versteckt?« Die Gros Ventre sollten uns schließlich nicht für Feinde halten.

Das Schießen und Lärmen hatte aufgehört. Aber wir wußten, daß dort im mondbeschienenen Salbeigebüsch beide Parteien lagen; und während der Feind versuchte, unentdeckt davonzukriechen, bemühte sich die andere Seite, ihn aufzuspüren, ohne dabei allzuviel aufs Spiel zu setzen. Jetzt waren wir noch etwa 100 Yards vom Fuß des Hügels entfernt, und ich dachte, die größte Gefahr sei vorüber, als plötzlich, mit einem Funkensprühen und einem Feuerstoß aus der Rohrmündung eines Steinschloßgewehrs, vor Wolverine ein Schuß einschlug, der ihn mitsamt seinem Pferd zu Boden warf. Unsere Tiere stoppten sofort, das Mädchen schrie auf und rief:

»Sie haben ihn umgebracht! Hilf, weißer Mann! Sie haben ihn umgebracht!«

Noch bevor wir absteigen konnten, sahen wir Wolverine sich allein von dem auf ihn gefallenen Pferd befreien, aufspringen und blind zielend in die Salbeibüsche feuern. Wir hörten ein tiefes Stöhnen und wildes Rascheln. Dann sprang Wolverine zu der Stelle und streckte den Unbekannten mit einigen wuchtigen Schlägen seines Gewehrkolbens gänzlich nieder. Er beugte sich über das Gebüsch und zog das Gewehr hervor, mit dem der Mann auf ihn geschossen hatte.

»Mir ist ein Coup geglückt«, rief er lachend, lief zu mir herüber, befestigte die alte Büchse am Horn meines Sattels und sagte: »Behalte du sie solange, bis wir aus dem Tal heraus sind.«

Ich wollte ihm gerade klarmachen, wie leichtsinnig es sei, uns hier wegen einer alten Büchse aufzuhalten, als direkt neben uns der alte Bull's Head auftauchte. Er mußte wohl mit einem Satz hinter dem Gebüsch hervorgesprungen sein, und mit einem zornigen Wortschwall packte er das Pferd seiner Tochter bei den Zügeln und versuchte, sie aus dem Sattel zu zerren. Das Mädchen schrie schrill auf und hielt sich fest, während Wolverine auf den Alten zusprang, ihn zu Boden warf, ihm sein Gewehr entriß und es weit weg schleuderte. Dann schwang er sich flink hinter Piks-ah'-ki aufs Pony, grub seine Fersen in die Flanken des Tieres, und schon jagten wir auf und davon, von dem verstörten Vater verfolgt. Laut schreiend rief er um Hilfe, man solle uns aufhalten. Wir sahen noch andere Gros Ventre näherkommen, doch hatten sie es nicht eilig und machten keine Anstalten, uns einzuholen. Wir ritten, so schnell wir konnten, den steilen, hohen Hügel hinauf.

Nach vier Nächten erreichten wir das Piegan-Lager. Wolverine saß teils hinter mir, teils hinter dem Mädchen auf dem Pferd. Unterwegs nahmen wir das kostbare Bündel, das Wolverine versteckt hatte, wieder mit, und es war eine Freude, das Entzücken des Mädchens mitanzusehen, als sie es öffnete und den Inhalt bestaunte. Noch am selben Tag, während wir Rast machten, nähte sie sich aus dem roten Stoff ein Kleid; und ich muß sagen, als sie es angezogen und dazu die Perlenketten, die Ringe und die Ohrringe angelegt hatte, sah sie wirklich reizend aus. Wie ich erst später erfahren sollte, war sie außerdem gutherzig und Wolverine eine treue, liebevolle Ehefrau.

Da wir befürchteten, verfolgt zu werden, machten wir auf dem Heimritt einen großen Umweg und verwischten unsere Spuren so gut wie möglich. Bei unserer Ankunft im Lager erfuhren wir, daß der alte Bull's Head bereits zwei Tage vor uns dort eingetroffen war. Hier benahm er sich ganz anders als zu Hause. Er war nicht mehr der hochmütige und bösartige Alte, er duckte sich förmlich vor Wolverine, pries die Schönheit und die Tugenden seiner Tochter und klagte, wie arm er sei. Wolverine schenkte ihm 10 Pferde und die Büchse des Indianers, den er in der Nacht unserer Flucht getötet hatte. Der alte Bull's Head erzählte uns, daß die Bande Cree gewesen seien und seine Leute sieben von ihnen getötet hätten. Im übrigen seien die so überrascht gewesen, daß sie kein einziges Pferd erbeuteten.

Jeder Kuß hat seinen Preis

Ende August traf ich, wie verabredet, wieder mit Berry zusammen, um ihn auf seiner Winterhandelsfahrt zu begleiten. Er bot mir an, Teilhaber seines Unternehmens zu werden, doch ich mochte mich noch nicht binden, wollte in den nächsten Monaten völlig frei und unabhängig sein, kommen und gehen, wie mir der Sinn stand, jagen, mit den Indianern umherstreifen und ihre Lebensweise kennenlernen.

Anfang September verließen wir Fort Benton mit unseren Ochsengespannen und zogen langsam bergauf, aus dem Tal hinaus; und dann ging's im gemütlichen Tempo weiter über die nun braune und vertrocknete Ebene. Ochsen sind schwerfällige Zugtiere, und unsere hatten schwere Lasten zu bewältigen. Es war erstaunlich, welche Warenmengen in den Präriesch0nern von anno dazumal verstaut und transportiert werden konnten. Berrys Wagenkolonne bestand aus vier Jochgespannen mit je acht Ochsen, die die Wagen zogen, beladen mit etwa 50000 Pfund Lebensmitteln, Alkohol, Whisky und sonstigen Handelswaren aller Art. Insgesamt waren wir vier Ochsentreiber, ein Hirte für die Nachtwache, der die Herde der Ersatzochsen sowie einige zusätzliche Reitpferde antrieb, ein Koch und drei Männer, die die Hütten errichten und beim Handel helfen sollten, schließlich Berry mit seiner Frau und ich. Es war recht abenteuerlich, wie wir uns in jenen Tagen mit einer Handvoll Leuten in die Prärie hinauswagten. Wir waren jedoch gut bewaffnet, und an einen der hinteren Wagen war eine Sechspfünderkanone angehängt; schon ihr bloßer Anblick sollte jedem Feind Furcht einjagen.

Unser Reiseziel war eine Stelle am Marias River, die etwa 45 Meilen nördlich von Fort Benton lag. Von diesem Fluß bis zum Missouri und zwischen dem nördlichen Ufer und den Sweetgrass Hills und noch weiter hinaus war das Land schwarz von Bisons. Außerdem suchten die Blackfoot das Tal des Marias gerne für ihr Winterlager auf, denn der weite, flache Talgrund war dicht bewaldet, so daß ihre Zelte vor den gelegentlichen Blizzards geschützt standen, außerdem gab es reichlich Brennholz und saftiges Gras für die Pferde. Im Tal und in den Seitenschluchten lebten viele Hirsche, Wapitis und Dickhornschafe, deren Felle immer gefragt waren. Wildleder brauchte man in großen Mengen für die Sommerkleidung und die Mokassins.

In dieser Gegend war der September der schönste Monat des Jahres. Im Westen erhoben sich dunkel die Rockies, deren spitze Felsgipfel steil in den blaßblauen Himmel ragten, im Norden lagen die drei Kegelberge der Sweetgrass Hills, und östlich davon zeichneten sich verschwommen die Bear's Paws ab; weit im Süden, jenseits des Missouri, erhoben sich klar und deutlich die kiefernbewachsenen Highwood Mountains. Zwischen den Anhöhen, um sie herum und überall, soweit das Auge reichte, erstreckte sich in Schweigen versunken die braune Prärie mit ihren eigenartigen, oben abgeflachten, einsam emporragenden Hügeln, tief zerfurcht von Flußtälern und unzähligen ausgetrockneten Bachläufen.

Wir brauchten für die 45 Meilen bis zum Ziel unserer Reise fast drei Tage. Überall grasten friedlich Bisons und Antilopen, und das Wild, dem wir auf dem Weg begegneten, flüchtete nicht weit und fing bald wieder an, das kurze Gras abzuweiden. Die zweite Nacht lagerten wir bei einer Quelle, am Fuß des Goose Bill, einer sonderbar geformten Bergkuppe nicht weit vom Marias. Die Wagen wurden, wie gewöhnlich, zu einer Wagenburg aufgefahren, und in ihrer Mitte schlugen wir unser schönes, neues, aus 16 Häuten genähtes Zelt auf. Berry, seine Frau, einige Männer und ich schliefen darin; die anderen machten sich in den Wagen ihr Lager zurecht. Das Abendessen kochten wir über einem Feuer aus getrocknetem Bisonmist; wir aßen gut und gingen dann früh zu Bett.

Kurz nach Mitternacht wurden wir durch ein heftiges Trampeln innerhalb der Wagenburg geweckt; irgend etwas krachte, bald rechts, bald links von uns gegen die Wagen. Die Männer riefen aus den Wagen heraus und fragten einander, was denn los sei. Berry befahl uns, die Gewehre zu holen und hinauszuschleichen. Noch ehe wir aus den Betten waren, rammte etwas unser Zelt. Alles brach zusammen, die Zeltstangen krachten und zersplitterten, die Zelthaut schoß davon und wirbelte in der Wagenburg umher, als hätte sie Leben in sich.

Mrs. Berry kreischte, die Männer schrien durcheinander, und wie auf Befehl flohen wir alle zu den schützenden Wagen und verkrochen uns darunter. Einer feuerte auf die wie toll herumtobende Zelthaut; Berry, der neben mir lag, schoß auch, und dann krachten von allen Seiten der Wagenburg Schüsse. Vielleicht eine Minute noch wirbelte die Zelthaut umher und jagte hektischer als zuvor von einem Ende der Wagenburg zum anderen. Dann hörte die wilde Jagd plötzlich auf, und das Ding sackte zu einem unförmigen Haufen in sich selbst zusammen. Wir hörten ein tiefes Röcheln und Keuchen, dann war alles still.

Berry und ich krochen aus unserem Versteck hervor, gingen vorsichtig zu dem unförmigen, weißen Haufen hinüber und zündeten ein Streichholz an: Vor uns lag ein riesiger Bisonbulle, immer noch in die inzwischen zerrissene und zerfetzte Zelthaut eingewickelt. Nie haben wir begriffen, warum und wie der alte Bursche sich in die Wagenburg verirrt, und schon gar nicht, warum er, als er unser Zelt stürmte, keinen von uns niedergetrampelt hatte. Berry und seine Frau schliefen im hinteren Zeltteil, und er sauste in einem tollkühnen Satz über sie hinweg, ohne ihr Lager auch nur mit einem Huf zu streifen.

Gegen Mittag des folgenden Tages erreichten wir den Marias und errichteten unser Lager in einem herrlichen Stück Wald. Nach dem Mittagessen fällten die Männer Bäume für unsere Blockhütten, und Berry und ich ritten flußaufwärts zur Jagd.

Auf unserem Ritt am Fluß entlang sahen wir viele Damhirschkühe mit ihren Kitzen und etliche Wapitikühe mit ihren Kälbern, aber keinen einzigen Bock oder Elchbullen. Als wir dem Sonnenuntergang entgegen heimwärts ritten, kam das männliche Wild aus den Schluchten und ausgetrockneten Bachläufen hervor und zog zur Tränke. Da erlegten wir noch einen stattlichen, fetten Bock. Madame Berry hängte ein ganzes Viertel davon übers Zeltfeuer und ließ es einige Stunden lang braten. Etwa um elf Uhr meinte sie, es sei gar, und obwohl wir bereits gut zu Abend gegessen hatten, machten wir uns hungrig darüber her. Es schmeckte so vorzüglich, daß binnen kurzer Zeit nur noch die Knochen von dem Festmahl übrig waren. Ich kenne keine bessere Art, Fleisch zu braten, als diese. Es geht nur im Zelt, um Zugluft zu vermeiden; man unterhält ein kleines Feuer, hängt den Braten an einem Dreifuß direkt über der Glut auf und wendet ihn gelegentlich. Es dauert Stunden, bis er endlich gar ist, doch die Mühe, die man aufwendet, macht sich mehr als bezahlt.

Die Männer hatten schnell das notwendige Holz gefällt, es aus dem Wald geschleppt, die Wände unseres Forts hochgezogen und aus Holzbalken ein Dach darüber errichtet, das sie mit einer dicken Schicht Erde abdeckten. Als die Arbeit getan war, bildete das Fort ein von drei Seiten umbautes Viereck mit acht Räumen, von denen jeder ungefähr 16 Quadratfuß groß war. Wir hatten einen Verkaufsraum und zwei Wohnzimmer, die beide über eine zwar sehr einfache, aber völlig ausreichende Feuerstelle und einen Kamin verfügten, der aus Stein erbaut und mit Schlamm verfugt war. Die anderen Räume dienten als Lager für die Handelswaren, die Pelze und Bisonroben. In den Trennwänden des Verkaufsraumes waren unzählige kleine Löcher, durch die man Gewehre schieben konnte. Am äußersten Ende des Vierecks stand unsere Sechspfünderkanone. Selbst ein noch so verwegener Trupp von Kriegern hätte es sich angesichts dieser Verteidigungsmaßnahmen reiflich überlegt, ob er einen Überfall auf die Händler wagen sollte. Allerdings war Branntwein unsere beliebteste Handelsware, und niemand wußte vorauszusagen, was einer wilden, angetrunkenen Indianerbande alles in den Sinn kommen könnte.

Kaum war das Fort fertig hergerichtet, rückten bereits etwa 3500 Piegan-Blackfoot an und schlugen ihre Zelte in einer langen, weiten Talsohle, ungefähr eine Meile unterhalb unseres Forts, auf. Ich verbrachte den größten Teil meiner Zeit unten in ihrem Lager in Gesellschaft zweier junger Männer. Der eine hieß Weasel Tail [Wieselschwanz], der andere trug den außergewöhnlichen Namen Talks-with-the-Buffalo [Spricht-mit-dem-Bison]. Die beiden waren unzertrennliche Freunde, und wir mochten uns gegenseitig sehr gut leiden. Jeder von ihnen hatte ein prächtiges, neues Zelt und eine reizende, junge Frau. Einmal sagte ich: »Da ihr euch doch so gern habt, warum wohnt ihr dann nicht zusammen in einem Zelt? Es würde euch viel Zeit ersparen, wenn ihr für die Reise packt; die Pferde würden beim Transport geschont, und es gäbe viel weniger Arbeit beim Abbrechen und Aufstellen des Zeltes.«

Talks-with-the-Buffalo lachte herzlich: »Man merkt sofort«, antwortete er, »daß du noch nie verheiratet warst. Nimm dir einen Rat zu Herzen, mein lieber Freund: Zwei Männer können in Frieden und ewiger Freundschaft miteinander leben, aber zwei Frauen niemals; schon nach drei Tagen geraten sie über Nichtigkeiten in Streit und versuchen, ihre Ehemänner mit hineinzuziehen. Darum wohnen wir nicht zusammen. Wir wollen in Ruhe und Frieden mit unseren Frauen leben. Und wie du siehst, haben sich unsere beiden Frauen genauso gern wie mein Freund und ich, und um des lieben Friedens willen und zum Glück aller haben wir zwei Zelte, zwei Feuerstellen, und zwei Reiseausrüstungen.«

In dem großen Lager mit etwa 700 Familien gefiel es mir gut. Ich lernte das Rad- und Pfeilspiel und auch das Spiel mit dem Knochenstückchen, das abwechselnd der eine oder andere Spieler in seiner Hand versteckt halten mußte. Bald konnte ich auch in den Spielgesang mit einstimmen, der beim Knochenstückchenspiel abends am Zeltfeuer gesungen wurde. Ich schaute mir auch die Tänze an und beim *As-sin-ah-pes-ka*, einem Assiniboin-Tanz, machte ich sogar mit.

An diesem Tanz nehmen nur junge, unverheiratete Männer und Mädchen teil. Die Alten schlagen die Trommeln und singen das Tanzlied, das recht lebhaft und lustig klingt. Die jungen Frauen sitzen auf der einen Seite des Zeltes, die jungen Männer auf der anderen. Der Gesang beginnt, und alle stimmen ein. Die Tänzer erheben sich, schauen sich gegenseitig an, stellen sich auf die Zehenspitzen, beugen leicht die Knie und kommen wieder herunter. Dann tanzen sie aufeinander zu, bis sie sich treffen, gehen wieder zurück, wieder vorwärts und so fort – oft stundenlang. Alle singen dabei, lächeln und schauen sich kokett in die Augen. Zwischendurch gibt es Verschnaufpausen, in denen man auch etwas ißt und raucht.

Doch der Hauptspaß kommt erst gegen Ende des Festes: Die Reihen der Männer und Frauen stehen sich nahe gegenüber – plötzlich hebt ein Mädchen seinen Rock, wirft ihn sich und ihrem Auserwählten über den Kopf und gibt ihm einen dicken Kuß. Die Zuschauer brechen in schallendes Gelächter aus, die Trommeln dröhnen noch stärker als zuvor, und das Singen wird lauter und lauter. Dann ziehen die Tänzer sich zurück, und der auserkorene junge Mann bleibt, nachdem alle wieder ihre Plätze eingenommen haben, verlegen alleine stehen. Am nächsten Tag muß er diesen Kuß bezahlen. Gefällt dem Jüngling das Mädchen besonders gut, schenkt er ihr ein oder zwei Pferde. Irgend etwas muß er ihr aber auf alle Fälle geben, und sei es nur ein Kupferarmreif oder eine Perlenschnur. Ich glaube, mit mir hatten diese munteren Mädchen ein leichtes Spiel, denn sie fingen und küßten mich öfter als sonst einen Burschen. Und am nächsten Morgen stellten sich dann gleich drei oder vier von ihnen mit ihren Müttern in unserer Handelsstation ein; die eine wollte unbedingt unzählige Yards buntbedruckten Stoff haben, eine andere verlangte rotes Tuch und die dritte eine Decke. Sie brachten mich zwar um mein letztes Geld, trotzdem ließ ich es mir nicht nehmen, auch beim nächsten Tanz wieder dabeizusein.

Pferderaub

Die jungen und die im mittleren Alter stehenden Männer der einzelnen Stämme brachen, in Gruppen zu 12 oder 50 Mann oder noch zahlreicher, immer wieder zu Kriegszügen auf oder kehrten gerade von einem zurück. Sie machten sich einen Sport daraus, die umliegenden Stämme, die in ihrem ausgedehnten Jagdrevier umherschweiften und Beute machten, zu überfallen, ihre Pferde zu stehlen und womöglich ihre Skalps zu erbeuten. Einige Meilen vor dem Lager legten sie ihre prächtigen Kriegsgewänder an, bemalten ihre Gesichter, schmückten ihre Pferde mit Adlerfedern und Farben und ritten dann lautlos auf einen Vorsprung des Hügels, von dem aus man das Zeltdorf überblicken konnte. Dort stimmten sie den Kriegsgesang an und jagten auf ihren Pferden tollkühn, in rasendem Galopp, den Hang hinunter ins Tal, während sie die erbeuteten Tiere vor sich hertrieben und unablässig mit ihren Gewehren feuerten. Schon lange bevor sie eintrafen, geriet das Lager in Aufruhr, die Frauen ließen alle Arbeiten fallen und eilten den Kriegern entgegen, langsamer und gelassener folgten ihnen die Männer. Herzlich umarmten und küßten die Frauen die glücklich Heimgekehrten; und kurz darauf hörte man sie Lobeshymnen auf ihre Ehemänner, Söhne oder Brüder singen.

Kaum war eine solche Gruppe heimgekehrt, schlossen sich andere, die von ihrem Erfolg angespornt wurden und gar nicht erwarten konnten, es ihnen gleich zu tun, auch zu einem Kriegstrupp zusammen und rückten gegen die Crow, die Assiniboin oder gar die Cree aus oder gegen andere Stämme jenseits des »Rückgrats der Welt«, wie man die Rockies auch nennt. Es überraschte mich also durchaus nicht, als es eines Morgens hieß, man wolle sich zu einem Angriff auf die Assiniboin rüsten. »Und du kannst mit uns kommen, wenn du Lust hast«, meinte Talks-with-the-Buffalo. »Du hast deinem Freund geholfen, ein Mädchen zu entführen, warum sollst du nicht auch dein Glück beim Pferdestehlen versuchen?«

»Ich komme mit«, antwortete ich.

Als ich Berry von meinem Vorhaben erzählte, rieten mir er und seine Frau ernsthaft ab.

Ich hatte mich allerdings schon entschieden und blieb fest entschlossen, mitzugehen. Wir waren insgesamt 30 Mann; Heavy Breast [Schwere Brust], ein gefürchteter, erfahrener Krieger und unser Anführer, war Besitzer einer Medizinpfeife, die ihm in den Augen aller große Kraft verlieh. Auf so manchen Streifzug hatte er sie mitgenommen, und sie hatte ihm und seinen Kriegern immer Glück gebracht.

Nun brauchten wir noch einen alten Medizinmann, der vor unserer Abreise mit uns in der heiligen Schwitzhütte und täglich während unserer Abwesenheit für uns betete. Der alte Lone Elk [Einsamer Wapiti] wurde für dieses verantwortungsvolle Amt ausersehen. Seine Medizinkraft war sehr machtvoll und wurde seit vielen Jahren von der Sonne begünstigt. Vor dem Eingang der Schwitzhütte legten wir unsere einzigen Kleidungsstücke, Bisonroben oder Decken, ab, und krochen dann durch die niedrige Öffnung hinein. Schweigend saßen wir im Kreis, während die rotglühenden Steine hereingebracht und in eine Vertiefung in der Mitte gelegt wurden. Lone Elk besprengte sie mit Hilfe eines Bisonschwanzes, den er in Wasser getaucht hatte, und als der erstickend heiße Dampf uns einhüllte, stimmte er einen Bittgesang an die Sonne an, in den wir alle einfielen. Dann wurde die Medizinpfeife gestopft und mit einem Stück Kohle, das hereingereicht wurde, angezündet. Sie ging herum, jeder nahm einen Zug, und nachdem er den Rauch gen Himmel und Erde geblasen hatte, sprach er ein kurzes Gebet zur Sonne, zum Alten Mann und zur Mutter Erde. Als die Reihe an mich kam, betete ich so laut wie die anderen und so gut ich konnte.

Der Herbst ging schon zu Ende, und man glaubte, die Assiniboin lagerten etliche Tagereisen von uns entfernt, irgendwo an der Mündung des Little River, wie die Blackfoot den Fluß nennen, den wir als Milk River kennen. Man hatte daher beschlossen, nicht zu Fuß, sondern zu Pferd aufzubrechen. Am liebsten zogen sie allerdings zu Fuß auf den Kriegspfad, denn dann hinterließ man keine Spuren und konnte sich tagsüber besser verbergen.

So ritten wir denn eines Abends, unter der Führung von Heavy Breast, den Fluß entlang, südostwärts über die dunkle Ebene. Meine Gefährten trugen ihre einfachen, gewöhnlichen Leggins, Hemden, Mokassins und entweder eine Decke oder einen Bisonkuhumhang. Aber an ihren Sätteln waren ihre prachtvollen Kriegsgewänder befestigt, und in einem kleinen, rohledernen, zylinderförmigen Behälter bewahrten sie ihren Kopfschmuck aus Adlerfedern, Hörnern oder Wieselfellen auf. Blieb noch genügend Zeit, legten sie kurz vor der Schlacht ihren Kriegsschmuck an; ansonsten nahm man ihn so mit in den Kampf, denn er galt als wirksame Medizin. Besonders wichtig war das Hemd, das mit einem Tier, einem Stern oder einem Vogel aus dem Traum seines Besitzers bemalt war, den dieser während jener langen Fastenzeit gehabt hatte, die den unbekümmerten Jüngling zum verantwortungsvollen Krieger heranreifen ließ.

Nachdem wir den Marias verlassen hatten, hielten wir uns und unsere Pferde den Tag über äußerst sorgfältig verborgen. Wir zogen am Fuß des östlichen Abhangs der Bear's Paw Mountains entlang, dem östlichen Ausläufer der Little Rokkies, die in der Blackfoot-Sprache Wolf Mountains genannt werden. Wo auch immer wir unser Lager aufschlugen, stellten wir unsere Wachposten so auf, daß sie von ihrem Standort aus die ganze Ebene und die Berge überblicken konnten; und Abend für Abend berichteten sie, daß alles Wild ruhig sei und es in dem weiten Gebiet, außer den Spuren unserer eigenen Leute, keine Anzeichen für irgendeine Menschenseele gäbe.

Eines Morgens bei Tagesanbruch befanden wir uns am Fuß eines sehr hohen Berges, der im Osten, nicht weit entfernt von den Little Rockies, lag. Dies, so erklärte man mir, sei das Hairy Cap, und ich dachte, der Name passe recht gut, denn die gesamte Kuppe war mit Kiefern bewachsen. Wir errichteten unser Lager am Fuß dieses Berges an einer Quelle, inmitten einer saftig grünen Lichtung, die vollkommen mit dichtem Gebüsch umgeben war. Talks-with-the-Buffalo und ich wurden angewiesen, auf den Gipfel des Berges hinaufzuklettern und dort bis Mittag zu bleiben; dann sollten andere kommen und uns ablösen. Wir tranken so viel Wasser, wie wir konnten, und nahmen beide ein großes, gebratenes Bisonrippenstück mit, das wir vom Abendessen des Vortages aufgehoben hatten. Dann stiegen wir auf einem breiten Wildpfad, der sich durch den Kiefernwald wand, bis hinauf zum Gipfel.

Oben stießen wir auf verschiedene Unterstände von Kriegern; Hütten, die aus Pfählen, Astwerk, Gestrüpp und Stükken vermoderten Holzes so undurchlässig erbaut waren, daß auch nicht der geringste Feuerschein nach außen dringen konnte. Auf diese Weise richteten sich die Kriegstrupps aller Stämme kleine Schutzhütten zum Kochen oder Aufwärmen ein, um ihre Anwesenheit nicht einem vorbeiziehenden Feind zu verraten. Mein Gefährte zeigte mir die Hütte, die er vor zwei Sommern miterbaut hatte, und erklärte mir, daß dieser Gipfel, der so einen weitreichenden Rundblick über das Land bot, sehr häufig von Banden aller Präriestämme aufgesucht werde.

Wir setzten uns und aßen unseren Braten, dann stopfte Talks-with-the-Buffalo seine schwarze Steinpfeife, zündete sie an, und wir rauchten zusammen. Kurz danach wurde ich ganz müde. »Schlaf du ruhig«, meinte Talks-with-the-Buffalo, »ich werde Wache halten.«

Es war ungefähr zehn Uhr, als er mich weckte. »Sieh, sieh!« rief er aufgeregt und deutete dabei in Richtung Missouri. »Ein Trupp kommt gerade auf uns zu!«

Ich rieb mir die Augen und schaute angestrengt in die Richtung, in die er zeigte, sah Bisonherden nach Osten und Westen flüchten, aber auch nach Norden auf uns zustürmen. Ihnen folgte dichtgedrängt eine Herde Pferde, von Reitern angetrieben, und jagte auf unseren Berg zu. »Es sind entweder Cree oder Assiniboin«, sagte mein Gefährte. »Sie haben die Crow oder die Gros Ventre überfallen und reiten nun so schnell wie möglich heim, weil sie Verfolgung fürchten.«

Wir rannten den Berghang hinunter, und kaum hatten wir die Neuigkeit gemeldet, sprang alles auf, sattelte die Pferde, legte die Kriegsgewänder und den Kopfschmuck an und streifte die Schildüberzüge ab. Dann kletterte Heavy Breast selbst so weit den Berg hinauf, bis er einen guten Überblick über die dahinstürmenden Krieger hatte. Wir warteten unten auf ihn. Und wie er so dastand, vielleicht 100 Yards über uns, und über die Ebene schaute, mußte ich im stillen denken: Womöglich steigt er nie wieder herunter und gibt uns seinen Befehl.

Nachdem wir fünf oder zehn Minuten gewartet hatten, kam Heavy Breast zurück und sagte: »Sie ziehen weiter östlich an uns vorbei. Wir reiten diese Schlucht hinunter, dann treffen wir auf sie.« In kurzen Abständen wagte sich unser Anführer vorsichtig zum Rand der kleinen Schlucht hinauf und spähte nach Süden. Endlich rief er uns ein »Halt« zu. »Jetzt müßten wir ihren Weg genau kreuzen können«, sagte er. »Sobald wir das Pferdegetrampel hören, stürmen wir hier herauf und auf sie zu.« Meine Kehle war trocken; ich hatte Angst. Wie im Traum hörte ich Heavy Breast den Befehl geben, und schon sprengten wir aus der Schlucht hinaus, während er uns anfeuerte: »Nur Mut! Macht sie alle nieder!«

Die Feinde waren mit ihrer Herde, die sie vor sich hertrieben, nur noch 100 Yards entfernt, als wir ihnen plötzlich auf gleicher Höhe entgegenritten. Wir tauchten so überraschend auf, daß ihre Pferde, aufgeschreckt, in wilder Flucht davonstoben. Im ersten Augenblick versuchten sie, die Pferde wieder einzufangen, aber da waren wir schon mitten unter ihnen. Sie wehrten unseren Angriff tapfer ab und schossen mit ihren Büchsen und Pfeilen, was das Zeug hielt. Einige Krieger waren nämlich nur mit Pfeil und Bogen bewaffnet. Einer nach dem anderen, insgesamt vier von ihnen, taumelte vom Pferd und stürzte zu Boden; die übrigen wandten ihre Pferde und flüchteten, von unserem Trupp hart bedrängt, in alle Himmelsrichtungen. Zwar waren sie uns an Zahl überlegen, doch hatte ihnen unser plötzlicher und unerwarteter Angriff wohl einen zu großen Schrecken eingejagt. Ich muß sagen, in dem Augenblick, in dem ich aus der Schlucht heraussprengte und sie erblickte, verspürte ich keine Angst mehr, ganz im Gegenteil, ich war aufs äußerste erregt und wollte der allererste sein. Ich feuerte auf einige von ihnen, ob sie aber wirklich durch meine Schüsse oder die meiner Gefährten fielen, konnte ich nicht erkennen. Als alle kehrtmachten und flohen, suchte ich mir einen Burschen aus, der einen kräftigen, rötlichen Schekken ritt, und verfolgte ihn. Er hielt geradewegs auf das Hairy Cap mit seinem schützenden Kiefernwald zu. Ich merkte sofort, daß er das bessere Pferd hatte und bald außerhalb meiner Reichweite sein würde, brächte ich ihn nicht mit einer Kugel zur Strecke. So feuerte ich Schuß um Schuß auf ihn ab und wünschte mir dabei jedesmal: »Jetzt mußt du ihn aber treffen.« Dreimal lud er sein Steinschloßgewehr und schoß zurück. Doch er muß genauso schlecht gezielt haben wie ich, denn ich hörte weder das Sausen der Kugeln, noch sah ich sie irgendwo aufschlagen.

Schließlich war er am Fuß des Berges angelangt und trieb sein Pferd die steile Anhöhe hinauf, bis er die Stelle erreichte, wo die Wand fast senkrecht abfiel und sein Tier nicht mehr weiterkonnte. Er sprang ab, ließ das Pferd stehen und kletterte höher hinauf. Ich saß auch ab, kniete nieder und, noch bevor er im Kiefernwald verschwunden war, gab ich drei wohlgezielte Schüsse auf ihn ab. Ich sah die Kugeln einschlagen, doch nicht mal eine einzige traf im Umkreis von drei Yards des fliehenden Feindes auf. So schlecht hatte ich noch nie geschossen.

Natürlich war ich nicht so leichtsinnig, den Indianer im Dickicht des Kiefernwaldes zu verfolgen, denn dort waren alle Vorteile auf seiner Seite. Sein Pferd war den Hang hinunter in die Ebene hinaus galoppiert. Ich ritt ihm nach und hatte es bald eingefangen. Dann kehrte ich zu der Stelle zurück, wo wir aus der Schlucht herausgesprengt waren, und sah, wie unsere Krieger aus allen Richtungen herbeiströmten und Pferde vor sich hertrieben. Bald waren wir wieder alle beisammen, hatten keinen Mann verloren, nur ein junger Mann namens Tail-Feather [Schwanzfeder] war verwundet – ein Pfeil hatte ihm die rechte Backe furchtbar zerrissen. Doch er brüstete sich noch damit und war sehr stolz auf seine Blessur. Neun Feinde – Cree, wie ich erfuhr – waren gefallen, und wir hatten 63 Pferde erbeutet. Alle jubelten über den Erfolg.

Wir wechselten die Pferde und machten uns auf den Heimweg. Nur mühselig schleppten wir uns während des Nachmittags dahin. Die Erregung war abgeklungen, und je länger ich darüber nachdachte, desto froher wurde ich, daß ich den Cree, der in den Kiefernwald geflüchtet war, nicht getötet hatte. Aber die anderen! Ich hatte auf sie gefeuert und sie vom Pferd stürzen sehen. Doch redete ich mir ein, sie seien nicht durch meine Kugeln gefallen. Denn hatte ich nicht 20 Schuß auf den Mann, den ich verfolgte, abgegeben, und war nicht jeder weit vom Ziel entfernt eingeschlagen? Selbstverständlich war nicht ich es, der sie getroffen hatte. Ich hatte ein gutes Pferd eingefangen und war damit zufrieden.

Wir kehrten nach vier oder fünf Tagereisen heim, und als wir endlich eintrafen, waren alle außer sich vor Freude. Viele

Skalptänze wurden veranstaltet, ganz besonders von jenen, die durch die Cree irgendwann einmal Verwandte verloren hatten. Die Gesichter, die Hände und die Mokassins schwarz gefärbt, zogen sie in kleinen Gruppen mit den Skalps, die auf Weidenstöcken befestigt waren, von einem Ende des Dorfes zum anderen, während sie zu den langsamen Tanzschritten ihre traurigen Totenlieder sangen.

Zu Ehren meiner glücklichen Heimkehr schlachteten Berry und seine Frau ein gemästetes Kalb; außerdem hatten wir neben einigen vorzüglichen Fleischgerichten, Brot und Bohnen noch drei Apfelkuchen aus getrockneten Äpfeln und einen Rosinenpudding zum Festessen.

Jagdzeit

Eines Tages überraschten uns Sorrel Horse und seine Frau, mit denen ich den Sommer verbracht hatte. Es begleiteten sie der junge Bear Head [Bärenkopf], der sich früher Wolverine genannt hatte, und seine Gros-Ventre-Frau, die wir damals gemeinsam entführt hatten. Berry und seine Frau freuten sich ebenso wie ich über das Wiedersehen und überließen ihnen vorübergehend einen Raum des Forts, bis Sorrel Horse seine eigene Blockhütte fertig hatte. Er wollte den Winter über bei uns bleiben, Biberfallen stellen, mit Gift Wölfe fangen und vielleicht mit den Indianern ein wenig Handel treiben. Mit Bear Heads Hilfe errichtete er binnen kurzer Zeit hinter unserem Wohnplatz eine geräumige Blockhütte mit zwei Räumen und zwei guten Feuerstellen.

Ich hatte mir eine Schrotflinte von zu Hause mitgebracht und machte jetzt, da die Gänse und Enten südwärts zogen, einige Male fette Beute. Ging ich auf die Vogeljagd, so folgten mir immer etliche Indianer, denn sie wollten das Schauspiel miterleben: Mit jedem Büchsenknall einen Vogel herunterfallen zu sehen, bereitete ihnen ebensoviel Vergnügen wie mir das Zielen und Schießen. Einmal schoß ich elf Pfeifenten aus einem vorüberziehenden Schwarm ab, und die Zuschauer gerieten vor Freude darüber schier außer Rand und Band. Allerdings konnte ich sie nie dazu überreden, einen der erlegten Vögel als Geschenk anzunehmen. Vögel und Fische aßen sie um keinen Preis, besonders Fische hielten sie für unrein. Richtig gut schmeckte ihnen nur *ni-tap-i waksin*, »richtige

Nahrung«, worunter sie Fleisch vom Bison und von verschiedenen anderen Wiederkäuern verstanden.

Im November kamen viele Blackfoot von Norden her, wo sie den Sommer am Saskatchewan und seinen Nebenflüssen verbracht hatten. Ihnen folgten die Kai-na oder Blood-Indianer, ein anderer Stamm der Blackfoot. Die Blood schlugen ihr Lager ungefähr eine Meile unterhalb der Piegan auf, und die Blackfoot errichteten ihre Zelte etwa eine halbe Meile oberhalb unseres Forts. Um uns lagerten nun, einschließlich Frauen und Kindern, etwa 9000 bis 10 000 Indianer, und die Händler hatten den ganzen Tag über alle Hände voll zu tun. Bisonroben waren noch nicht dick genug im Fell, aber mit Biber-, Wapiti-, Hirsch- und Antilopenfellen wurde reger Handel getrieben. Die einzigen Lebensmittel, die die Indianer kauften, waren Tee, Zucker und Kaffee – das Viertelpfund für etwa 1 Dollar. Die besten Wolldecken brachten um 20 Dollar oder im Tausch vier erstklassige Bisonroben mit Kopf und Schwanz; ein 15-Dollar-Gewehr wurde für 100 Dollar verkauft; sehr stark verdünnter Whisky war für 5 Dollar der halbe Liter und ein Päckchen Chinesischer Zinnober für stolze 2 Dollar zu haben. Ganz bestimmt ein einträglicher Handel.

Der Winter setzte in diesem Jahr schon Anfang November ein. Die Seen und Flüsse froren zu, und etliche Male fiel Schnee, den die Nordweststürme in die Felsschluchten und an die windgeschützten Berghänge fegten und dort zu Schneewehen auftürmten. Bald verließen auch die Bisonherden den Fluß, an dessen Ufer die großen Zeltdörfer lagen. Einzelgänger verirrten sich zwar immer wieder dorthin, die großen Herden jedoch zogen draußen auf den Prärien im Norden oder Süden von uns dahin. Da die Bisons nun nicht mehr zum Fluß kamen, mußten die Indianer zur Jagd hinaus auf die Prärie, um ihren Bedarf an Fleisch und Fellen zu decken. In jenem Winter ging ich, zusammen mit meinen beiden Freunden Weasel Tail und Talks-with-the-Buffalo, oft mit ihnen auf die Jagd. Auf diese kurzen Ausflüge nahmen wir nur wenige

Zelte mit, und da etwa 15 bis 20 Leute sich ein Zelt teilten, war es in dem an sich schon kleinen Raum ziemlich eng. Darum begleiteten uns auch nur wenige Frauen, die für das Kochen zuständig waren.

Es war Brauch, daß die Jäger frühmorgens gemeinsam aufbrachen, und sobald sie eine große Bisonherde ausgemacht hatten, näherten sie sich ihr äußerst behutsam, bis die Tiere schließlich doch die Gefahr witterten und davonstürmten. Jetzt begann die wilde Hatz, und lief die Jagd gut, wurden viele fette Kühe erlegt. Fast alle Piegan besaßen entweder ein Steinschloß- oder Zündhütchengewehr, auf der Jagd zogen aber viele von ihnen, vor allem wenn sie ein schnelles, gut abgerichtetes Pferd ritten, Pfeil und Bogen vor, denn in der Zeit, die man brauchte, ein Gewehr nachzuladen, konnte man bereits zwei oder drei Pfeile abgeschossen haben. Einige Jäger erlegten bei einer einzigen Treibjagd mehr als 20 Bisons, allerdings glaube ich, daß im Durchschnitt auf einen Mann höchstens drei Tiere kamen.

Damals nahm immer ein Medizinmann an den kurzen Jagdausflügen teil, und man verbrachte die Abende mit Gebeten an die Sonne, die Glück für die Jagd bringen sollten, oder sang Lieder, besonders den Wolfsgesang, der am meisten Jagderfolg versprach. Alle gingen früh zu Bett, denn um ein Feuer aus Bisonmist war es nicht eben gemütlich.

Gegen Ende November war der Handel mit Bisonroben in vollem Gang. Tausende von Tieren waren erlegt worden, und die Frauen besorgten mit Eifer das Gerben der Felle – eine keineswegs leichte Aufgabe. Oft habe ich gehört und gelesen, daß die indianischen Männer ihren Frauen keine Anerkennung zollen und sie ihr Leben mit überaus harter und unangenehmer Arbeit verbringen müssen. Das entspricht, soweit ich die Lebensart der Einheimischen der nördlichen Prärie kennengelernt habe, nicht der Wahrheit. Es ist richtig, daß die Frauen Brennholz für das Zelt, also Bündel trockener Weidenzweige oder Äste einer umgestürzten Pappel sammelten;

sie kochten auch, gerbten die Felle und verwandelten die Häute des Hirsches, des Wapitis, der Antilope und des Dickhornschafes in geschmeidiges Wildleder für die Kleidung der Familie. Doch wenn ihnen der Sinn danach stand, so ruhten sie sich einfach aus; sie wußten sehr wohl, daß es auch noch ein Morgen gab, und sie nahmen sich für jede Arbeit so viel Zeit, wie sie für richtig hielten. Und die Männer kümmerten sich ebensowenig um die Frauenarbeiten wie die Frauen um den männlichen Aufgabenbereich – das Beschaffen von Fellen, Häuten und Fleisch. Die meisten Frauen waren von Natur aus fleißig und stolz auf ihre Arbeit: Sie füllten eine Parfleche nach der anderen mit besonders gutem Dörrfleisch und Pemmikan, sie gerbten Wildleder für den häuslichen Bedarf oder zum Verkauf und stickten mit Perlen oder gefärbten Stachelschweinborsten wundervolle Muster auf Mokassins, Kleider, Leggins und Sattelgeschirre. Wurden die Bisonroben eingetauscht, bekamen die Frauen ihren Anteil am Erlös. Kaufte der Ehemann Branntwein, schön und gut – sie kaufte Decken, rotes und blaues Tuch, Chinesischen Zinnober, Perlen, buntbedruckten Kattun und verschiedene andere nützliche Gegenstände sowie allerlei Zierrat.

Berry und einige seiner Leute unternahmen während des Winters mehrere kurze Ausflüge nach Fort Benton. Von einer dieser Fahrten brachte er seine Mutter mit, die dort zusammen mit ihrer Gefährtin, der Crow Woman [Krähenfrau], wohnte. Die alte Mrs. Berry war eine Vollblutindianerin vom Stamm der Mandan, allerdings mit sehr heller Gesichtsfarbe und braunem Haar. Sie war groß und schlank, gutaussehend, sehr stolz und würdevoll und besaß ein gütiges Herz. Mir war sie besonders zugetan; war ich krank, pflegte sie mich und gab mir sonderbare und bittere Arzneien; sie ordnete meine Sachen, die ich herumliegen ließ, und verstaute sie sorgfältig, wusch und flickte meine Kleider und nähte mir wundervolle Mokassins und warme Handschuhe. Selbst meine eigene Mutter hätte nicht besser für mich sorgen können. Als ich mir

Höhenfieber zugezogen hatte und eines Abends im Fieberwahn phantasierte, war sie es, die mich wieder gesundpflegte.

Ihre Freundin, die Crow Woman, war nicht weniger gut zu mir. Diese Frau hatte ihr Leben lang in einer unerbittlichen Stammesfehde nach der anderen ums nackte Überleben kämpfen müssen, nun aber endlich ihren wohlverdienten Frieden in der Freundschaft mit Mrs. Berry gefunden.

Der weiße Bison

Eines Abends, Ende Januar, herrschte in den drei großen Lagern ungeheure Aufregung. Ein paar Piegan-Jäger, die gerade von einer mehrtägigen Bisonjagd von den Prärien nördlich des Flusses zurückkehrten, hatten einen weißen Bison gesehen. Die Nachricht verbreitete sich im Nu, und von allen Seiten strömten Indianer in unseren Handelsposten, verlangten Pulver, Kugeln, Feuerstein, Zündhütchen, Tabak und andere Waren. Am nächsten Morgen würden aus allen drei Dörfern die Jäger in Scharen aufbrechen. Die Männer wetteten miteinander, welcher Stamm das Fell des weißen Tieres wohl erringen würde – und selbstverständlich setzte jeder auf seinen eigenen. Bei fast allen Präriestämmen galt ein Albino-Bison als heiliges Tier und besonderes Eigentum der Sonne. Wurde ein solches Tier erlegt, gerbte man das Fell mit aller Sorgfalt und brachte es bei der nächsten Medizinhütte voller Ehrerbietung der Sonne dar. Man hing es hoch oben, über allen anderen Opfergaben, am Mittelpfeiler des Zeltes auf und ließ es dort, bis es allmählich zusammenschrumpfte und zerfiel. Kamen an einem solchen Ort Kriegstrupps anderer Stämme vorbei, berührten sie das Fell nicht – aus Furcht vor dem Zorn der Sonne. Der Mann, der ein seltenes Tier hatte erlegen können, schien bei der Sonne in hoher Gunst zu stehen, und nicht nur er allein, sondern sein ganzer Stamm.

Eine weiße Bisonrobe wurde niemals zum Kauf angeboten, und keiner, der eine erbeutet hatte, durfte sie länger als bis zur nächsten Medizinhütte, der großen, alljährlichen religiösen

Zeremonie, behalten. Den Medizinmännern war es allerdings erlaubt, am Rand Streifen davon abzuschneiden, um damit ihre heiligen Pfeifen zu umwickeln oder um sie – jedoch nur zu feierlichen Anlässen – als Kopfbinde zu tragen.

Am nächsten Morgen schloß ich mich einer Jagdgesellschaft an – wie immer zusammen mit meinen Freunden Talks-with-the-Buffalo und Weasel Tail. In Weasel Tails Zelt besprachen wir den Jagdverlauf, und da wir einige Zeit fortbleiben würden, beschlossen wir, nur ein Zelt mit sämtlichem Hausrat mitzunehmen. »So wollen wir es machen«, bekräftigte Weasel Tail abschließend. »Und unsere Frauen sollen auch mitkommen, vorausgesetzt, sie streiten sich nicht über die richtige Art, Wasser zu kochen, oder über die geeignetste Stelle für die Aufbewahrung des leeren Kessels.«

Dafür warf ihm seine Frau einen Mokassin an den Kopf, und Madame Talks-with-the-Buffalo schmollte und stieß ein *»K'yä«* aus, so daß wir alle lachen mußten.

Am anderen Morgen brachen wir zeitig auf und rasteten nicht eher, bis wir einen mit Weiden gesäumten Fluß erreicht hatten, der von der westlichen Kuppe der Sweetgrass Hills herunterkam und schließlich in der trockenen Ebene versikkerte. Welch ein vorzüglicher Lagerplatz – gut geschützt und reichlich mit Holz und Wasser versehen. Die große Herde mit dem Albino-Bison hatte man zuletzt etwa 15 Meilen südöstlich unseres Lagers gesichtet. Sie war, als man sie verfolgte, in Richtung Westen ausgebrochen. Unsere Leute waren davon überzeugt, daß wir den besten Ausgangspunkt gewählt hatten, um die Gegend nach dem Tier gründlich abzusuchen. Die Männer, die es gesehen hatten, berichteten, es sei ein ziemlich großes Exemplar und so schnell, daß es plötzlich an die Spitze der Herde gestürmt sei und dort, weit außer Reichweite ihrer besten und schnellsten Pferde, geblieben wäre, so daß sie nicht erkennen konnten, ob es ein Bulle oder eine Kuh ist.

Andere Abteilungen der Piegan, Blackfoot und Blood lagerten östlich von uns, unterhalb der Hügelkette, oder südöstlich, draußen auf der Prärie. Wir hatten uns darauf geeinigt, nicht zu jagen, bevor wir den Albino nicht gefunden hätten oder es Zeit war, zum Fluß zurückzukehren, um die Bisons so wenig wie möglich aufzuschrecken. Dann sollten natürlich ein oder zwei große Jagdzüge unternommen werden, um die Pferde mit dem Notwendigsten an Fleisch und Fellen zu beladen.

Das Wetter war ungünstig, ganz zu schweigen von der bitteren Kälte; dichte Nebelschwaden, mit glitzernden Eisflokken durchsetzt, erfüllten die Luft, durch die die Sonne nur schwach hindurchdrang. Fast hatten wir den Fuß des westlichen Berges erreicht, als die kiefernbewaldete Anhöhe vor unseren Augen im glänzenden Eisnebel verschwand. Trotzdem ritten wir täglich, um Ausschau nach dem Tier zu halten, in Richtung Little River hinaus. Wir sahen unzählige Bisons; viele Tausende von ihnen in kleinen Herden zu 20 oder 30 oder in größeren von 400 oder 500, aber den weißen Bison sichteten wir nicht. Andere Jagdtrupps schauten öfters in unserem Lager vorbei, baten um etwas zu essen und rauchten mit uns, oder wir begegneten ihnen draußen auf der Ebene; doch auch sie wußten nur zu berichten: zahllose Bisons, aber kein Albino. Die Antilopen standen zusammengekrümmt in der beißenden Kälte, und am südlichen Bergabhang stießen wir auf Hirsche, Wapitis und sogar Dickhornschafe in der gleichen starren Haltung. Die Schafe sprangen davon, aber die anderen Tiere beachteten uns kaum. Nur die Bisons, die Wölfe und die Kojoten fühlten sich wohl; die Bisons grasten wie gewöhnlich, die Wölfe streiften umher, taten sich gütlich am Wild und heulten und kläfften die langen Nächte hindurch.

Ich kann mich nicht mehr erinnern, wie lange diese Kälte anhielt, in der wir vergeblich nach dem Albino suchten. Eines Morgens, um zehn Uhr, als wir gemächlich um den westlichen Abhang des Berges ritten, schlug das Wetter um. Plötzlich spürten wir auf unseren Gesichtern einen Hauch von

Wärme, der eisige Nebelschleier löste sich auf, und wir konnten die Rockies sehen, die teilweise in schwere, düstere Wolken gehüllt waren. »Ha!« rief ein Medizinpfeifenbesitzer aus. »Habe ich in der vergangenen Nacht nicht um einen schwarzen Wind gebetet? Und seht, da kommt er; meine Sonnenkraft ist mächtig!«

Noch während er so sprach, kam der Chinook in kräftigen, warmen Böen auf und steigerte sich zum brausenden, heulenden Sturm. Die dünne Schneedecke auf dem Gras verschwand; es war, als nahte der Sommer.

Wir befanden uns einige 100 Fuß oberhalb der Ebene; auf dem unteren Abhang des Berges und ringsumher, soweit unser Auge reichte, sahen wir Bisons, Bisons und noch mehr Bisons. Ein großartiger Anblick! Die Natur hatte für die Indianer gut vorgesorgt.

So unsinnig, wie es ist, nach der sprichwörtlichen Stecknadel im Heuhaufen zu suchen, so aussichtslos schien es auch, unter den dunklen Massen ein einzelnes weißes Tier ausmachen zu wollen. Wir saßen alle ab, ich stellte mein Fernrohr scharf ein und suchte eine Herde nach der anderen ab, bis sich mein Blick trübte. Dann gab ich das Glas an meinen Nebenmann weiter. Viele versuchten ihr Glück, aber keiner entdeckte einen weißen Bison. Wir rauchten und unterhielten uns dabei über das Tier, hinter dem wir her waren; jeder vermutete es in diesem Moment an einem anderen Ort – in der Gegend von Missouri bis zum Saskatchewan oder von den Rockies bis zu den Bear's Paw Mountains. Während wir plauderten, gerieten die Bisons südöstlich von uns in Bewegung. Ich nahm das Fernrohr wieder zur Hand, um die Gegend auszukundschaften, und sah, daß mehrere Indianer eine Herde von über 100 Tieren gen Westen trieben. Sie blieben weit hinter den Bisons zurück, über eine Meile, und die Entfernung zwischen ihnen vergrößerte sich rasch, aber hartnäckig versuchten die Reiter weiter, den Anschluß nicht zu verpassen. Ich gab Weasel

Tail das Glas und berichtete, was ich gesehen hatte. Alles sprang auf.

»Sicher haben sie den Weißen entdeckt«, meinte mein Freund, »sonst hätten sie die Jagd längst aufgegeben. Sie sind weit hinter ihnen, und ihre Pferde sind erschöpft. Ja, richtig, sie folgen dem Weißen! Ich sehe ihn, ich sehe ihn.«

Im Nu saßen wir auf den Pferden und ritten hinaus, um der Herde den Weg abzuschneiden. Wir ritten Trab und fielen nur vorübergehend in leichten Schritt, denn die Pferde mußten für den Endspurt geschont werden. In knapp einer halben Stunde gelangten wir an eine niedrige, lange, dammartige Erhebung, in deren Nähe die Herde vorbeistürmen mußte. Wir sahen sie direkt auf uns zukommen. So verbargen wir uns hinter dem Erdwall und warteten; meine Gefährten sattelten wie gewöhnlich ab und stapelten ihre Sättel auf einem Haufen. Wir waren uns natürlich darüber im klaren, daß die Bisons, ehe sie nahe genug an uns herangekommen waren, damit wir in die Herde einbrechen konnten, uns wittern und lange vorher seitlich abbiegen könnten. Doch was blieb uns anderes übrig? Unser Anführer spähte über den Kamm der Anhöhe, und bald darauf gab er Befehl zum Aufsitzen – ein kurzer Zuruf, und wir griffen in die Zügel und sprengten schon über die Anhöhe. Die Herde war noch etwa 500 Yards von uns entfernt und wandte sich, als sie uns heranjagen sah, südwärts. Die Reitpeitschen klatschten. Es waren rohlederne Peitschen mit kurzem Griff, die die Pferde tüchtig anfeuerten und sie fast zum Wahnsinn trieben. Zunächst holten wir die Herde sehr schnell ein, dann konnten wir eine Zeitlang mit ihrem Tempo mithalten, nach und nach aber vergrößerte sich der Abstand wieder. Trotzdem jagten wir weiter, konnten wir doch alle den heißersehnten Preis, den Albino, sehen, der an der Spitze allen vorausstürmte. Ich war davon überzeugt, daß ihn keiner von uns einholen würde, doch da die anderen ihre Pferde weiter antrieben, folgte ich ihnen und schindete mein Pferd schlechten Gewissens, zumal es bereits sein Äußerstes gab.

Aus einer Schlucht, gerade in Höhe der fliehenden Herde, sprengte ein einzelner Reiter mitten in die Herde hinein und zerstreute die Tiere nach allen Richtungen. In weniger Zeit als man braucht, es zu erzählen, schnellte er zu dem Albino hin. Wir sahen, wie er sich nach vorn überbeugte und ihm Pfeil auf Pfeil in die Rippen jagte. Kurz darauf blieb das Tier stehen, schwankte und brach zusammen. Als wir den Jäger erreicht hatten, stand er mit erhobenen Händen da, betete inbrünstig und versprach der Sonne das Fell und die Zunge des Tiers. Es war eine dreijährige Bisonkuh mit gelblich-weißem Fell, aber normal gefärbten Augen. Der erfolgreiche Jäger war ein Piegan und hieß Medicine Weasel [Medizinwiesel]. Er war so aufgeregt und zitterte derart, daß er sein Messer nicht handhaben konnte und etliche unserer Leute für ihn das Fell abziehen und die Zunge herausschneiden mußten, während er die ganze Zeit dabeistand und sie bat, vorsichtig zu sein und keine tiefen Schnitte zu machen, verrichteten sie doch eine Arbeit für die Sonne. Vom Fleisch nahm man nichts. Es wäre ein Sakrileg gewesen, davon zu essen; die Zunge mußte getrocknet und mit der weißen Bisonrobe der Sonne dargeboten werden. Während das Tier abgezogen wurde, kam die Jagdgesellschaft, die vorher die Herde verfolgt hatte, heran. Es waren Blackfoot aus dem Norden, und sie schienen nicht gerade glücklich darüber, daß die Piegan den Sieg davongetragen hatten. Sie ritten bald wieder zu ihrem Lager zurück, und auch wir zogen, zusammen mit Medicine Weasel, heimwärts.

Im Lager am Marias

In Nord-Montana gab es eine kleine Stadt, in der die Tage im allgemeinen so friedlich und eintönig wie in einem ruhigen Städtchen des Ostens dahingingen. Aber kam man an bestimmten Tagen in diesen Ort, waren alle wie aus dem Häuschen geraten. Es griff wie eine Epidemie um sich; sobald ein Mann anfing, sich maßlos vollaufen zu lassen, leisteten ihm die anderen auf der Stelle Gesellschaft – angefangen vom Doktor, dem dann der Richter folgte, der Händler, der Viehzüchter, der Schafzüchter und schließlich alle anderen. Ich kann mich noch sehr gut an das letzte Gelage dieser Art, das ich selbst miterlebte, erinnern. Bereits um zwei Uhr nachmittags kamen sie in Champagner-Stimmung – doch tatsächlich gab es nur sprudelnden Apfelwein für 5 Dollar die Flasche, und 50 Mann zogen vom Saloon zum Geschäft und vom Geschäft zum Hotel und spendierten abwechselnd eine Runde – die Runde zu 60 Dollar. Ich erzähle dies zum besseren Verständnis dessen, was ich über die Trinkgewohnheiten der Indianer von damals zu sagen habe. Den Weißen standen sie da nämlich in nichts nach, und auch bei ihnen brach der große Durst gelegentlich wie eine ansteckende Krankheit aus.

In einem Lager konnte es tage- und wochenlang ruhig und ordentlich zugehen – und plötzlich, wie aus heiterem Himmel, ging die Sauferei los. Natürlich stritten sich die Männer oft, wenn sie betrunken waren, und so ein Streit konnte selbstverständlich nur durch Blutvergießen beigelegt werden.

Aber wenn tausend betrunkene Weiße zusammenkämen, sähe die Sache kaum anders aus.

In jenem Winter, den wir am Marias verbrachten, kehrte ich eines Nachts gerade von einem Besuch bei Sorrel Horse heim, als ich einen Mann und seine Frau sah, die aus dem Handelsposten raustraten und den Weg entlang auf mich zustolperten. Schnell schlüpfte ich hinter einen Baumwollbaum. Der Mann war ziemlich unsicher auf den Beinen; die Frau stützte ihn und hielt ihm dabei eine gründliche Moralpredigt: ». . . und du hast dich nicht ein bißchen um mich gekümmert; du hast dich mit den anderen vergnügt, mal mit diesem, mal mit jenem getrunken, ohne dich auch nur einmal umzuschauen, wie es mir ging. Du beschützt mich überhaupt nicht; du interessierst dich nicht für mich, sonst hättest du es nicht zugelassen, daß man mich im Laden beschimpft.«

Der Mann blieb kurz stehen, torkelte bald zur einen, bald zur anderen Seite und stieß ein Brüllen aus wie ein verwundeter Grizzlybär. »So, ich kümmere mich nicht um dich? Ich beschütze dich nicht? Ich lasse dich beschimpfen?« lallte er, vor Wut schäumend. »Wer hat dich beschimpft? Wer war das, frage ich dich. Laß mich zu ihm! Laß mich zu ihm! Ich werde ihm sofort eine Abreibung verpassen!«

Gerade am Weg lag ein großer, grüner Baumwollbaumstamm, der mindestens eine Tonne wog. Er beugte sich darüber, versuchte, ihn hochzuheben, und schrie dabei: »Dich beschützen! Dich beschimpfen! Wer war das? Wo ist er? Warte nur, bis ich diesen Klotz hier aufgehoben habe, und laß mich zu ihm!«

Doch er konnte den Stamm natürlich nicht von der Stelle bewegen, aber wie besessen von seinem Ziel, setzte er alles daran, ihn auf die Schulter zu heben. Er tänzelte von einem Ende zum anderen, während er immer wütender wurde, bis er endlich erschöpft zusammensackte. Dann nahm ihn die gutmütige Frau hoch – er war ein kleiner, leichter Kerl – und trug ihn nach Hause.

Ich kannte einen jungen Mann, der in betrunkenem Zustand immer viel Unheil anrichtete. Er hatte drei Frauen und stahl ihnen bei solchen Gelegenheiten ihre bescheidenen Vorräte wohlschmeckenden Pemmikans, ihre kunstvollen Perlenstickereien, ihre Nadeln und Ahlen und schenkte sie anderen Frauen. Eines Morgens, als er wieder mal so weit war, kam ich gerade dazu. Seine Frauen waren fest entschlossen, ihn einzufangen und so lange zu fesseln, bis er wieder nüchtern war. Doch er ließ sich nicht greifen; sie verfolgten ihn durchs ganze Dorf, die Hügel hinauf, den Fluß entlang und wieder zurück ins Dorf, wo er mit Hilfe eines Travois, das an seinem Zelt lehnte, auf die Zeltspitze hinaufkletterte. Er setzte sich zwischen die sich überschneidenden Zeltstangen und verhöhnte die Frauen, wie langsam sie liefen, und zählte die Gegenstände auf, die er ihnen gestohlen hatte. Er war ganz in seinem Element.

Die Frauen beratschlagten flüsternd miteinander, und dann verschwand eine im Zelt. Ihr Quälgeist hörte mit seinem Spotten auf und stimmte ein Trinklied an: »Bear Chief gab mir einen Trunk, Bear Chief gab mir einen ...«

Weiter kam er nicht. Die Frau hatte einen großen Arm voll Lolch von ihrer Lagerstatt auf das schwelende Feuer geworfen. Mit einem plötzlichen Prasseln schossen lodernde Flammen empor und trafen die empfindlichste Stelle seines Körpers. Vor Überraschung und Schmerz heulte er laut auf und sprang von seinem hohen Sitz herunter. Kaum hatte er den Boden berührt, packten ihn die Frauen und fesselten ihn mit ich weiß nicht wie vielen Stricken, bevor sie ihn unter Spotten und Scherzen der Zuschauer ins Zelt und auf sein Lager beförderten.

Aber es gab noch eine andere, weniger erheiternde Seite des Alkoholproblems. Eines Tages erlegte ich auf der Jagd unten am Missouri einen Bison mit einem Biberfell; so nannten die Händler jedenfalls dieses Bisonfell, denn der Pelz war außerordentlich dicht und fein und glänzte wie Seide. Solche Biberfelle waren gefragt, und ich hatte dieses vollständig, mitsamt Hörnern und Hufen, abgezogen. Ich wollte es besonders sorgfältig gerben lassen, da ich es als Geschenk für einen

Freund im Osten vorgesehen hatte. Die Crow Woman, die gute alte Seele, erklärte sich bereit, selbst diese Arbeit zu übernehmen, und spannte das Fell sofort auf einen Rahmen. Am anderen Morgen war es so hart gefroren wie ein Brett, und sie stand davor und schabte es eifrig ab, als ein halbbetrunkener Cree des Weges kam. Zufällig war ich in der Nähe und sah gerade, wie er sie von dem Fell wegzerren wollte; ich sprang hinzu und versetzte ihm mit aller Wucht einen Kinnhaken. Aber der Schlag brachte ihn nicht aus dem Gleichgewicht. Der Cree ergriff eine zerbrochene Zeltstange und kam damit auf mich zu. Mir blieb, da ich unbewaffnet war, zu meiner Schande nichts anderes übrig, als so schnell wie möglich das Weite zu suchen. Nicht schnell genug für meinen Verfolger. Es ist schwer zu sagen, was passiert wäre – vermutlich hätte er mich erschlagen –, wenn Berry nicht zufällig alles mit angesehen hätte. Gerade als der Cree zum entscheidenden Schlag ausholte, gab Berry einen Schuß ab, und der Indianer sank mit einer Kugel in der Schulter zu Boden. Einige seiner Stammesbrüder eilten herbei und trugen ihn nach Hause. Dann kam der Häuptling der Cree mit seiner Gefolgschaft herüber, und wir besprachen die Angelegenheit ausführlich. Es endete damit, daß wir Wiedergutmachung zahlen mußten. Wir gaben uns immer Mühe, so wenig Reibereien wie nur möglich anzufangen, aber ich war wütend, daß wir dem Cree für seine wohlverdiente Wunde auch noch zahlen mußten.

Wir handelten mehrere Jahre lang mit den Cree und den nördlichen Blackfoot unten am Missouri. Mit einem dieser jungen Blackfoot verstand ich mich besonders gut. Eines Tages jedoch kam er völlig betrunken zu uns, und ich weigerte mich, ihm noch mehr Branntwein zu geben. Da wurde er fuchsteufelswild und verließ den Laden unter fürchterlichen Drohungen. Etliche Stunden später, ich hatte den Vorfall schon wieder vergessen, stürzte seine Frau in den Laden und erklärte, Took-a-Gun-under-the-Water [Nahm-ein-Gewehr-mit-ins-Wasser] käme, mich zu töten. Die Frau ängstigte sich furchtbar und flehte mich um Mitleid an, ihren Mann, den sie von ganzem Herzen liebe, nicht umzubringen, und der, wieder nüchtern, sich selbst in Grund und Boden schämen würde, täte er mir etwas zu Leide. Ich ging zur Tür und sah meinen Freund herannahen. Er war, bis auf die Mokassins, nackt und hatte sein Gesicht, seinen Körper, seine Arme und Beine mit phantasievollen grünen, gelben und roten Streifen bemalt. Er schwenkte eine 44er Winchester und rief die Sonne als Zeugin an, daß er mich, seinen schlimmsten Feind, töten werde. Selbstverständlich wollte ich ihn nicht umbringen, doch bezog ich notgedrungen mit einer Winchester bewaffnet hinter der offenen Tür Stellung. Er rückte heran, johlte dabei einen Kriegsgesang und wiederholte immerfort: »Wo ist dieser schlechte weiße Mann? Zeigt ihn mir, damit ich ihm eine Kugel verpassen kann – nur diese eine kleine Kugel hier.«

Mit großen Schritten stürmte er, das Gewehr im Anschlag, herein und hielt ungeduldig nach mir Ausschau. Als er an mir vorbeikam, versetzte ich ihm mit dem Gewehrkolben einen tüchtigen Schlag auf den Kopf. Er fiel bewußtlos zu Boden, sein Gewehr entlud sich und trieb die Kugel durch eine Kiste mit Tomatendosen. Der Schuß war noch nicht verhallt, als die Frau auf ihn zu stürzte, denn sie glaubte natürlich, ich hätte ihren Mann erschossen. Wie groß war ihre Freude, als sie sah, daß er am Leben war. Gemeinsam banden wir ihn fest und trugen ihn in sein Zelt.

Man liest oft, daß ein Indianer eine Beleidigung, gleichgültig welcher Art und wie sehr er selbst im Unrecht ist, niemals vergeben kann. Das stimmt einfach nicht. Am nächsten Morgen schickte mir Took-a-Gun-under-the-Water eine prächtige Bisonrobe, und in der Abenddämmerung kam er selbst zu mir und bat mich um Vergebung. Seitdem waren wir die besten Freunde. Sobald ich Zeit für einen kurzen Jagdausflug in die Schluchten oder auf die Prärie hatte, wählte ich ihn als Begleiter aus, und einen treueren und umsichtigeren Freund habe ich nie gehabt.

Ich kann nicht behaupten, daß alle Händler so gut mit den Indianern zurechtkamen wie Berry und ich. Unter ihnen waren einige üble Typen, Männer, denen es Vergnügen machte, Schmerz zuzufügen und Blut fließen zu sehen. Ich kannte welche, die Indianer nur so zum Spaß umlegten, niemals aber in einem ehrlichen, offenen Kampf – erbärmliche, durch und durch charakterlose Feiglinge. Diese Männer verkauften »Whisky«, der mit Tabaksud, Cayennepfeffer, Schlangenköpfen und verschiedenen anderen ekelhaften Stoffen vermischt war. Ich gebe zu, Berry und ich verkauften verdünnten Branntwein, aber der geringe Alkoholgehalt war auf nichts anderes als reines Wasser zurückzuführen – um so gesünder für den Käufer. Es gab nur einen mildernden Umstand dafür: Der Handel fand zu einer Zeit statt, in der die Indianer mehr Fleisch und mehr Felle erjagen konnten, als sie zum Leben brauchten. Im Vergleich zu einigen Regierungsbeamten, die die Indianer in ihren Reservaten ausraubten und verhungern ließen, nachdem der Bison ausgestorben war, waren wir geradezu Heilige.

Manchmal ging ich mit Sorrel Horse seine Köder überprüfen; und es war ein ungeheurer Anblick, die riesengroßen Wölfe steif und starr gefroren herumliegen zu sehen. Für einen guten Köder mußte ein Bison getötet und am Rücken aufgeschnitten werden; auf das Fleisch, das Blut und die Eingeweide wurden drei Fläschchen Strychnin verteilt. Ein einziger Bissen dieser tödlichen Mischung reichte aus, ein Tier zu vergiften, das dann selten noch weiter als 200 Yards flüchten konnte, ehe es schreckliche Krämpfe zu Boden warfen. Natürlich wurden auch viele Kojoten und Präriefüchse vergiftet, aber die zählten nicht. Die großen schweren Wolfspelze waren im Osten für Schlitten- und Kutschendecken sehr gefragt und wurden an Ort und Stelle, in Fort Benton, für 3 bis 5 Dollar das Stück gehandelt. Einige dieser steifgefrorenen Tiere nahm ich mit nach Hause und stellte sie um Sorrel Horses Haus herum auf. Das war ein seltsamer Anblick, wie sie so mit gereckten Köpfen und hochstehenden Schwänzen das Haus bewachten. Eines Tages warf sie ein warmer Chinook alle über den Haufen, und dann wurde ihnen das Fell abgezogen.

Ein Zelt für mich allein

»Warum nimmst du dir keine Frau?« fragte Weasel Tail eines Abends urplötzlich, als ich mit ihm und Talks-with-the-Buffalo rauchend in seinem Zelt beieinander saß.

»Ja, warum eigentlich nicht?« stimmte mein anderer Freund bei. »Du hast ein Recht darauf, denn du kannst schon einen Coup zählen, ja sogar zwei. Du hast einen Cree getötet und ein Cree-Pferd im Kampf am Hairy Cap erbeutet.«

»Ein Pferd habe ich erobert, und was für ein gutes«, erwiderte ich, »doch bei dem Cree täuschst du dich; erinnerst du dich nicht, wie er mir in den Kiefernwald unterhalb des Hairy Cap entwischte?«

»O nein«, sagte Talks-with-the-Buffalo, »den meine ich gar nicht. Wir alle wissen, daß er davongelaufen ist. Ich meine einen von denen, die zuerst vom Pferd fielen, als wir alle gemeinsam feuerten. Den Großen, der eine Dachsfellmütze trug, hast du niedergeschossen. Ich sah die Wunde; keine Kugel irgendeines anderen Gewehrs hätte ein so kleines Einschußloch machen können.«

Das war mir neu; ich erinnerte mich noch gut, wie ich mehrere Male gerade auf diesen Krieger geschossen hatte, aber es wäre mir nie in den Sinn gekommen, daß er ausgerechnet durch meinen Schuß gefallen sei. Ich wußte nicht, ob ich nun darüber erfreut oder traurig sein sollte. Letztendlich kam ich zu dem Schluß, daß es das beste wäre, froh darüber zu sein, denn sicher hätte er sonst mich zur Strecke gebracht. Während ich so im Geiste das Für und Wider abwog, riß mich mein

Gastgeber aus meinen Träumen: »Ich habe dich gefragt: Warum nimmst du dir keine Frau? So antworte mir doch!«

»Ach«, erwiderte ich, »keine will mich. Ist das nicht Grund genug?«

»Kyai-yo'!« rief Madame Weasel Tail und schlug sich mit ihrer Hand mehrmals auf den Mund. So drückten die Blackfoot ihr Staunen oder ihre Verwunderung aus. *»Kyai-yo'!* Welch eine Ausrede! Ich weiß sehr genau, daß es im ganzen Dorf kein Mädchen gibt, das dich nicht gern zum Mann hätte. Wenn dieser Faulpelz hier nicht wäre«, und dabei drückte sie Weasel Tail zärtlich die Hand, »oder wenn er morgen fortzöge und nicht heimkehrte, dann könntest du mich haben. Ich würde dir so lange nachstellen, bis dir nichts anderes mehr übrigbliebe, als mich zu heiraten.«

»Mah'-kah-kan-is-tsi!« rief ich aus – ein respektloser Slangausdruck, der die Glaubwürdigkeit des Sprechers anzweifelt.

»Mah'-kah-kan-is-tsi du selbst«, entgegnete sie. »Hast du einmal darüber nachgedacht, warum man dich immer zu diesen Assiniboin-Tänzen einlädt, bei denen alle jungen Frauen ihre besten Kleider tragen und versuchen, dir mit ihrem Putz den Kopf zu verdrehen? Hast du darüber nachgedacht, warum sie bei jeder Gelegenheit aufs schönste herausgeputzt mit ihren Müttern und anderen Verwandten zum Handelsposten kommen? Was, das weißt du nicht? Also gut, dann will ich's dir sagen: Sie hoffen, daß du Gefallen an einer findest und dann einen Freund zu ihren Eltern schickst, der um sie werben soll.«

»Stimmt genau«, meinte Weasel Tail.

»Ja, so ist's«, bekräftigten Talks-with-the-Buffalo und seine Frau im Chor.

Ich dachte gründlich über diese Angelegenheit nach. Wie hatte ich den ganzen Winter über meine Freunde Berry und Sorrel Horse, die recht glücklich mit ihren Frauen lebten, beneidet. Niemals fiel ein unfreundliches Wort, ihre ehrliche Kameradschaft und offene Zuneigung waren deutlich zu spüren, und nur zu oft hatte ich denken müssen: »Es ist nicht gut, daß der Mensch allein sei.« Die Blackfoot haben eine ähnliche Redewendung dafür: »*Mat'-ah-kwi täm-äp-i-ni-po-ke-mi-o-sin* – man findet kein Glück ohne eine Frau.«

Seit diesem Abend achtete ich mehr auf die jungen Frauen, denen ich im Lager oder auf der Handelsstation begegnete, und fragte mich immer wieder: »Wie sie wohl als Ehefrau sein wird? Ist sie auch ordentlich und gutherzig?« Dabei wußte ich, daß ich eigentlich kein Recht hatte, eine von ihnen zu nehmen. Denn lange wollte ich nicht im Westen bleiben. Außerdem würden meine Verwandten mir eine Verbindung mit einer Indianerin niemals verzeihen. Sie stammten aus einer alten, stolzen puritanischen Familie, und ich sah sie im Geiste beim bloßen Gedanken daran ihre Hände vor Entsetzen über dem Kopf zusammenschlagen.

»Nein«, sagte ich mir immer wieder, »nein, ich tue es nicht. Geh jagen, zieh in den Krieg, mach alles mögliche, aber nimm dir keine Frau und kehre im Herbst wieder zu deinen Eltern nach Hause zurück.« Das war mein fester Entschluß. Aber ...

Eines Morgens saßen die Crow Woman und ich unter einem Sonnendach, das sie aus etlichen Travois und ein oder zwei Häuten errichtet hatte. Sie war wie immer fleißig und bestickte einen Mokassin mit gefärbten Stachelschweinborsten, während ich mein Gewehr für eine Antilopenjagd reinigte. Einige Frauen kamen mit mehreren Bisonroben auf dem Weg zum Laden an uns vorbei. Unter ihnen war ein Mädchen von etwa 16 oder 17 Jahren, das hübsch, ziemlich groß und wohlgestaltet war. Es hatte schöne, große, klare und ausdrucksvolle Augen, gute, weiße Zähne und zwei schwere Zöpfe, die beinahe bis auf den Boden herabhingen. »Wer ist das?« fragte ich die Crow Woman.

»Weißt du das denn nicht? Sie kommt oft hierher; es ist Nät-ah'-ki, eine Cousine von Berrys Frau.«

Ich ging auf die Jagd, dachte allerdings immerfort an diese Cousine. Am Abend sprach ich mit Berry über sie und erfuhr, daß ihr Vater tot und ihre Mutter Mitglied der Medizinhüttengesellschaft und für ihr freundliches Wesen bekannt sei. »Ich möchte dieses Mädchen haben«, sagte ich. »Wie denkst du darüber?«

»Wir wollen sehen«, erwiderte Berry. »Ich will mit meiner Frau darüber sprechen.«

Es vergingen einige Tage, ohne daß einer von uns über die Sache sprach, und schließlich ließ mich Mrs. Berry eines Nachmittags wissen, daß ich das Mädchen bekommen sollte, vorausgesetzt, ich verspräche, sie immer gut und liebevoll zu behandeln. Freudig willigte ich ein.

»Sehr gut«, sagte Mrs. Berry, »dann geh ins Warenlager und suche ein Tuch, einige Kleiderstoffe und etwas gebleichten Musselin aus – oder halt, ich suche es besser selbst aus und nähe ihr einige Kleider, wie sie die weißen Frauen und auch ich tragen.«

»Aber warte mal!« rief ich. »Was muß ich zahlen? Wie viele Pferde oder was sonst verlangt man von mir?«

»Ihre Mutter sagt, du brauchst keinen Brautpreis zu zahlen, sie will nur ein Versprechen von dir: Du sollst gut zu ihrer Tochter sein.«

Meistens schickte man den Eltern eine Menge Pferde, manchmal 50 oder gar mehr, wenn der Vater so viele verlangte; war keine genaue Anzahl vereinbart, schenkte der Freier nach seinen Möglichkeiten. Allerdings war es auch nichts Ungewöhnliches, daß ein Vater einen vielversprechenden jungen Mann, einen guten Jäger und mutigen Krieger, aufforderte, sein Schwiegersohn zu werden. In diesem Fall war er derjenige, der dem jungen Mann außer seiner Tochter auch noch Pferde und sogar ein Zelt mit Hausrat überließ.

Ich bekam also das Mädchen. Es war für uns beide ein recht peinlicher Augenblick, als sie eines Abends, während wir gerade beim Essen saßen, mit einem Tuch vor dem Gesicht zu uns hereinkam. Sorrel Horse und seine Frau waren zu Besuch, und zusammen mit Berry und seiner Frau machten sie ihre

Witze über uns, bis Berrys Mutter ihrem Treiben ein Ende setzte. Am Anfang waren wir beide recht verlegen und unsicher im Umgang miteinander. »Ja« und »Nein« waren die einzigen Worte, die ich ihr entlocken konnte. Aber mein Raum veränderte sich sehr zum Schönen; alles hielt sie sauber und ordentlich, meine Kleider wusch sie sorgfältig, und meine »Medizin« trug sie jeden Tag behutsam hinaus und hängte sie an einem Dreifuß auf. Ich hatte einen Kriegskopfschmuck, einen Schild und verschiedene andere Sachen, die die Blackfoot als heilig ansehen, erworben und sie stets mit der gebührenden Ehrerbietung behandelt.

Meine junge Frau wurde mir, je länger wir zusammenlebten, ein immer größeres Geheimnis. Ich wollte nur zu gerne wissen, was sie von mir hielt, und ob sie wohl auch darüber rätselte, was ich von ihr dächte. Ich konnte nichts Schlechtes an ihr finden; sie war immer ordentlich, immer fleißig bei kleinen Arbeiten in unserem Haushalt und erfüllte schnell meine Wünsche. Aber das konnte doch nicht alles sein! Ich wollte sie kennenlernen und wissen, was sie dachte und glaubte. Sie sollte mit mir sprechen, mit mir lachen und mir Geschichten erzählen, wie sie es mit den Berrys tat. Doch sobald ich in ihre Nähe kam, gefror ihr das Lachen auf den Lippen, und sie war ganz verschüchtert.

Das änderte sich allerdings schlagartig, als ich es am allerwenigsten erwartete. Eines Nachmittags war ich unten im Piegan-Lager und hörte, daß eine Kriegsbande zum Überfall auf die Crow rüstete. Auch Talks-with-the-Buffalo und Weasel Tail zogen gegen den Feind und baten mich, mit ihnen zu reiten. Sofort willigte ich ein und kehrte zum Handelsposten zurück, um mich für das Unternehmen zu rüsten.

»Nät-ah'-ki«, sagte ich, ins Zimmer stürzend, »gib mir all meine Mokassins, einige Paar sauberer Strümpfe und etwas Pemmikan. Wo ist meine kleine braune Leinentasche? Wohin hast du mein Gewehrfutteral gelegt? Wo . . .«

»Was hast du vor?«

Das war die erste Frage, die sie an mich stellte.

»Was ich vorhabe? Ich ziehe in den Krieg; meine Freunde gehen und möchten, daß auch ich mitreite...«

Ich stockte, denn sie stand plötzlich auf und trat mir gegenüber; ihre Augen glänzten. »Du ziehst also in den Krieg!« rief sie aus. »Du, ein weißer Mann, ziehst mit einem Haufen Indianer hinaus und schleichst bei Nacht über die Prärie, um Pferde zu stehlen und vielleicht ein paar arme Prärie-Indianer zu töten? Hast du kein Schamgefühl?«

»Wieso?« fragte ich etwas unsicher. »Ich dachte, du würdest dich darüber freuen. Sind die Crow nicht eure Feinde? Ich muß gehen, ich habe es versprochen.«

»Für Indianer ist es richtig, so etwas zu tun, nicht aber für einen weißen Mann. Du, du bist reich, du hast alles, was du willst. Für diese Papiere und diese harten gelben Stücke [Gold], die du besitzt, kannst du dir kaufen, wonach dir der Sinn steht. Du solltest dich schämen, wie ein Kojote die Prärien zu durchstreifen. Keiner von deinen Leuten hat so etwas jemals getan.«

»Ich habe mein Wort gegeben und muß mitgehen.«

Da brach Nät-ah'-ki in Tränen aus, kam näher und faßte mich am Ärmel. »Geh nicht!« flehte sie mich an. »Wenn du gehst, weiß ich, daß sie dich erschlagen werden, und ich habe dich doch so lieb.«

Noch nie in meinem Leben war ich so überrascht. All die Wochen des Schweigens waren also nichts anderes als ein Schleier gewesen, der ihre Gefühle verborgen hatte. Ich war froh und stolz, denn ich wußte nun, sie sorgte sich um mich; doch tief im Herzen bekümmerte mich etwas anderes: Ich hatte unrecht getan, dieses Mädchen zu heiraten und ihre Liebe für mich zu erwecken, denn bald mußte ich sie wieder zu ihrer Mutter zurückschicken und in die Heimat aufbrechen.

Bereitwillig versprach ich ihr, den Kriegstrupp nicht zu begleiten. Da sie nun ihren Willen durchgesetzt hatte, schämte sie sich, so impulsiv gewesen zu sein, und versuchte, ihre alte Zurückhaltung wiederzugewinnen. Doch das gefiel mir gar nicht. Ich faßte ihre Hand, zog sie auf den Platz neben mir und erklärte ihr, daß sie sich irre: Lachen, lustig sein und als gute Freunde und Kameraden miteinander leben, sei viel schöner, als alle natürlichen Gefühle zu unterdrücken und die Tage mit Schweigen dahinzubringen. Von nun an schien bei uns immer die Sonne.

»Oh, Sonne, banne die böse Kraft des Bärengeistes!«

Gegen Ende April verließen wir unseren Handelsposten. Berry wollte nach Ankunft der ersten Schiffe wieder Waren zu den Bergwerken transportieren und brachte deshalb seine Familie nach Fort Benton. Sorrel Horse und seine Angehörigen gingen auch dorthin. Die Blood und die Blackfoot zogen nach Norden, um den Sommer am Belly River und am Saskatchewan zu verbringen, die meisten Piegan hinüber zum Milk River und ins Land der Sweetgrass Hills. Die Gruppe der Small Robes, der ich angehörte, machte sich zum Vorgebirge der Rockies auf. Ich hatte ein Zelt und ein halbes Dutzend Pack- und Zugtiere angeschafft, um unser Hab und Gut zu befördern. Wir besaßen einen großen, gußeisernen Kessel zum Kochen und Braten, zwei Bratpfannen, einige kleine Töpfe und etwas Blech- und Eisengeschirr, auf das Nät-ah'-ki besonders stolz war. Unsere Verpflegung bestand aus einem Sack Mehl, etwas Zucker, Salz, Bohnen, Kaffee und getrockneten Äpfeln. Auch Tabak und Patronen besaß ich reichlich. Wir waren reich; und die Welt stand uns offen. Als die Zeit des Aufbruchs näherrückte, machte ich mich daran, beim Einpacken unserer Habseligkeiten zu helfen, doch das verbot Nät-ah'-ki mir sofort.

»Schämst du dich nicht?« meinte sie. »Das ist meine Arbeit; geh du ruhig und reite mit allen Häuptlingen voran. Ich kümmere mich schon um alles.«

So ritt ich mit den wichtigsten Männern an der Spitze des Zuges oder jagte abseits des Weges; und am Abend, wenn wir im Lager eintrafen, war das Zelt bereits aufgeschlagen; daneben lag ein Haufen Brennholz, und drinnen brannte ein helles Feuer, über dem das Abendessen kochte. Das Mädchen und ihre Mutter hatten alles besorgt. Nach getaner Arbeit ging die Mutter zum Zelt ihres Bruders hinüber, mit dem sie zusammenlebte.

Wir bekamen viel Besuch, und ich wurde häufig, mal von diesem, mal von jenem, zum Essen, Plaudern und Rauchen eingeladen. Unsere Vorräte hielten nicht lange vor, und bald ernährten wir uns nur noch von Fleisch. Alle, außer mir, waren damit zufrieden. Aber ich sehnte mich manchmal nach einem Apfelkuchen oder ein paar Kartoffeln. Oft träumte ich, der glückliche Besitzer einiger Süßigkeiten zu sein.

Nachdem wir das Fort hinter uns gelassen hatten, folgten wir zuerst dem Marias, dann seinem nördlichsten Zufluß, dem Cutbank River, so lange flußaufwärts, bis wir die Kiefernwälder am Fuße der Rockies erreichten. Hier lebte Wild; zwar waren die Bisons und Antilopen nicht so zahlreich, aber Elche, Hirsche, Dickhornschafe und Wapitis gab es in solchen Mengen, wie ich sie nicht einmal südlich vom Missouri beobachtet hatte.

Bären hatten das ganze Land aufgewühlt, und keine Frau wagte sich ohne Geleitschutz aus dem Lager, um Brennholz oder Stangen fürs Zelt zu besorgen. Viele der Jäger hatten noch nie einen Grizzly erlegt, denn sie verehrten diesen Bären als eine Art Medizin oder heiliges Tier, und viele glaubten, er sei tatsächlich ein menschliches Wesen. Man nannte ihn im allgemeinen *Kyai'-ho*, aber die Besitzer von Medizinpfeifen mußten ihn, wenn sie von ihm sprachen, *Pah'-ksi-kwo-yi* oder »klebriges Maul« nennen. Ihnen allein war es erlaubt, etwas vom Fell des Bären zu nehmen, aber nur einen Streifen für ein Kopfband oder zum Einwickeln der Pfeife. Die Bärenkrallen durfte allerdings jeder als Halskette oder sonst als Schmuck tragen. Besonders Mutige trugen einen drei- oder vierreihigen Halsschmuck von Bärenklauen, die sie selbst erbeutet hatten, und waren sehr stolz darauf.

Eines Morgens ritt ich mit Heavy Breast hinaus auf die Wasserscheide zwischen dem Cutbank und dem Milk River, um zu jagen. Wir erlegten zwei kapitale Dickhornschafböcke, luden sie auf unsere Pferde und machten uns auf den Heimweg. Als wir aus dem Kiefernwald ritten, entdeckten wir in etwa 400 bis 500 Yards Entfernung einen stattlichen Grizzly, der auf der kahlen Bergseite emsig unter den Grasbüscheln wühlte und nach Zieseln oder einem Ameisennest suchte.

»Den laß uns schießen?« rief ich aus.

»*Ok-yi*, vorwärts!« stimmte Heavy Breast zu, doch mit einem Unterton, der besagte: »Einverstanden, aber das ist deine Idee, nicht meine.«

Wir ritten am Waldrand entlang und weiter den Berg hinunter. Mein Gefährte betete, versprach der Sonne ein Opfer und erflehte einen glücklichen Ausgang für unser Vorhaben. Am Fuß des Berges ritten wir in eine tiefe Schlucht und folgten ihr weiter hinein, bis wir uns in der Nähe der Stelle glaubten, wo wir den Bären gesehen hatten. Dann sprengten wir auf die Höhe – und wirklich, da stand der alte Bursche weniger als 50 Yards von uns entfernt. Er sah uns genauso schnell wie wir ihn, setzte sich auf seine Hinterbeine und wackelte mit der Schnauze, als schnüffele er in der Luft herum. Wir feuerten beide, und mit einem gräßlichen Gebrüll überschlug er sich, biß und hieb sich in die Flanke, wo ihn eine Kugel getroffen hatte. Dann sprang er auf und kam mit offenem Maul auf uns zugestürzt. Wir trieben unsere Pferde an und flohen gen Norden, denn zurück den Berg hinunter wäre unklug gewesen. So schnell es ging, gab ich noch ein paar Schüsse auf ihn ab – leider ohne Erfolg. Der Bär war inzwischen mit gewaltigen Sätzen herangekommen und dem Pferd meines Gefährten schon auf den Fersen. Wieder feuerte ich, und wieder traf ich nicht. Im selben Augenblick flog Heavy Breast mitsamt Sattel und Schafsfleisch von seinem galoppierenden Pony runter. Der Sattelgurt, ein alter, ausgedienter Rohlederriemen, war gerissen.

»*Hai ya'*, mein Freund!« schrie er mir hilfesuchend zu, als er, fest im Sattel sitzend, hoch in die Luft sauste. Mit dumpfem Dröhnen schlug er weniger als zwei Schritte vor dem heranstürmenden Bären auf den Boden. Der Bär drehte sich mit einem erschreckten und verängstigten »Wuuuh!« auf der Stelle um und floh in den Wald zurück. Ich jagte sofort hinter ihm her, unablässig feuernd, bis ihm ein geglückter Schuß endlich das Rückgrat brach. Dann war es ein leichtes, ihn mit einer wohlgezielten Kugel in den Kopf vollends niederzustrecken. Als alles vorbei war, erinnerte ich mich wieder, wie komisch Heavy Breast ausgesehen hatte, auf seinem pferdelosen Sattel in der Luft schwebend, und ich mußte plötzlich lachen. Mein Gefährte war mittlerweile zu mir getreten und stand nun mit ernster Miene neben mir, abwechselnd auf mich und den Bären schauend.

»Lache nicht, mein Freund!« sagte er. »Lache nicht! Bete lieber zur gütigen Sonne und opfere ihr, damit du, wenn du einmal von einem Feind oder einem, wie er hier liegt, arg bedrängt wirst, so gnädig mit dem Leben davonkommst wie ich eben. Gewiß hat die Sonne mein Gebet erhört. Ich habe ihr die schöne, weiße Decke, die ich gerade gekauft habe, als Opfer versprochen. Doch ich will jetzt noch mehr opfern. Zusammen mit der Decke will ich meine Otterfellmütze aufhängen.«

Der Bär hatte einen prächtigen Pelz; ich wollte ihn mitnehmen und gerben lassen. Heavy Breast nahm mein Pferd, um sein eigenes einzufangen, das weit ins Tal hinunter gelaufen war, und ich machte mich an die Arbeit. Keine leichte Aufgabe, denn der Grizzly war recht fett, und ich wollte das Fell so sauber wie möglich abziehen. Lange bevor ich damit fertig war, kam mein Freund mit seinem Pferd zurück, stieg in einiger Entfernung ab, setzte sich, stopfte seine Pfeife und zündete sie an.

»Hilf mir!« bat ich ihn, nachdem er geraucht hatte. »Ich werde müde.«

»Das geht nicht«, erwiderte er. »Das würde meiner Medizin schaden; mein Traum hat mir verboten, einen Bären anzurühren.«

Endlich ritten wir ins Lager zurück. und Nät-ah'-ki eilte mir, als sie mich nahen hörte, entgegen.

»Kyai-yo'!« rief sie mir zu und schlüpfte ins Zelt.

Das kam mir merkwürdig vor. Kehrte ich sonst von der Jagd heim, ließ sie es sich nicht nehmen, alles auszupacken, mein Pferd abzusatteln und es zum Zelt jenes Jungen zu führen, der meine kleine Herde versorgte. Nachdem ich dies nun selbst erledigt hatte, ging ich ins Zelt; ein Gericht gekochter Bisonrippenstücke und eine Schale mit Suppe standen für mich bereit. Beim Essen erzählte ich von der Jagd, doch als ich beschrieb, wie Heavy Breast durch die Luft gesegelt ist und wie lächerlich er dabei aussah, lachte Nät-ah'-ki nicht mit mir. Das gab mir zu denken, denn sonst hatte sie viel Sinn für die komischen Seiten des Lebens.

»Es ist ein herrlicher Pelz«, meinte ich, »mit langem, dichtem, schwarzem Haar. Ich wünschte, du würdest ihn für mich gerben.«

»Ah!« rief sie aus. »Ich wußte, sobald ich ihn sah, daß du mich darum bitten würdest. Hab Nachsicht mit mir, denn ich darf es nicht tun. Ich darf ihn nicht berühren. Es gibt nur hier und da einmal eine Frau oder gar einen Mann, die mit der Kraft ihrer Medizin ein Bärenfell bearbeiten dürfen. Andere, die es dennoch versuchen, müssen großes Unglück, Krankheit, ja, sogar den Tod erleiden. Keine von uns hier würde es wagen, das Fell zu gerben. Eine Frau der Do-not-Laugh-Band [Lache-nicht-Bande] würde es für dich tun, auch eine von der Buffalo-Chip-Band [Bisonmist-Bande]. Ja, es gibt wohl einige, aber sie wohnen alle weit weg.«

Ich erwähnte die Angelegenheit nicht mehr, ging schließlich nach draußen und spannte selbst das Fell mit Pflöcken auf der

Erde aus. Nät-ah'-ki war unruhig und kam öfter heraus, schaute mir einen Augenblick lang zu und huschte dann wieder ins Zelt. Ich arbeitete weiter; es saß immer noch eine Menge Fett am Fell; so sehr ich mich auch anstrengte, ich brachte nicht alles herunter. Ich war ganz schön mit Fett beschmiert und erschöpft, als die Nacht hereinbrach.

Kurz nach Tagesanbruch wachte ich auf. Nät-ah'-ki war schon auf und draußen. Ich konnte hören, wie sie neben dem Zelt betete und der Sonne erklärte, daß sie das Bärenfell anfassen und es vom Fleisch befreien und gerben wollte. Sie bat ihren Gott um Erbarmen, sie selbst wolle es ja gar nicht tun, denn sie fürchtete sich, das unreine Fell zu berühren, aber ihr Mann verlange von ihr, daß sie es zu einer weichen Decke verarbeite.

»Oh, Sonne«, schloß sie ihr Gebet, »hilf mir, banne die böse Kraft des Bärengeistes! Ich will dir opfern. Laß mich gesund bleiben, schenke uns allen, meinem Mann, meiner Mutter, allen Verwandten und mir ein langes Leben und Glück, und laß uns bis ins hohe Alter leben.«

Mein erster Gedanke war, ihr zu versichern, daß sie das Fell nicht gerben und ich nicht unbedingt ein Bärenfell besitzen müsse. Doch ich kam zu dem Schluß, daß diese Arbeit gut für sie sei. Wenn sie begriff, daß es mit dem bösen Bärengeist nichts auf sich hatte, würde sie letzten Endes vielleicht mehr Vertrauen in sich selbst und ihre Medizin setzen. So lag ich noch eine Weile still und horchte auf das schnelle »Schrapp! Schrapp!« ihres Schabers, mit dem sie Fleisch und Fett vom Fell kratzte. Bald darauf kam sie herein, und als sie merkte, daß ich wach war, entfachte sie ein Feuer für das Frühstück. Sobald es richtig brannte, wusch sie sich wohl ein halbes Dutzend Mal mit immer wieder frischem Wasser und legte dann etwas getrocknetes Süßgras auf die glühenden Kohlen, beugte sich über den wohlriechenden Rauch und rieb ihre Hände darin.

»Was machst du da?« fragte ich. »Warum verbrennst du so früh am Morgen Süßgras?«

»Ich reinige mich«, antwortete sie. »Ich schabe das Bärenfell ab, ich werde es für dich gerben.«

»Oh, das ist lieb von dir«, sagte ich zu ihr. »Wenn wir nach Fort Benton reiten, schenke ich dir das schönste Tuch, das ich finden kann. Und wenn irgendein Opfer notwendig ist, dann sag es mir, damit ich alles besorgen kann.«

Da lächelte sie glücklich, wurde dann aber plötzlich wieder ernst, setzte sich neben mich aufs Bett, beugte sich zu mir herüber und flüsterte: »Ich habe gebetet. Ich habe ein Opfer von dir und von mir versprochen. Wir müssen etwas Gutes geben. Du hast doch zwei Pistolen? Kannst du nicht eine davon entbehren? Und ich, ich werde mein blaues Kattunkleid geben.«

Das blaue Kattunkleid war ihr allerliebster Besitz, sie hatte es selten getragen, aber oft aus der Parfleche genommen, glatt gestrichen und bewundert, es zusammengelegt, nochmals zusammengelegt und endlich fortgepackt. Wenn sie sich davon trennen wollte, so konnte auch ich einen meiner sechsschüssigen Revolver opfern. Nach dem Frühstück gingen wir also hinaus und hingen unsere Opfergaben in einen Baum außerhalb des Lagers; Nät-ah'-ki betete, während ich hinaufkletterte und die Sachen sorgfältig an einem kräftigen Ast festband. Den ganzen Tag über kamen die Frauen des Dorfes zu uns und starrten Nät-ah'-ki, die das Bärenfell gerbte, an; alle prophezeiten ihr Unheilvolles, und einige von ihnen drängten sie, die Arbeit sofort einzustellen. Doch sie störte sich nicht daran, und nach etwa vier bis fünf Tagen besaß ich eine große, geschmeidige Bärenfelldecke, mit der ich sofort unser Lager schmückte. Wenn ich allerdings Wert auf Besuch legte, dann konnte das Fell nicht dort bleiben, denn keiner meiner Freunde betrat das Zelt, solange es darin lag. Mir blieb nichts anderes übrig, als es unter einigen rohen, unbearbeiteten Häuten hinter unserem Zelt zu verstauen.

Wir blieben bis Anfang Juni am Cutbank River. Dann wurden die Fliegen so lästig, daß wir auf die Prärie übersiedelten, wo sie nicht in solchen Mengen umherschwärmten. Nachdem wir die Hügelkette mühelos überquert hatten, folgten wir dem Lauf des Milk River und schlugen schließlich nördlich der Sweetgrass Hills, da wo die anderen Piegan bereits lagerten, unsere Zelte auf. Zwischen den beiden Lagern herrschte ein reges Kommen und Gehen. Wir hörten, daß sich kurz nach unserem Wegzug vom Marias ein großer Skandal bei den Do-not-Laugh-Leuten ereignet hatte. Yellow Bird Woman [Gelb-Vogel-Frau], die junge und hübsche Frau des alten Looking Back [Schaut-zurück], war mit einem jungen Mann, der Two Stars [Zwei Sterne] hieß, davongelaufen. Man glaubte, sie seien nach Norden zu den Blood oder Blackfoot gegangen, und der Ehemann war zu ihrer Verfolgung aufgebrochen. Man redete viel über diese Geschichte und stellte Vermutungen an, wie wohl alles enden würde.

Eines Abends teilte mir Nät-ah'-ki mit, daß das schuldige Paar aus dem Norden zurück sei und sich bei einem Freund im Zelt aufhalte. Sie waren dem Ehemann, als er im Lager der Blood eintraf, ausgewichen und wieder nach Süden zurückgeeilt. Auf der Suche nach ihnen würde er wahrscheinlich weiter zum Blackfoot-Lager reiten, während sie in der Zwischenzeit die Gros Ventre besuchen wollten. Mit der Zeit, hofften sie, würde er die Verfolgung aufgeben, und danach dürften sie, hätten sie ihm erst einmal eine anständige Entschädigung gezahlt, in Frieden zusammenleben.

Am anderen Morgen, kurz nach Sonnenaufgang, wurde unser Lager von einem markerschütternden, angsterfüllten Geschrei aufgeweckt. Alles sprang aus den Betten und rannte hinaus, die Männer bewaffnet, denn sie dachten, ein Feind sei im Anmarsch. Aber es war Yellow Bird Woman, die so schrie. Ihr Mann hatte sie abgefangen, als sie zum Wasserholen an den Fluß gehen wollte. Er hielt sie am Handgelenk fest und zerrte sie, so sehr sie auch schrie, sich sträubte und kämpfte freizukommen, zum Zelt des Häuptlings. In den Zelten wurde das Frühstück gekocht, doch an jenem Morgen ging es dabei im Lager sehr ruhig zu. Kein Singen, kein Lachen, keine Unterhaltung waren zu hören. Ich wunderte mich darüber und machte eine entsprechende Bemerkung zu meiner Frau.

»Pst!« sagte sie. »Wir sollten Mitleid mit ihr haben. Ich glaube, es wird etwas Schreckliches passieren.«

Kurz darauf hörten wir den Ausrufer des Dorfes. Er verkündete, daß eine Ratsversammlung im Zelt von Big Lake stattfinden werde, und rief die Namen der Männer aus, die dorthin kommen sollten: die Medizinpfeifenbesitzer, die angesehenen Jäger und Krieger und die weisen Alten. Einer nach dem anderen ging hinüber zum Versammlungsort. Bald legte sich eine bedrückende Stille über das Dorf.

Wir frühstückten gerade, als der Ausrufer wieder zu hören war: »Ihr Frauen, hört alle her! Kommt sofort zum Zelt des Häuptlings, wo eine Bestrafung stattfinden wird! Seht mit an, was einer Frau geschieht, die ihren Ehemann, ihre Familie und sich selbst entehrt!«

Ich konnte mir gut vorstellen, daß nur wenige Frauen dorthin gehen wollten, aber dem Ausrufer folgte die Crazy-Dog-Band [Verrückte-Hunde-Bande] von der All Friends Society [Alle-sind-Freunde-Gesellschaft], die Lagerpolizei, die von Zelt zu Zelt ging und alle Frauen aufforderte mitzukommen. Als einer von ihnen unsere Eingangsklappe hochhob, sprang Nät-ah'-ki zu mir herüber und klammerte sich ängstlich zitternd an mich.

»Komm!« sagte der Polizist. »Komm schon! Mach schnell! Hast du den Ausrufer nicht gehört?«

»Sie ist keine Piegan-Frau mehr«, erwiderte ich ruhig. »Sie ist jetzt eine weiße Frau und kommt nicht dorthin.«

Ich dachte, es würde eine Auseinandersetzung über diese Angelegenheit folgen, aber nichts dergleichen. Der Mann ließ die Türklappe wieder fallen und ging ohne ein Wort davon.

Wir warteten gespannt. »Was werden sie tun?« fragte ich. »Sie umbringen oder das andere ...?«

Nät-ah'-ki schauderte und antwortete nicht, schmiegte sich nur noch enger an mich. Plötzlich hörten wir wieder dieses markerschütternde Geschrei. Dann war alles ruhig, bis unser Häuptling anfing zu reden.

»Kyi«, sagte er. »Ihr alle, die ihr hier steht, seid Zeugen dafür, was einer Frau widerfährt, die ihrem Mann untreu ist. Treuelosigkeit ist ein großes Verbrechen. In alten Zeiten beratschlagten unsere Väter, wie eine Frau, die Kummer und Schande ins Zelt ihres Mannes und ihrer Eltern bringt, bestraft werden soll. Wie sie es bestimmt haben, so soll es immer geschehen, und so wurde auch heute diese Frau hier bestraft. Und ihr alle, die ihr dabei ward, laßt es euch eine Warnung sein. Ihr Leben lang wird sie mit einem Zeichen gebrandmarkt sein. Wohin sie auch gehen wird, werden die Leute ihr nachsehen, lachen und sagen: ›Ha, eine Frau ohne Nase! Seht, da geht eine Frau von zweifelhaftem Charakter. Ist sie nicht hübsch?‹«

Dann hielten ein paar andere Männer kurze Reden, und ein jeder sprach die gleiche Warnung aus. Als sie geendet hatten, hieß der Häuptling die Leute auseinandergehen. Die Frau lief zum Fluß und wusch sich ihr blutendes Gesicht. Vom Nasenrücken bis zur Lippe war ihre Nase völlig abgeschnitten. Es blieb eine tiefe Wunde. Sie war ein gräßlicher Anblick, einem lebenden Totenkopf gleich.

Der junge Mann war in sein eigenes Dorf zurückgeeilt. Ihm sagte oder tat man nichts.

Die Kutenai kommen

Wir hatten gerade gefrühstückt. Nät-ah'-ki kämmte ausgiebig ihr Haar, flocht es und band es mit einer leuchtend blauen Schleife zusammen. Dann zog sie ihr bestes Kleid und ihre schönsten Mokassins an.

»Warum machst du dich so fein?«

»Heute morgen wird Lone Elk seine heilige Pfeife herausbringen und durchs Lager tragen. Wir wollen ihm folgen. Magst du nicht mitkommen?«

Natürlich wollte ich mit. Schnell zog auch ich meine besten Kleider an: eine mit Fransen besetzte Wildlederhose, die an den äußeren Nähten mit einem perlenbestickten Band verziert war, ein befranstes und perlenbesticktes Wildlederhemd und meine prächtigen Mokassins. Mein Haar fiel mir offen bis über die Schultern herab. Oft, wenn die Indianer von den alten Zeiten sprachen, beschrieben sie auch die verschiedenen Angestellten der American Fur Company und erzählten: »Ja, er war ein Häuptling, er hatte langes Haar. Es gibt jetzt keine weißen Häuptlinge mehr, alle, denen wir heute begegnen, sind geschoren.«

Um das Zelt des Medizinmannes drängten sich so viele Menschen, daß wir nicht nahe heran kamen, aber die Zelthaut war an allen Seiten hochgeschlagen, und wir konnten sehen, was innen vorging. Lone Elk hatte Süßgras verbrannt und seine Hände im aufsteigenden Rauch gereinigt; nun nahm er die Hüllen des heiligen Pfeifenstieles ab, und er und die anderen, die neben ihm im Zelt saßen, sangen dabei das zu jeder

Hülle gehörende Lied. Endlich lag der lange Pfeifenstiel offen da. Er war mit Adlerfedern geschmückt, mit Fell umwickelt und mit leuchtend bunten Federbüscheln verziert. Ehrfürchtig nahm er ihn auf und hielt ihn hoch, der Sonne entgegen, nach unten, der Erde entgegen, richtete ihn dann nach Norden, Süden, Osten, Westen und betete dabei um Gesundheit, Glück und ein langes Leben für uns alle. Dann erhob er sich, hielt den Pfeifenstiel ausgestreckt vor sich und tanzte langsam und bedächtig aus dem Zelt. Wir Männer folgten ihm einer nach dem anderen, dann reihten sich die Frauen und Kinder ein, bis wir uns zu mehreren Hundert in einer langen Prozession tanzend zwischen den Zelten hindurchschlängelten; dazu sangen wir die verschiedenen Pfeifengesänge. War ein Lied zu Ende, so ruhte man sich ein wenig aus, und die Leute schwatzten und lachten, bis ein neuer Gesang angestimmt wurde. Sie waren glücklich; keiner zweifelte an der Wirksamkeit der Gebete und Huldigungen, und sie glaubten, daß die Sonne sich über sie freute, wie sie so geschmückt und festlich gekleidet ihr zu Ehren tanzten. So ging es weiter, bis wir das ganze Dorf umrundet hatten und unser Anführer wieder an seinem Zelt anlangte. Dort verabschiedete er uns, wir kehrten heim, zogen wieder unsere Alltagskleidung an und gingen unserer Arbeit nach.

Im Juni erschienen drei Kutenai-Indianer in unserem Lager und überbrachten Big Lake von ihrem Häuptling Tabak und zugleich die Anfrage, ob den Piegan ein Besuch ihres Stammes recht wäre. Von ihrem Land aus waren sie geradewegs über die Rockies gezogen, aufwärts, durch die Wälder der westlichen Abhänge, weiter über die gletscherbedeckten Höhen und dann abwärts, dem tiefen Cañyon des Cutbank River folgend, schnurstracks auf unser Lager zu, das, etwa 100 Meilen entfernt, in der weiten Ebene lag. Wie hatten sie nur den Weg durch dieses unermeßliche Bergmassiv und die endlosen Hügelketten der Prärie zu dem einzigen Lager weit und breit gefunden? Vielleicht waren sie auf die Spuren einer unserer heimziehenden Kriegstrupps gestoßen, oder eine umherstreifende Gruppe ihres eigenen Stammes hatte ihnen die Route zu unserem Lagerplatz beschrieben. Sie kamen also direkt vom Oberlauf des Columbia. Unsere Häuptlinge nahmen den mitgebrachten Tabak an, rauchten ihn während der Ratsversammlung und erklärten sich mit dem Besuch einverstanden. Zwar wollten einige, die Verwandte im Krieg gegen die Bergstämme verloren hatten, keinen Frieden schließen und sprachen sich ernsthaft gegen den Beschluß aus, aber die Mehrheit war dafür, und so reisten die Boten mit der Nachricht an ihren Häuptling ab, daß sich die Piegan über einen langen Besuch von ihm und seinem Volk freuen würden.

Kurze Zeit später rückten sie an, alles in allem höchstens 700 Menschen, was, wie ich annahm, der größere Teil des Stammes war. Äußerlich unterschieden sie sich sehr von den Piegan, sie waren kräftiger gebaut und hatten größere Hände und Füße. Das konnte man wohl auf ihr Leben in den Bergen zurückführen; sie waren geschickte Dickhornschaf- und Ziegenjäger, und durch das ständige Klettern hatten sich ihre Beinmuskeln ungewöhnlich stark entwickelt. Die Blackfoot verachteten diese Lebensweise; Wild, das sie nicht mit dem Pferd erreichen konnten, jagten sie nicht, und die schwerste Arbeit, die sie verrichteten, war das Zerlegen der erbeuteten Tiere und das Beladen der Pferde mit Fleisch. Kein Wunder also, daß ihre Hände und Füße schmal und zierlich, und besonders ihre Hände so weich und zart wie Frauenhände waren.

Der alte Sah'-aw-ko-kin-ap-i bzw. Back-in-Sight [Wieder-in-Sicht], der Häuptling der Kutenai, traf mit ein paar seiner Gefolgsleute vor dem Haupttrupp ein, und ehe unser Häuptling Big Lake richtig gemerkt hatte, daß die erwarteten Besucher bereits nahten, wurde die Türklappe seines Zeltes hochgehoben, und die Kutenai traten ein. Solch ein Überrumpeltwerden kostete den Gastgeber traditionellerweise ein Geschenk, und nach der ersten gemeinsamen Pfeife war der

Häuptling der Kutenai um fünf Pferde reicher als bei seiner Ankunft im Lager.

Die Kutenai schlugen ihre Zelte unmittelbar neben den unseren auf, und noch bevor die Frauen sie richtig eingerichtet hatten und die Feuer brannten, herrschte schon ein lebhafter Verkehr zwischen den beiden Stämmen, man besuchte sich gegenseitig, erzählte, feierte und tauschte viele Geschenke aus. Die Kutenai brachten große Mengen Pfeilwurz und getrocknete Camassien mit, gelbe, süße, klebrige, geröstete Knollen, die, hatte man monatelang kein Gemüse gesehen, recht gut schmeckten. Die Piegan freuten sich außerordentlich darüber und boten den Kutenai-Frauen dafür reichlich von ihrem hervorragenden Pemmikan und Dörrfleisch an. Bisonleder und Rohleder tauschte man gegen gegerbte Dickhornschaf- und Wapitifelle ein.

Selbstverständlich wetteiferten die jungen Männer beider Stämme um die jungen Mädchen. Im Kutenai-Lager hatten sich die Jünglinge der Piegan eingefunden, und die jungen Kutenai besuchten unser Dorf. Sie standen dort still und würdevoll, in prächtige Festgewänder gekleidet, die Gesichter wirkungsvoll bemalt und die langen Haare ordentlich geflochten. Einige Glückliche hatten um ihr linkes Handgelenk, an einem Lederriemen, einen kleinen Spiegel hängen, der fortwährend hin und her schaukelte und im hellen Sonnenlicht aufblitzte. Bei einigen war der Spiegel von einem kleinen Holzrahmen eingefaßt, den der Besitzer geschnitzt und bemalt hatte. Natürlich sprach keiner dieser Freier auch nur ein Wort mit den Mädchen, und ob sie überhaupt zu ihnen hinüberschauten, war nicht auszumachen. Sie standen nur so herum und starrten scheinbar in weite Fernen, insgeheim aber und in Wirklichkeit beobachteten sie die jungen Mädchen, kannten die Gesichtszüge, die Regungen und die kleinsten Bewegungen eines jeden ganz genau. Auch die Mädchen taten gerade so, als bemerkten sie nichts, als seien nicht einmal junge Männer im Dorf. Waren sie allerdings unter sich, steckten sie die Köpfe zusammen und unterhielten sich über das Aussehen jedes einzelnen, über seine Furchtlosigkeit und seinen Charakter – ganz so, wie es auch weiße Mädchen machen würden. Nät-ah'-ki erzählte mir dies alles und auch, wie sie sich über einen aufgeblasenen Verehrer lustig machten, der ihnen gar nicht gefiel, der sich selbst aber für den Schönsten im Lager hielt.

Die Jugendlichen beider Lager veranstalteten Wettrennen, spielten und tanzten viel, während die Alten dem Treiben schweigend zuschauten oder sich von vergangenen Jagden, Kämpfen und den wunderlichen Orten und Dingen, die sie gesehen hatten, erzählten.

Die Kutenai besaßen einen großen, wohlgebauten, sehr schnellen Rappen, den die Piegan mit einem Pferd nach dem anderen zu schlagen versuchten. Rennen um Rennen wurde abgehalten, und jedesmal siegte der Rappe. Die Piegan hatten schwere Verluste zu verzeichnen: Gewehre, Pferde, Decken und eine Reihe Schmucksachen, und waren schließlich ganz verzweifelt. Sie behaupteten nun allen Ernstes, daß die anderen ihre Tiere heimlich mit einem Mittel, das die Schnelligkeit der Pferde mindere, eingerieben hätten. Zu guter Letzt kamen sie auf die Idee, sich von den Blood ein Pferd, das als außergewöhnlich schnell bekannt war, zu borgen, und es Tag und Nacht zu bewachen, bis das Rennen vorüber war.

Die Abgesandten kehrten mit dem Pferd zurück. Es war ein schöner, reinrassiger amerikanischer Brauner, der zweifellos einem unglücklichen Reisenden auf der Überlandstrecke, weit im Süden, abgenommen worden war. Sie gönnten ihm eine viertägige Ruhepause, dann sollte das große Rennen stattfinden, bei dem die Piegan alle ihre Verluste wieder wettzumachen hofften. Tagsüber bewachte ein halbes Dutzend Jugendliche das Tier draußen auf der Prärie, auf der fettesten Weide, die man finden konnte, und nachts wurde es von unermüdlichen Posten regelrecht umlagert.

Endlich kam der große Tag, und alle, selbst Frauen und

Kinder beider Lager, begaben sich zu der etwa 500 Yards langen, ebenen Rennstrecke. Alle wetteten wie wild, und bald häuften sich solche Unmengen von Zeug draußen auf der Prärie, wie ich es seitdem nicht mehr gesehen habe. Alles Erdenkliche, alles, was die beiden Stämme zum täglichen Gebrauch oder als Schmuck benutzten, stapelte sich dort, und eine Menge Pferde, die einige nicht am Wetten beteiligte Burschen an Seilen festhielten, hatte man aufs Spiel gesetzt. Sogar die Frauen wetteten – hier wurde ein Messingkessel gegen ein mit Perlen besticktes Kleid geboten, dort eine Parfleche mit gedörrtem Bisonfleisch gegen ein gegerbtes Wapitifell oder ein Yard rotes Tuch gegen ein paar kupferne Armreifen. Ich stand inmitten der Volksmenge am Ziel: eine über die staubige Rennbahn gezogene Querrinne.

Es war ein stehender Start vorgesehen. Wir konnten die beiden jugendlichen Reiter sehen, die, nackt bis auf den Lendenschurz, ihre nervösen Pferde zur Startlinie führten. Der Lauf begann. Die Zuschauer, die die Rennstrecke säumten, feuerten die Reiter an, ihr Bestes zu geben. Die Zurufe der Blackfoot und Kutenai, vermischt mit dem schrillen Geschrei der Frauen, steigerten sich zu einem einzigartigen Tumult. Wir konnten von unserem Platz aus nicht erkennen, welches Pferd führte, denn beide kamen in gestrecktem Galopp auf uns zu; sie schienen Seite an Seite zu rennen. Jetzt, als sie sich dem Ziel näherten, verstummte die Menge plötzlich. Wir konnten die Peitschen der Jünglinge durch die Luft sausen hören – und da waren sie schon! Noch ein paar Sprünge, und sie durchbrachen die Ziellinie fast Kopf an Kopf. Das Kutenai-Pferd schien mir um einige Handbreit im Vorteil. Prompt erhob sich ein unglaublicher Lärm, und alles stürmte zu den Haufen mit Wetteinsätzen.

»Wir haben gewonnen!« schrien die Piegan. »Wir haben gewonnen!« riefen vermutlich auch die Kutenai aufgeregt in ihrer Sprache. Im wilden Durcheinander stürzte alles auf die Preise. Um etwas davon zu ergattern, drängelten die Männer sich vor und zerrten einander weg. Im dichtesten Gedränge zog ein Kutenai eine alte Steinschloßpistole hervor und richtete sie auf seinen Gegner, aber ein anderer schlug sie nach oben, und der Schuß ging in die Luft. Als die Frauen den Knall hörten, flohen sie angstvoll zu den Zelten, ihre heulenden Kinder hinter sich herzerrend. Die hitzköpfigen Piegan riefen einander zu: »Los, holt eure Waffen! Laßt uns diese Kutenai-Gauner alle umlegen!«

Es gab kein Gerangel mehr um die Sachen; offensichtlich packte jeder Spieler ohne Widerspruch seinen Einsatz und eilte damit zu seinem Zelt zurück. Im Nu war der Platz leer, nur die Kutenai- und Piegan-Häuptlinge, etliche führende Männer, Nät-ah'-ki und ich waren geblieben. Meine Frau ergriff meinen Arm und bat mich mit angstvollem Blick, sofort mit ihr heimzugehen.«

»Es wird einen harten Kampf geben. Laß uns die Pferde satteln und fortreiten«, sagte sie. »Komm jetzt!«

»Mich geht der Kampf nichts an«, erwiderte ich. »Ich bin ein weißer Mann.«

»Ja«, schrie sie, »du bist ein weißer Mann, aber du bist auch ein Piegan, auf dich werden die Kutenai genauso schnell schießen wie auf jeden anderen.«

Ich gab ihr ein Zeichen, leise zu sein, denn ich wollte hören, was die Häuptlinge entschieden. Big Lake schickte seinen Ausrufer fort.

»Teile ihnen mit«, sagte er ihm, »daß ich jetzt hinüber ins Lager zu meinem guten Freund Back-in-Sight gehe; jeder, der die Kutenai angreift, muß auch gegen mich und diese Männer hier kämpfen.«

Der Ausrufer eilte fort, und Big Lake wandte sich an mich: »Komm!« sagte er. »Du bist auch für den Frieden, komm mit uns.«

Ich ging mit ihnen hinüber ins Kutenai-Lager, und Nät-ah'-ki folgte uns, äußerst beunruhigt. Kaum waren wir dort, als wir eine stetig wachsende, aufgeregt schreiende Reiterschar vom anderen Lager her auf uns zustürmen sahen.

»Gebt mir ein Gewehr!« herrschte Big Lake uns an. »Irgendeiner leihe mir sein Gewehr!«

Als er eins bekommen hatte, stellte er sich vor uns. Auf seinem alten, feingeschnittenen Gesicht zeigte sich ein Ausdruck grimmiger Entschlossenheit, und seine Augen funkelten zornig. Hinter uns raschelten die Zelthäute, und die Zeltstangen klapperten. Eilig brachen die Frauen die Zelte ab und packten allen Hausrat zusammen. Und nicht weit von uns rüsteten sich die Kutenai-Männer zur Verteidigung ihrer Frauen und Kinder. Sie wußten sehr wohl, daß sie den zahlenmäßig weit überlegenen Piegan nicht gewachsen waren. Beobachtete man allerdings ihre kampfentschlossene Haltung, ihren furchtlosen Blick und ihre energisch zusammengepreßten Lippen, so durfte man annehmen, daß sie trotzdem ihr Äußerstes geben würden.

Ein junger Krieger namens Little Deer [Kleiner Hirsch] ritt an der Spitze der Schar, die rasch auf uns zukam. Ich mochte ihn nicht leiden, denn ich spürte, daß er mich haßte. Er hatte ein hartes, gemeines Gesicht mit unbarmherzigen, verschlagenen Zügen und listigen Augen. Big Lake eilte ihnen entgegen, rief etwas und gab ihnen Zeichen, daß sie anhalten sollten. Als sie ihn nicht beachteten, lief er noch weiter vor, richtete sein Gewehr auf Little Deer und rief:

»Wenn du nicht anhältst, schieße ich.«

Der Anführer zügelte widerwillig sein Pferd und sagte:

»Warum läßt du mich nicht vorbei? Die Kutenai-Hunde haben uns beraubt und betrogen, wir wollen uns rächen.«

Schon war er im Begriff weiterzureiten und munterte seine Leute auf, ihm zu folgen, als Big Lake wiederum sein Gewehr erhob und schrie: »Schieß ruhig auf mich! Ich bin jetzt ein Kutenai. Schieß! Ich gebe dir die Gelegenheit dazu!«

Little Deer legte sein Gewehr nicht auf ihn an. Er saß lediglich im Sattel und starrte auf den Häuptling; dann drehte er sich um, blickte auf die Menge, die sich hinter ihm versammelt hatte, und befahl den Männern, ihm zu folgen. Inzwischen aber hatten die anderen Piegan-Führer sie schon überredet, ins Lager zurückzukehren. Keiner wagte sich weiter vor, im Gegenteil, einige machten sich bereits wieder auf den Weg zurück ins Dorf. Little Deer war außer sich vor Zorn und richtete sein Gewehr bald auf seine eigenen Leute, bald auf die Kutenai und rief ihnen alle Schimpfworte zu, die ihm in den Sinn kamen. Aber trotz seiner Wut und Angriffslust machte er keinen Versuch, näher zu kommen. Das auf ihn gerichtete Gewehr des Häuptlings und dessen unbeirrbar kalter, entschlossener Blick, machten ihn völlig unschlüssig. Er murmelte etwas Unverständliches, wandte schließlich sein Pferd und trottete mißmutig hinter jenen ins Lager zurück, die er noch vor wenigen Augenblicken hatte in den Kampf führen wollen. Alle Häuptlinge atmeten erleichtert auf, mir und Nät-ah'-ki, die ganz dicht neben mir stand, war es auch wohler ums Herz.

»Was diese jungen Burschen doch für Dickköpfe sind«, meinte Big Lake. »Wie schwer es ist, ihnen Vernunft beizubringen.«

»Du sagst die Wahrheit«, bestätigte Back-in-Sight. »Hättest du nicht so mutig gehandelt und ihnen nicht gehörig die Meinung gesagt, so würden jetzt unzählige Tote hier auf der Prärie liegen. Wir kehren jetzt in die Berge zurück. Es kann lange dauern, bis wir uns wiedersehen.«

»Ja«, stimmte der Piegan zu, »es ist am besten, wenn wir uns jetzt trennen. Der Zorn unserer jungen Leute verfliegt schnell. Laß uns im nächsten Sommer hier in der Gegend wieder zusammenkommen.«

So verabredeten sie es, und mit einem Händeschütteln verabschiedeten wir sie reihum. Kaum waren wir in unser Lager zurückgekehrt, befahl Big Lake, es sofort abzubrechen. Und in Windeseile wurden alle Zelte abgeschlagen. Die Ai-ni'-ai-kiks, die Polizei, wies er an aufzupassen, daß kein junger Mann, unter welchem Vorwand auch immer, das Lager verlassen dürfe. Er fürchtete, wenn einige das Dorf verließen, könnten sie die Kutenai überfallen, die sich bereits in einem langen Zug über die hügelige Ebene westwärts in Marsch gesetzt hatten. Ein wenig später brachen wir auf, allerdings gen Süden.

Der falsch verstandene Traum

Am Tag, nach dem wir am Marias unser Lager aufgeschlagen hatten, sollte eine Bisontreibjagd in der Ebene unterhalb des Medicine Rock stattfinden, wo man eine riesige Herde gesichtet hatte. Weasel Tail und ich wollten dagegen das Tal des Dry Fork hinaufreiten und erkunden. Zu Hause lagerten genug Parfleches mit gedörrtem Fleisch, und Sommerfelle von Bisons brauchten wir nicht; außerdem konnten wir jederzeit und überall so viel frisches Fleisch, wie wir wollten, erjagen. Wir durchquerten also den Fluß, ritten über die Niederung und folgten dann einem breiten, ausgetretenen Wildpfad, der sich das enge Tal hinaufwand, hin und wieder den Fluß kreuzend.

Am Nachmittag befanden wir uns weit oben im Tal des Dry Fork, etwa 12 bis 14 Meilen von unserem Lager entfernt. Zu unserer Rechten, von Ost nach West, erstreckte sich ein langer Bergrücken, dessen nächster Gipfel aus zerklüfteten Sandsteinfelsen bestand. Unterhalb der Felswand banden wir unsere Pferde an, kletterten auf die Anhöhe, ließen uns am höchsten Punkt nieder und genossen den Blick über das Land. Ich hatte einige gekochte Antilopenrippenstücke mitgenommen und breitete sie nun auf einem flachen Felsen aus. »Nimm dir etwas davon!« forderte ich Weasel Tail auf.

Er schüttelte nur den Kopf. »Es wäre unklug zu essen«, erwiderte er, »wenn man sich auf einem Erkundungsritt, auf Jagd, auf Reisen oder sonstwo weitab vom Lager befindet. Wenn du erst ißt und dich dann hinlegst, wirst du bald faul und schläfrig wie ein vollgefressener Bär; erst gegen Abend stehst du wieder auf und begibst dich nach Hause; aber auch auf dem Heimweg findest du kein Wild. Kommst du zu deinem Zelt, sehen die Leute, daß du weder Fleisch noch Felle mitbringst. Stillschweigend satteln deine Frauen dein Pferd ab, während du ins Zelt gehst und dich aufs Bett setzt; beschämt fängst du an, Lügengeschichten zu erzählen – darüber, wie weit du geritten bist, wie verlassen das Land ist und du dir gar nicht erklären kannst, wo sich wohl das Wild versteckt hält.

Nein, mein Freund, ich will kein Fleisch. Iß du nur, wenn du Lust hast. Leih mir dein Fernglas, ich will die Gegend beobachten.«

Was Weasel Tail sagte, war nur allzu wahr. Doch einmal ist keinmal, dachte ich und aß fast alles Fleisch auf, rauchte dann mit meinem Freund zusammen eine Pfeife und schlief schließlich ein.

Weasel Tail puffte mich etlichemal in die Rippen, bis ich endlich wach war. Ich rieb mir die Augen; meine Kehle war trocken, und ich hatte einen unangenehmen Nachgeschmack im Mund – eine Folge des Mittagessens und meines Schläfchens. Die Sonne stand schon tief über den weiten, blauen Gipfeln der Rockies. Mein Freund schaute unablässig durch mein Fernglas in Richtung Westen und murmelte etwas vor sich hin.

»Das, was ich sehe, kann doch nicht wahr sein«, meinte er, »und doch bin ich nicht sicher, ob mich meine Augen oder dieses Glas täuschen. Ich sehe eine Frau, eine einsame Frau, die auf dem Bergrücken dort entlangwandert und geradewegs auf uns zukommt.«

»Laß mich mal sehen!« rief ich, ließ die Pfeife fallen und griff zum Glas. »Bist du sicher, daß du nicht träumst?«

»Überzeuge dich selbst«, erwiderte er. »Sie ist jetzt auf der dritten Bergkuppe von hier aus.«

Ich nahm das Glas und suchte den bezeichneten Abhang ab, und richtig, da kam eine Frau leichten Schritts den grasbewachsenen Hang herunter. Jetzt hielt sie an, drehte sich um, überschattete mit einer Hand ihre Augen und schaute erst nach Süden, dann nach Norden und schließlich zurück in die Richtung, aus der sie gekommen war. Ich erkannte, daß sie ein kleines Bündel auf dem Rücken trug und von schlanker, aufrechter Gestalt war. Zweifellos eine junge Frau. Aber was suchte sie dort? Warum wanderte sie zu Fuß über die endlose Prärie, deren weite Leere und Stille auf eine Person, die so allein und hilflos war, beängstigend wirken mußte?

»Was hältst du davon?« fragte ich.

»Ich denke nichts darüber«, entgegnete Weasel Tail. »Es ist sinnlos, einen so seltsamen Vorfall auch nur erklären zu wollen. Sie kommt hierher, sie wird auf uns stoßen und uns erzählen, warum sie auf Wanderschaft ist.«

Jetzt entschwand die Frau unserem Blickfeld hinter der tieferliegenden Rückseite der zweiten Kuppe des Bergrükkens, tauchte aber bald wieder auf der Höhe auf und schritt weiter bergab, auf die nächste Böschung zu. Als sie den höchsten Punkt des Hanges, auf dem wir saßen, erreicht hatte, bemerkte sie uns sofort, hielt inne und zögerte einen Augenblick, kam dann aber in ihrer natürlichen Art behend und anmutig geradewegs auf uns zu. Sie zeigte weder Angst noch Schüchternheit. Als erstes fielen mir ihre Augen auf – wundervolle, große, klare, freundliche und ehrliche Augen. Erst dann bemerkte ich ihr außerordentlich hübsches Gesicht; ihr glänzendes Haar war ordentlich geflochten, und ihre Figur ließ keinen Wunsch offen.

Rasch näherte sie sich, und erst als sie uns fast erreicht hatte, grüßte sie: *»Hau!«*

»Hau! Hau!« antworteten wir.

Sie legte ihr Bündel ab, setzte sich und fing an, in einer uns unverständlichen Sprache zu erzählen. Wir unterbrachen sie durch Zeichen und erklärten ihr, daß wir sie nicht verstünden.

»Sie ist eine Snake-Frau«, sagte Weasel Tail. »Am Schnitt und Muster ihrer Mokassins erkenne ich, daß sie zu diesem Stamm gehört.«

»Wer bist du?« fragte Weasel Tail. »Woher kommst du?«

»Ich bin eine Snake«, bestätigte uns die Frau durch Zeichen, »und komme aus dem Dorf meines Volkes, weit unten im Süden.« Einen Augenblick saß sie still da, dachte nach, zog die Augenbrauen hoch und spitzte den Mund, fuhr dann aber fort:

»Vor drei Wintern wurde ich die Frau von Two Bears [Zwei Bären]. Er war sehr schön, tapfer und gutherzig. Ich liebte ihn, er liebte mich, und wir waren glücklich miteinander.« Wieder hielt sie inne und Tränen rollten ihr über die Wangen. Sie wischte sie mehrmals fort und erzählte dann stockend weiter: »Wir waren sehr glücklich, denn er wurde niemals böse mit mir, kein unfreundliches Wort fiel in unserem Zelt. Bei uns ging es immer fröhlich zu: Wir feierten, sangen und lachten viel. Täglich beteten wir zur Sonne und baten sie, uns weiterhin Glück zu gewähren und uns ein langes Leben zu schenken.

Es geschah vor drei Monden, nein vor zwei, denn dieser ist noch nicht voll; der Winter war zu Ende, das Gras und die Blätter zeigten ihr erstes Grün, als ich eines Morgens aufwachte und entdeckte, daß ich allein im Zelt war. Während ich noch schlief, war mein Mann aufgestanden; sein Gewehr, seinen Sattel und sein Seil hatte er mitgenommen, und so wußte ich, daß er zur Jagd ausgeritten war. ›Er wird Fleisch heimbringen, fettes Fleisch, und wir werden ein Fest feiern‹, sagte ich mir. Ich sammelte Holz, holte Wasser und setzte mich dann hin, um auf seine Rückkehr zu warten. Den ganzen Tag lang saß ich im Zelt und wartete auf ihn, nähte Mokassins und horchte auf den Hufschlag seines Pferdes. Die Sonne ging unter, und ich machte ein wärmendes Feuer. ›Jetzt wird er bald heimkommen‹, dachte ich.

Aber er kam nicht, und ich fühlte, daß etwas nicht stimmte. Bis tief in die Nacht hinein blieb ich wach und wartete, die Angst schnürte mein Herz enger und enger zusammen. Schließlich ging ich zum Zelt meines Vaters hinüber, doch schlafen konnte ich auch dort nicht.

Als der Morgen dämmerte, zogen die Männer hinaus und

suchten meinen Mann. Den ganzen Tag suchten sie die Prärie ab, durchquerten die Wälder, ritten den Fluß entlang, doch sie fanden nicht die geringste Spur, weder von ihm noch von seinem Pferd. Drei Tage lang durchstreiften sie das Land in allen Richtungen, dann gaben sie auf. ›Er ist tot‹, meinten sie. ›Er ist ertrunken, oder ein Bär oder ein Feind hat ihn getötet. Es muß wohl ein Feind gewesen sein, denn sonst wäre doch sein Pferd zur Herde zurückgelaufen.‹

Ich aber war überzeugt, daß er noch lebte; ich konnte einfach nicht glauben, daß er tot ist. Meine Mutter drängte mich, mein Haar abzuschneiden, ich aber wollte das nicht. Ich sagte zu ihr: Er lebt. Kommt er heim und findet mein langes Haar abgeschnitten, wird er ärgerlich sein, denn er liebt es so sehr. Wie oft hat er es mir gekämmt und geflochten.

So vergingen die Tage, und ich wartete und wartete und hielt nach ihm Ausschau. Bald fing ich an, mir einzureden, er sei doch tot. Aber dann, eines Nachts, gab mir ein Traum neue Hoffnung. Die nächste und übernächste Nacht träumte ich das gleiche, und dann, als der Traum in der vierten Nacht wiederkam, wußte ich, daß er wahr ist. Er lebte! ›Weit im Norden‹, so sagte mein Traum, ›an einem Fluß in der Prärie, liegt dein Mann verwundet und krank in einem Dorf bei einem Präriestamm. Geh, suche ihn und hilf, daß er wieder gesund wird. Er ist einsam und traurig, er sehnt sich nach dir.‹

Also schnürte ich mein Bündel und machte mich eines Nachts, als alles schlief, auf den Weg. Das war die einzige Möglichkeit. Hätten mein Vater und meine Mutter von meinem Vorhaben gewußt, würden sie mich sicher nicht haben ziehen lassen. Ich packte etwas Essen ein, meine Ahle, Sehnen und reichlich Leder für Mokassins. Als meine Vorräte aufgezehrt waren, fing ich mit Schlingen Eichhörnchen und Kaninchen und grub nach Wurzeln. So mußte ich keinen Hunger leiden. Doch der Weg war lang, endlos lang, und ich fürchtete mich vor den Bären, wenn sie des Nachts um mich herumschlichen und schnüffelten. Sie taten mir nichts zu Leide;

mein Schutzgeist muß mich vor ihnen behütet haben. Das Dorf, so hieß es in meinem Traum, läge in der Nähe der Berge. Nach vielen Tagesreisen erreichte ich den Big River und folgte ihm flußabwärts bis zu den Siedlungen der Weißen; aber ich fand kein Dorf, wie ich es suchte. Ich wandte mich nach Norden, und als ich an den nächsten Fluß gelangte, folgte ich ihm in die Berge hinauf; aber auch dort traf ich keine Menschenseele. Wiederum wanderte ich nordwärts und kam an diesen kleinen Bach, und jetzt treffe ich euch. Sagt, ist mein Mann in eurem Dorf?«

Wir mußten der einsamen Wanderin natürlich sagen, daß ihr vermißter, geliebter Mann nicht bei uns im Dorf weilte. Weasel Tail sagte ihr aber, daß etliche nördliche Blackfoot und Blood auf Besuch da seien, und riet ihr, mit uns zu kommen und sie zu befragen. Bereitwillig stimmte sie zu, und wir brachen nach Hause auf. Mein Freund ritt eine kleine, unberechenbare Stute, die zwei Personen nicht tragen wollte. Also mußte ich die Frau hinter mir aufsitzen lassen, und wir erregten einiges Aufsehen, als wir bei Sonnenuntergang so ins Lager einritten. Weasel Tail wollte sie in seinem Zelt beherbergen, und ich hatte gehofft, sie dort in der Nähe, unbemerkt von der Herrin eines gewissen Zeltes am anderen Dorfende, absetzen zu können. Aber das glückte nicht. Ich erspähte Nät-ah'-ki schon von weitem, wie sie dastand, uns beobachtete und insbesondere auf die hübsche, junge Frau starrte, die hinter mir saß und mich mit ihren Armen fest umschlungen hielt. Als ich dann zu meinem Zelt hinüberritt, fand ich niemand, der mich begrüßte, auch mußte ich zum ersten Mal mein Pferd selbst absatteln. Ich ging hinein und setzte mich. Nät-ah'-ki röstete Fleisch, sprach kein Wort und blickte auch nicht zu mir rüber. Immer noch in Schweigen gehüllt, brachte sie mir Wasser, Seife, Handtuch und Kamm. Nachdem ich mich gewaschen hatte, setzte sie mir eine Schale Suppe und etwas Fleisch vor und warf mir dann einen traurigen, vorwurfsvollen Blick zu. Ich grinste verlegen, und obwohl ich mir nichts hatte zuschulden kommen lassen, konnte ich ihren Blick nicht erwidern, und beschäftigte mich lieber eifrig mit meinem Essen. Sie lief auf die andere Seite des Zeltes, zog ihr Tuch über den Kopf und fing an zu weinen. Gereizt ließ ich mein Essen stehen, verließ das Zelt und ging zu Weasel Tail.

»Schick doch deine Mutter in mein Zelt hinüber«, bat ich ihn, »und laß sie Nät-ah'-ki erzählen, wie alles kam.«

»Ah, ha!« lachte er. »Die Kleine ist eifersüchtig. Schon gut, wir werden das wieder einrenken«, und er bat seine Mutter hinüberzugehen.

Als ich ein oder zwei Stunden später nach Hause kam, strahlte Nät-ah'-ki über das ganze Gesicht, empfing mich herzlich, bestand darauf, daß ich nochmals zu Abend aß, und schenkte mir ein Paar herrliche Mokassins, die sie heimlich für meine Festkleidung genäht hatte.

»Oh, die arme Snake-Frau!« sagte sie kurz vor dem Einschlafen. »Wie leid sie mir tut! Morgen werde ich ihr ein Pferd schenken.«

Nät-ah'-ki war stolz auf ihre kleine Herde Pferde. Einige davon stammten von Stuten, die sie von Verwandten hin und wieder geschenkt bekommen hatte. Sie sprach gern über ihre Tiere und beschrieb ihre Farbe, ihr Alter und die Eigenart eines jeden ganz genau. Ein Blackfoot, der kein Pferd besaß, wurde bemitleidet und über die Schulter angesehen. Pferde bedeuteten den Reichtum eines Stammes, und der Besitzer einer großen Herde genoß ein Ansehen, wie es bei uns nur ein Millionär hat. Es gab Leute, die 100, 300 oder gar 400 Tiere besaßen. Wer mehrere hundert Pferde sein eigen nannte, hatte sie durch Überfälle auf benachbarte Stämme erbeutet, durch nächtliches Einschleichen ins feindliche Lager oder im Kampf Mann gegen Mann in einem der zahlreichen Gefechte. Kein Wunder, daß er stolz war auf sich und seine Pferde und ob seines Mutes von seinem Volk geehrt wurde.

Nät-ah'-kis Pferdeherde wurde von ihrem Onkel Fish Robe [Fischrobe], dem selbst eine große Herde gehörte, mitversorgt. Am Morgen nach unserem Zusammentreffen mit der Snake-Frau wählte Nät-ah'-ki einen kräftigen, dickbauchigen Rotschimmel aus, erbat sich von einer Tante einen Frauensattel, legte ihn dem Tier auf, führte es hinüber zu Weasel Tails Zelt und gab der Snake-Frau den Leitriemen in die Hand. Zuerst begriff die Fremde nicht, was dies zu bedeuten habe, aber als Nät-ah'-ki ihr durch Zeichen erklärte, daß sie das Pferd geschenkt haben solle, war ihre Freude groß. Die beiden wurden Freundinnen, und die Snake-Frau wohnte eine Zeitlang bei uns. »Ich ruhe mich aus«, sagte sie, »und frage ankommende Besucher umliegender Stämme. Wenn ich nicht bald etwas von meinem Mann höre, muß ich mich wieder auf den Weg machen und ihn weiter suchen.«

Eines Tages, als sie und Nät-ah'-ki zusammen Holz sammelten, und ein Trupp Blood auf dem Weg in unser Lager an ihnen vorbeiritt, rannte die Frau plötzlich so schnell sie konnte hinter ihnen her. Nät-ah'-ki, die ihr folgte, dachte, jetzt hätte die arme Frau den Verstand verloren. Die Besucher saßen ab und gingen ins Zelt unseres Häuptlings. Die Snake-Frau zitterte und zeigte aufgeregt auf eines der Pferde, auf ein schwarz-weißes Pony, und sagte in Zeichensprache: »Ich kenne es; es ist das Pferd meines Mannes. Frage den Mann, woher er es hat!«

Nät-ah'-ki ging ins Zelt und gab die Frage an eine der Frauen weiter, die sich damit, sobald eine Pause in der Unterhaltung eintrat, an Big Lake wandte. Alle hörten natürlich zu, und einer der Besucher sprach: »Das gescheckte Pony gehört mir, es ist meine Beute!«

»Bringt die Frau herein!« befahl Big Lake und berichtete seinen Gästen, wie wir sie allein auf der Prärie gefunden hätten, und erzählte von ihrem Traum und ihrer Suche.

Voller Ungeduld eilte sie herein und vergaß dabei völlig die gebührende Zurückhaltung einer Frau gegenüber einer

Häuptlingsversammlung. »Wer«, fragte sie schnell durch Zeichen, »wer ist der Reiter des gescheckten Pferdes?«

»Das bin ich«, erwiderte der Blood. »Was ist damit?«

»Es ist mein Pferd, das Pferd meines Mannes, auf dem er vor drei Monden ausgeritten ist. Was ist mit meinem Mann? Hast du ihn gesehen? Wieso hast du jetzt sein Pferd?«

Der Blood zögerte einen Augenblick und antwortete dann: »Wir waren auf einem Kriegszug. Weit im Süden überraschte uns eines Tages im Morgengrauen ein Mann auf einem gescheckten Pony. Ich tötete ihn und nahm das Pferd.«

Während er seine Antwort gestikulierte, bemerkte die Frau plötzlich das Bärenkrallenhalsband, das er trug; darauf zeigend, brach sie in ein furchtbares, herzzerreißendes Schluchzen aus und flüchtete aus dem Zelt. Weinend lief sie durchs Dorf, setzte sich am Waldrand nieder, zog ihr Kleid über den Kopf und begann, den Toten zu beklagen.

Die Snake-Frau trauerte und verbrachte die meiste Zeit wehklagend oben auf dem Hügel oder am Waldrand. Sie schnitt ihr Haar ab, ritzte sich ihre Fußknöchel auf, aß wenig, magerte ab und wurde völlig teilnahmslos. Schließlich kam der Tag, an dem sie auf ihrem Lager liegenblieb und nicht mehr mit den anderen in Weasel Tails Zelt aufstand. »Ich will sterben«, erklärte sie, »und ich bin froh darüber. Ich habe meinen Traum nicht verstanden. Ich glaubte, ich sollte meinen Mann leibhaftig suchen. Statt dessen meinte er, mein Schatten solle den seinen suchen. Ich sehe das jetzt ganz klar; in einigen Nächten will ich aufbrechen, und ich weiß, daß ich ihn finden werde.«

Und so geschah es. Am vierten Tag nach Ausbruch ihrer Krankheit starb sie, und die Frauen setzten sie behutsam und in Ehren auf einem nahe gelegenen Baum bei.

Heimkehr auf Widerruf

Wir verbrachten einen glücklichen Sommer. Kein Kriegstrupp hatte uns überfallen, und die jungen Männer, die in den Kampf gegen umliegende Stämme gezogen waren, kehrten immer beutebeladen und ohne Verluste zurück. Nur eine Sache beunruhigte mich: die mahnenden Briefe von zu Hause, in denen man mich nachdrücklich zur Heimkehr aufforderte. Wenn ich sie erhielt, waren sie, ebenso wie die Ausgaben der *New York Tribune* und anderer Zeitungen, jedesmal mehrere Monate alt. Mittlerweile las ich meistens nur noch die Überschriften der Artikel, aber die Briefe ließen mir keine Ruhe. Immer wieder überlegte ich, ob ich an dem Tag, an dem ich mündig wurde, oder bereits früher nach Hause fahren sollte. Ich verbrachte manch unbehagliche Stunde mit der Lektüre dieser Episteln, unternahm dann aber, nachdem ich die Briefe im Zeltfeuer verbrannt hatte, oft mit Nät-ah'-ki einen Ritt oder traf mich mit einigen Freunden.

Nät-ah'-ki breitete meine Briefe vor sich aus und versuchte, ihren Inhalt zu erfassen, obwohl sie keinen einzigen Buchstaben entziffern konnte. Bald kannte sie die Handschrift meiner Mutter, und sobald ich Briefe von anderen Personen in charakteristisch weiblicher Handschrift erhielt, beobachtete sie mich aufmerksam, während ich sie las, und fragte mich anschließend über die Briefschreiberin aus. »Oh«, antwortete ich dann gleichgültig, »Verwandte, Frauen aus unserer Familie, die mir allerhand Neuigkeiten mitteilen und sich erkundigen, ob ich gesund und glücklich bin.«

Daraufhin schüttelte sie ungläubig den Kopf und rief: »Oh, ja, Verwandte! Sag mir ehrlich, wie viele Liebchen hast du in deiner Heimat?«

Ich antwortete dann wahrheitsgetreu und schwor ihr bei der Sonne, daß ich nur ein Liebchen hätte, und das sei sie. Dann gab sie sich zufrieden – bis ich ein neues Bündel Briefe erhielt. Gegen Ende des Sommers kamen diese Briefe häufiger, und ich erkannte allmählich voller Kummer, daß die glücklichen Tage meiner Freiheit gezählt waren und ich in die Heimat zurückkehren und eine Berufslaufbahn würde einschlagen müssen, wie man es von mir erwartete.

Kurz nach dem Tod der Snake-Frau zogen wir vom Marias nach Süden und lagerten am Teton River, nur drei Meilen oberhalb von Fort Benton. Fast täglich ritt ich ins Fort; meistens begleitete mich Nät-ah'-ki, denn ihr Verlangen nach bunt bedruckten Stoffen, Bändern, Tüchern und Perlen war unstillbar. Dort trafen wir eines Tages auf Berry und seine Frau, seine Mutter und die Crow Woman. Die beiden alten Frauen waren gerade von einem Besuch bei den Mandan zurückgekehrt. Auch Sorrel Horse und seine Familie stießen eines Tages wieder zu uns. Er und Berry trafen bereits Vorbereitungen für den Winterhandel. Ich fühlte mich immer niedergeschlagener, zeigte den beiden meine Briefe, erzählte ihnen, was meine Familie von mir erwartete, und erklärte ihnen, daß ich in den Osten zurückkehren müsse. Beide lachten aus vollem Hals, grölten und klopften sich gegenseitig auf den Rücken, während ich sie nur traurig und vorwurfsvoll anstarrte, denn mir war nicht bewußt, etwas Komisches gesagt zu haben.

»Er fährt heim«, sagte Sorrel Horse, »und wird von nun an ein lieber, anständiger Junge werden.«

»Und immer in die Kirche gehen«, ergänzte Berry.

»Und einen geraden, gutbürgerlichen Lebensweg einschlagen, und die Welt wird ihm offen stehen und so weiter ...«, fügte Sorrel Horse hinzu.

»Ihr seht doch, wie die Dinge liegen«, meinte ich traurig. »Ich muß gehen, so gern ich auch hier bei euch bliebe, ich muß einfach.«

»Ja«, sagte Berry dann etwas ruhiger, »gut, du mußt jetzt gehen. Aber du kommst wieder – und zwar schneller, als du denkst. Diese Prärien und Berge, das freie Leben hier, das alles läßt dich nicht mehr los. Ich bin ja selbst zurückgegangen und habe dort die Schule besucht, aber immer rief mich das gute alte Montana, und ich fühlte mich nicht eher wieder wohl, bis ich die Sonne auf die kahlen Ebenen scheinen und die Rockies scharf und klar in der Ferne leuchten sah.«

»Und dann«, gab Sorrel Horse zu bedenken, »was wird aus Nät-ah'-ki? Glaubst du, daß du sie vergessen kannst?«

Da hatte er wirklich meinen wunden Punkt berührt. Ich konnte nicht antworten, sprang vom Stuhl, stürmte hinaus, schwang mich auf mein Pferd und ritt schnell über die Anhöhe zum Lager zurück.

Wir aßen unser Abendessen: Dörrfleisch und *o-sak'i* [Rükkenfett], Kompott aus getrockneten Äpfeln und Hefeteigbrot. Ich ging zeitig zu Bett, aber stundenlang wälzte und warf ich mich unruhig auf meinem Lager hin und her. »Nät-ah'-ki«, kam es endlich aus mir heraus, »ich muß dir etwas sagen. Ich gehe für einige Zeit fort. Meine Familie ruft mich.«

»Das ist mir nichts Neues. Schon lange wußte ich, daß du gehen würdest.«

»Wie konntest du das wissen?« fragte ich. »Ich habe doch niemand davon erzählt.«

»Habe ich dich nicht die kleinen Papiere lesen sehen? Habe ich nicht dein Gesicht beobachtet? Ich wußte, daß du mich verlassen wirst. Du bist wie die anderen weißen Männer. Zwar heiraten sie, aber nur für einen Tag.«

Sie fing an zu weinen, nicht laut, sondern leise und verzweifelt – das Schluchzen eines gebrochenen Herzens. Ich haßte mich, aber ich hatte das Thema angeschnitten und mußte dic Sache nun auch durchstehen. So fing ich an, sie zu belügen, und verachtete mich mit jedem Wort mehr, das ich vorbrachte. Ich erzählte ihr, ich sei nun 21, und in diesem Alter werde ein weißer junger Mann offiziell erwachsen. Und über das Vermögen, das mein Vater hinterlassen habe, lägen daheim Papiere, die ich unterzeichnen müsse. »Aber«, sagte ich und rief die Sonne als Zeugin für meine Worte an, »ich komme wieder; in wenigen Monden bin ich zurück, und dann wollen wir weiter glücklich zusammenleben. Während ich fort bin, wird sich Berry um dich und deine Mutter kümmern.«

Ich belog sie, aber wenigstens vertrieben meine Erklärungen ihren Kummer, und sie schlief friedlich ein. Ich jedoch fand keinen Schlaf. Am Morgen ritt ich wieder zum Fort und redete lange mit Berry. Er versprach, sich so lange um meine Frau zu kümmern, sie mit Nahrung und Kleidung zu versorgen, bis – die Worte blieben mir fast im Hals stecken – ». . . Nät-ah'-ki mich vergessen und einen anderen Mann geheiratet haben wird.«

Berry lächelte wissend: »Sie wird niemals die Frau eines anderen werden«, sagte er. »Und du wirst heilfroh sein, hierher zurückkehren zu können. Spätestens in sechs Monaten bist du wieder da.«

Gerade entlud man an der Landestelle das letzte Schiff, das vor Einbruch des Winters nach Fort Benton gekommen war; am folgenden Morgen sollte es nach St. Louis fahren. Ich ritt ins Lager zurück und bereitete mich auf die Abreise vor. Viel gab es nicht zu tun, ich packte lediglich etliche indianische Gegenstände, die ich gern mit nach Hause nehmen wollte, zusammen. Nät-ah'-ki kam mit mir zum Fort zurück, und wir übernachteten bei Berry und seiner Familie. Für mich wurde es kein fröhlicher Abend. Beide, Berrys Mutter und die treue, alte Crow Woman, hielten mir eine lange, strenge Moralpredigt über die Verpflichtungen und die Treue eines Mannes seiner Frau gegenüber – und was sie sagten, tat mir sehr weh, denn ich wollte genau das tun, was sie so verabscheuten.

Am folgenden Morgen trennte ich mich von Nät-ah'-ki, schüttelte allen anderen die Hand und ging an Bord. Das Boot schwenkte in den Fluß hinaus, wendete, und wir flogen nur so mit der starken Strömung flußabwärts über die Shonkin Sandbank und um die Biegung herum. Das alte Fort und die glücklichen Tage des letzten Jahres gehörten schon jetzt der Erinnerung an. Es waren eine Menge Reisende an Bord, die meisten Bergarbeiter von Helena und Virginia City, die mit mehr oder weniger Goldstaub in den Taschen in die Staaten zurückkehrten.

Sie spielten und tranken, und um auf andere Gedanken zu kommen, gesellte ich mich zu ihnen. Ich erinnere mich noch, daß ich 300 Dollar auf einmal verlor und mich der schlechte Branntwein ganz krank machte.

Jede Nacht legten wir irgendwo an. Kaum hatten wir Dakota erreicht, wehten anhaltende Gegenwinde, und als wir Anfang Oktober in Council Bluffs eintrafen, war ich froh, das Boot verlassen und einen Zug der Union Pacific besteigen zu können. Binnen kurzer Zeit erreichte ich das kleine New-England-Städtchen, in dem ich aufgewachsen war.

Ich sah den Ort und seine Bewohner mit neuen Augen; ich machte mir nichts mehr aus ihnen. Es war ein netter Ort, aber alles war eingezäunt – und ich hatte inzwischen ein Jahr lang in einer Gegend gelebt, wo niemand Grenzen zog. Die Einwohner waren gewiß rechtschaffene Leute, aber ihre ganze Art war genauso steif und engstirnig wie die abscheulichen Zäune, die die Grenzen ihres Farmlandes markierten. Sie begrüßten mich alle mit denselben Worten: »Ach, mein Junge, du bist also wieder da? Ein Wunder, daß man dich nicht skalpiert hat. Wie ich gehört habe, sind diese Indianer schreckliche Menschen. Na, du hast wohl ganz schön auf die Pauke gehauen und deinen Spaß gehabt; ich nehme an, du wirst jetzt vernünftig werden und einen ordentlichen Beruf ergreifen.«

Nur zwei Männern im ganzen Ort konnte ich von meinen Erlebnissen und dem, was ich gesehen hatte, berichten, denn sie waren die einzigen, die mich verstehen konnten. Der eine war Maler und wurde von allen ehrbaren Leuten geächtet, weil er nie zur Kirche ging und gelegentlich eine Bar am hellichten Tag betrat. Der andere war ein Krämer. Beide waren Fuchs- und Rebhuhnjäger und liebten die Wildnis. Abend für Abend saß ich mit ihnen im Kolonialwarenladen am Ofen und erzählte von der weiten Prärie, den Bergen, vom Wild und von den roten Menschen dort. Und in ihrer Begeisterung, wenn sie sich dieses wundervolle Land und die dort herrschende Freiheit ausmalten, sprangen sie von ihren Stühlen, gingen im Raum auf und ab, seufzten und rieben sich die Hände. Auch sie wollten all das sehen und erleben, was ich kennengelernt hatte, aber sie waren im Alltagstrott gefangen. Sie konnten ihr Zuhause, Frau und Kinder nicht im Stich lassen. Sie taten mir leid.

Aber selbst ihnen verriet ich nichts von dem zarten Band, das mich an dieses Land fesselte. Es gab nicht einen einzigen Augenblick, in dem ich nicht an Nät-ah'-ki und an das Unrecht, das ich ihr angetan hatte, dachte.

Die Tage flossen für mich in tödlicher Eintönigkeit dahin; außerdem hatte ich ständig Streit mit meinen Verwandten. Nicht meine Mutter, aber meine Onkels und Tanten und alte Freunde meines längst verstorbenen Vaters versuchten, mir allerhand Ratschläge zu erteilen und meine Zukunft zu planen. Gleich von Anfang an waren wir gegenteiliger Meinung. Sie stellten mich zur Rede, weil ich mich weigerte, zur Kirche zu gehen, oder weil ich ein harmloses Glas Bier mit irgendeinem Trapper oder Scout aus dem nördlichen Waldland trank.

Eines Abends versammelten sich alle diese wohlmeinenden Leute bei uns zu Hause. Sie hatten beschlossen, daß ich das Geschäft eines Händlers übernehmen sollte, der sich zur Ruhe setzen wollte und es im Laufe von 40 oder 50 Jahren zu einem bescheidenen Auskommen gebracht hatte. Ich bemühte mich, ihnen klarzumachen, wie wenig ich von ihrem engen Leben hielt, aber mir fehlten die Worte, und so nahm ich einfach meinen Hut und ergriff die Flucht.

Obwohl es bereits nach Mitternacht war, als ich nach Hause zurückkam, wartete meine Mutter noch auf mich. Wir setzten uns an den Kamin und besprachen alles miteinander. Ich erinnerte sie daran, daß ich mich schon seit frühester Jugend am liebsten in den Wäldern und an den Flüssen mit Gewehr und Angel herumgetrieben hatte und daß ich ein Leben in der Stadt mit einem bürgerlichen Beruf, hinter einem Schreibtisch oder eingezwängt in einen Laden, einfach nicht ertragen könnte. Und einsichtig, wie sie war, stimmte sie mir zu. Sie meinte, bei meiner großen Liebe zur Prärie und zu den Bergen sei es wohl das Beste, wenn ich dorthin zurückkehrte. Von Nät-ah'-ki erzählte ich ihr nichts.

Zum ersten Mal seit Wochen ging ich leichten Herzens zu Bett.

Zwei Tage später setzte ich mich in den Zug nach St. Louis, wo ich mich in Ben Stickneys Planters Hotel einquartierte. Dort bekam ich schon wieder den ersten Vorgeschmack des Fernen Westens, traf Männer aus Texas und Arizona, Wyoming und Montana. Wir erzählten vom freien, weiten Land, von den Indianern, dem Bisonhandel, den Rinderherden, den Bergarbeitern und von den vielen Abenteuern, die wir bestanden hatten. Wir bummelten durch die Stadt, die in echtem Western-Stil erbaut war; und als unser Haufen, auffällig Sombrero-behütet, lärmend und aus voller Kehle singend durch die Straßen zog, da tat die Polizei freundlicherweise so, als bemerke sie uns nicht.

Ich kaufte noch einen Koffer und besorgte verschiedene Stoffe mit lustigen hübschen Mustern, Perlenschnüre, ein Paar Armreifen aus Serpentin, eine goldene Halskette und viele andere Geschenke. Schließlich war der Koffer so voll, daß ich ihn kaum noch schließen konnte. Dann nahm ich meine Sachen und bestieg einen Zug nach Corinne in Wyoming. Von dort aus ging es mit der Postkutsche nach Helena und endlich weiter nach Fort Benton.

Berry sei mit den Piegan unten an der Mündung des Marias, sagte mir ein Händler, aber seine Mutter und die Crow Woman wohnten oben in der kleinen Hütte, und er glaube, fügte er mit einem Augenzwinkern hinzu, eine junge Frau sei auch bei ihnen.

Es war noch früh am Morgen. Ich eilte hinaus und rannte den staubigen Pfad hinauf. Eine dünne Rauchfahne stieg bereits aus dem Schornstein der kleinen Hütte auf. Ich stieß die Tür auf und trat ein. Nät-ah'-ki kniete vor der Feuerstelle und blies in die schwelende Glut. *»Ah!«* rief sie, sprang auf und lief mir entgegen, »er ist wieder da! Mein Mann ist wieder da!« Sie fiel mir um den Hals, küßte mich – und war im nächsten Augenblick bereits im Nebenraum und rief: »Wacht auf, steht schnell auf, mein Mann ist zurückgekommen.«

Berrys Mutter und die Crow Woman kamen herausgeeilt, umarmten und küßten mich; alles redete durcheinander. Nät-ah'-ki aber hing an meinem Arm und strahlte mich unter Tränen an. »Weißt du«, sagte sie immer wieder, »alle wollten mir weismachen, du kämst nicht zurück, aber ich wußte, daß sie unrecht hatten. Ich wußte, du würdest mich nicht vergessen.«

Jetzt war ich wahrhaftig zu meinen Lieben heimgekehrt. Komme was wolle, schwor ich mir, meine Frau würde ich nie wieder allein lassen; und ich hielt mein Wort.

Nät-ah'-ki und ich waren so aufgeregt, daß wir vor lauter Erzählen, was während meiner Abwesenheit alles vorgefallen war, ganz das Frühstück vergaßen. Dann fragte sie mich, was ich die ganze Zeit über getan hätte, was ich gesehen hätte, ob meine Mutter gesund wäre? Aber ich hatte nichts zu erzählen. Ich wollte ihren Geschichten zuhören, ihre Freude erleben, das allein war mein Glück. Kurze Zeit später wurden meine Koffer gebracht. Ich gab ihr den Schlüssel des einen und sagte, daß dieser Koffer samt Inhalt ihr gehörte. Mit Ausrufen der

Überraschung und Bewunderung packte sie alles aus, wickelte die Sachen aus, entfaltete die Stoffe und breitete sie auf dem Tisch, dem Ruhelager und den Stühlen aus. Voller Freude legte sie sich die Kette um den Hals, streifte sich den Armreifen über, lief zu mir und gab mir einen liebevollen Kuß. Dann packte sie alles wieder ein. »Sie sind zu schön, zu gut für mich«, sagte sie. »Ich bin nicht hübsch genug, um sie zu tragen.«

Dann kam sie wieder zu mir herüber und flüsterte: »Alles ist zu viel für mich. Darf ich meinen Großmüttern etwas abgeben?« Sie meinte damit Mrs. Berry und die Crow Woman.

Unter den vielen Stoffen befanden sich etliche mit ruhigen Mustern und ein paar Tücher, die ich eigentlich für die alten Frauen bestimmt hatte, und so meinte ich, das seien die passendsten Geschenke. Wie glücklich sie war, als sie die Sachen heraussuchte und ihren Freundinnen gab.

Nach einer Weile verließ ich sie und bummelte zu Keno Bill hinunter. Es war Dezember, aber die Sonne schien warm, und von Süden her wehte ein leichter Chinook. Ich dachte an das weit entfernte New-England-Städtchen, das nun unter 3 Fuß hohem Schnee begraben lag und fröstelte.

Bei Keno Bill fand ich die Stammkundschaft vor. Richter D., ein glänzender Rechtsanwalt und ehemaliger Offizier im Fenian-Krieg, spielte mit dem Marshal um etliche Drinks »Alle vier«. Ein paar Vieh- und Maultiertreiber überboten sich gegenseitig beim Pharospiel. Einige Trapper in Wildlederkleidung mit Präriefuchsmützen und Mokassins stritten sich, wie man am besten eine Biberfalle in einem eisbedeckten Damm aufstellt. Alle freuten sich, mich wiederzusehen, und geleiteten mich sofort zur Bar. Beiläufig erkundigten sich einige, was in den Staaten los sei. Nicht, daß sie sich wirklich dafür interessierten; sie sprachen davon wie von irgendeinem weit entfernten, fremden Land.

»Hm«, meinte Richter D., »lange hast du es dort ja nicht ausgehalten, mein Junge.«

»Nein«, stimmte ich ihm zu. »Montana ist genau richtig für mich.«

»Montana!« rief der Richter und erhob sein Glas. »Auf dieses Land und seine sonnengeküßten Prärien! Und auf uns alle, denen die Vorsehung ein glückliches Leben in diesem Land beschert hat. Wir sind die wahren Lieblinge der Götter.«

Darauf stießen wir alle gern an. Um vier Uhr nachmittags ging es schon hoch her. Ich verließ die lustige Gesellschaft jedoch bald und kehrte nach Hause zurück. Das mit Bisonroben bedeckte Lager, eine Pfeife, das offene Feuer und Nät-ah'-kis muntere Nähe gefielen mir weitaus besser.

Die Geschichte von Rising Wolf

Als Berry und Sorrel Horse zur Mündung des Marias zurückkehrten, schlossen sich Nät-ah'-ki und ich ihnen natürlich an. Die Nachricht unseres Kommens war uns bereits vorausgeeilt, und als wir in der Abenddämmerung im großen Lager eintrafen, war unser Zelt schon zwischen denen von Talks-with-the-Buffalo und Weasel Tail aufgeschlagen. Daneben lag ein Haufen Brennholz, im Innern brannte munter ein wärmendes Feuer, und im hinteren Teil hatte man unser Lager mit weichen Bisonroben und warmen Decken ausgebreitet, Sitze für Gäste mit bequemen Rückenlehnen hergerichtet und unsere Parfleches und Küchengeräte an ihren gewohnten Platz gestellt. Die Taschen waren mit getrockneten Beeren, ausgesucht gutem Dörrfleisch, getrockneten Zungen und Pemmikan gefüllt. Nät-ah'-kis Mutter hatte alles vorbereitet; nun begrüßte sie ihre Tochter mit einer zärtlichen Umarmung und einem Kuß und hieß auch mich zurückhaltend, aber aufrichtig willkommen.

Kaum war ich vom Wagen herabgestiegen und ins Zelt getreten, als auch schon meine Freunde erschienen.

Sie berichteten mir kurz von dem, was sich während meiner Abwesenheit zugetragen hatte, und erkundigten sich dann nach meinen Reiseerlebnissen. Während Nät-ah'-ki ein kleines Festessen zubereitete, rauchten sie, und ich erzählte ihnen so ausführlich wie möglich vom Verlauf meiner Reise und wie viele Tage ich mit dem Dampfer und der Bahn unterwegs gewesen war – insgesamt eine Entfernung, für die man zu

Pferd hundert Tage gebraucht hätte. Diesen Bericht mußte ich an jenem Abend mehrmals wiederholen, zuletzt im Zelt des Häuptlings. Als ich damit fertig war, erkundigte sich der alte Mann insbesondere nach der Eisenbahnlinie und den Zügen, den Feuerwagen, *is-tsi'an'-e-kas-im*, wie er sie nannte. Er wollte wissen, ob sie schon auf sein Land zusteuerten.

»Nein«, erwiderte ich, »hierher kommen noch keine. Es fahren nur welche von Osten nach Westen und weiter südlich von hier durch das Land der Wolfsleute und Schafsesser.«

»*Ai!*« sagte er und strich sich dabei nachdenklich das Kinn. »*Ai!* Die Feuerwagen haben schon viele von uns auf ihren Streifzügen nach Süden gesehen. Ja, die haben wir gesehen, diese Wagen voller Menschen, die über die Prärie keuchen, die Bisons aufscheuchen und töten. Eines Tages wirst du an unseren Großvater [den Präsidenten] schreiben und ihm mitteilen müssen, daß wir ihnen verbieten, unser Land zu durchqueren. Ja, sage ihm, daß ich, Big Lake, ihm diese Botschaft schicke: Die Weißen sollen keine Feuerwagenstraße durch das Land meines Volkes bauen, sie sollen sich hier auch nicht niederlassen und die Wiesen unserer Täler aufreißen, um darauf zu pflanzen, was sie zum Leben brauchen.«

An jenem Abend lud man mich zu so manchem fröhlichen Festgelage ein, und in keinem Zelt verabschiedete ich mich eher, als bis ich zum nächsten hinübergebeten wurde. Es war spät, als ich endlich heimkam und mich ausruhen konnte. Das Singen und Lachen aus dem großen Lager und das Geheul der Wölfe und Kojoten lullten mich in den Schlaf. Ich dachte an das Städtchen in New England mit seiner trostlosen Eintönigkeit, das nun im Schnee versunken lag. »Oh, wohlgesonnene Götter, wie überaus glücklich bin ich«, murmelte ich vor mich hin.

Nät-ah'-ki stieß mich sachte an. »Du sprichst im Schlaf«, sagte sie.

»Ich habe nicht geschlafen; ich habe nur laut gedacht.«

»Und an was hast du gedacht?«

»Die Götter haben Mitleid mit mir«, erwiderte ich. »Sie waren gut und haben mir viel Glück gewährt.«

»Ai!« stimmte sie zu. »Sie sind gütig. Wir können von ihnen nichts erbitten, was sie uns nicht schon geschenkt haben. Morgen wollen wir ihnen opfern.«

Ich schlief mit dem festen Entschluß ein, daß, ausgenommen für einen gelegentlichen Besuch, der Osten mich nicht mehr wiedersehen sollte.

Am folgenden Tag bestimmten die Häuptlinge und führenden Männer, daß wir an den Fuß der Bear's Paw Mountains ziehen sollten. Wir wanderten über die weite, braune Prärie, auf der unzählige Bisonherden grasten, und lagerten an einem kleinen Fluß, der aus einer kiefernbewaldeten Schlucht kam. Wir blieben dort etliche Tage. Es gab reichlich Wapitis, Hirsche und Dickhornschafe. Auf unseren allmorgendlichen Jagdausflügen erlegten wir vier fette Mutterschafe; die Böcke ließen wir lieber laufen, zumal die Brunstzeit der Tiere fast vorbei war.

Als ich ins Lager zurückkehrte, fand ich Nät-ah'-ki eifrig damit beschäftigt, das Fell einer Bisonkuh, die ich erlegt hatte, abzuschaben. Sie hatte es auf einem Rahmen aus vier Zeltstangen festgeschnürt und gefrieren lassen, denn in diesem Zustand ließ sich die überflüssige Dicke des Fells ziemlich leicht mit einem kurzen Elchhornschaber, der mit einer Stahlkante versehen war, abkratzen. Trotzdem war es eine harte, den Rücken ermüdende Arbeit, und ich sagte ihr, ich wäre froh, wenn sie diese Arbeit endlich sein ließe. Schon vorher, bei einer anderen Gelegenheit, hatte ich sie darauf angesprochen, aber diesmal rutschte es mir vielleicht ein bißchen zu energisch heraus. Sie wandte sich von mir ab, und dann sah ich, daß ihr die Tränen über die Wangen rollten.

»Was habe ich denn getan?« fragte ich. »Ich wollte dir doch nicht weh tun.«

»Soll ich denn gar nichts machen«, erkundigte sie sich, »und nur faul im Zelt herumsitzen? Du gehst auf die Jagd und versorgst uns mit Fleisch; vom Händler kaufst du die Nahrungsmittel, die wir essen, meine Kleider und alles andere, was ich trage und für den Haushalt benötige. Ich will doch auch etwas zu unserem Lebensunterhalt beitragen.«

»Aber das tust du doch. Du kochst und spülst das Geschirr, du sammelst sogar Brennholz. Du nähst meine Mokassins und warme Handschuhe für mich, wäschst meine Wäsche. Wenn wir reisen, bist du es, die das Zelt ab- und aufschlägt, die Pferde belädt und alles auch wieder auspackt.«

»Und dennoch habe ich den größten Teil der Zeit nichts zu tun«, meinte sie betrübt, »und die Frauen spotten und lachen über mich und nennen mich zu stolz und zu faul, um zu arbeiten.«

Da küßte ich sie und versicherte ihr, sie solle so viele Felle gerben, wie sie wolle, allerdings darauf achten, nicht zu lange und zu schwer zu arbeiten. Sofort lachte sie wieder ausgelassen und tanzte aus dem Zelt hinaus; kurz darauf hörte ich wieder das eintönige »Schrapp, Schrapp« des Schabers auf der steifgefrorenen Haut.

Eines Nachts sah man den Mond von einem matten, hellen Ring umgeben, und am anderen Morgen hatte auch die Sonne einen leuchtend hellen Ring, während zu beiden Seiten des Gestirns ein großer Fleck erschien. Die Ringe kündigten das baldige Nahen eines fürchterlichen Sturms an, die regenbogenartigen Flecken dagegen waren ein Warnzeichen, daß sich ein Feind, möglicherweise sogar ein großer Kriegstrupp, im Anmarsch befände. Ein unheilvolles Zusammentreffen! Eine Ratsversammlung wurde einberufen, um über die Gefahr zu sprechen. Vor einem etwaigen Kampf mit dem Feind fürchtete sich der Stamm durchaus nicht, aber bei einem heftigen Unwetter könnten sich die Krieger ungesehen und lautlos in der Nacht heranschleichen und viele Pferde stehlen. Das Schneegestöber würde ihre Spuren völlig verwischen, so daß Verfolgung und Revanche unmöglich wären. Daher beschloß man, das Lager sofort abzubrechen und zur Mündung des Creek-in-the-Middle an den Missouri zu ziehen. Wenn starker Schneefall und strenge Kälte einsetzten, fand man in dem tiefen Flußtal besseren Schutz, die Pferde konnten mit der nahrhaften Rinde der Baumwollbäume gefüttert werden und blieben so leistungsfähig. Verlegten wir das Lager, entdeckte ein herannahender Feind vermutlich nie unsere Fährte, vor allem nicht, wenn der erwartete Sturm bald ausbrach. Gegen zehn Uhr morgens war das letzte Zelt abgeschlagen und verpackt, und wir setzten uns in einem langen Zug Richtung Südosten in Bewegung. Um die Mittagszeit fing es an zu schneien. Wir übernachteten am Creek-in-the-Middle, der diesen Namen trägt, weil er genau zwischen den Bear's Paw Mountains und den Little Rockies entspringt. Die frühen Reisenden nannten ihn Cow Creek.

Am anderen Morgen schneite es noch immer, auch war es inzwischen merklich kälter geworden. Trotzdem machten wir uns auf den Weg und erreichten den Fluß noch vor Einbruch der Dunkelheit. Hier wollten wir einige Zeit bleiben. Die Jäger ritten das Tal zu beiden Seiten hinauf und auch auf die Prärie hinaus und stellten dort Wolfsfallen auf. Diese tödlichen Fallen bestanden lediglich aus sechs oder acht Fuß langen Pflöcken, die so in den Boden getrieben wurden, daß sie einen Winkel von etwa 45 Grad bildeten; das Ganze war von zwei Stöcken abgestützt. Packte der Wolf den Köder im hinteren Teil der Falle, brach das schwere Dach über ihm zusammen und erschlug ihn. Berry und Sorrel Horse taten alles Erdenkliche, um das Fallenstellen in Schwung zu bringen, denn die Nachfrage nach Wolfsfellen war in den Staaten enorm gestiegen. Man verarbeitete sie dort zu Schlittendekken. In Fort Benton erhielt man für erstklassige Felle vier oder fünf Dollar das Stück.

Der Sturm wurde nicht allzu heftig, und schon nach wenigen Tagen setzte der warme Chinook wieder ein. Auch blieb der erwartete feindliche Überfall aus. Meine Freunde, die Händler, machten so gute Geschäfte, daß sie gezwungen waren, alle zwei oder drei Wochen nach Fort Benton zu reisen, um neue Waren einzukaufen.

Ich hatte schon viel von einem weißen Mann namens Hugh Monroe gehört. In Blackfoot nannte man ihn Mah-kwo-i-pwo-ahts – Rising Wolf [Aufstehender Wolf]. Eines Nachmittags erfuhr ich, daß er mit seiner vielköpfigen Familie im Lager angekommen sei, und etwas später traf ich ihn bei einem Fest, das Big Lake gab. Abends lud ich ihn in mein Zelt ein, und während wir Brot, Fleisch und Bohnen aßen und unzählige Pfeifen miteinander rauchten, unterhielten wir uns ausgiebig. Selbst im hohen Alter war Rising Wolf noch einer der schnellsten und tatkräftigsten Männer, die ich je kennengelernt habe. Er war etwa fünfeinhalb Fuß groß, hatte blonde Haare und blaue Augen, und sein markantes, eckiges Kinn und seine hervorspringende Nase spiegelten deutlich seinen Charakter wider: Er war ein Mann mit Mut und festem Willen. Sein Vater, Hugh Monroe, war Oberst in der englischen Armee gewesen, seine Mutter, eine geborene La Roche, stammte aus einer französischen Adelsfamilie, die ausgewandert war und deren Nachfahren dann Bankiers in Montreal und reiche Landbesitzer wurden. Der junge Hugh war auf dem Anwesen der Familie in Three Rivers geboren und besuchte die Pfarrschule gerade so lange, bis er ausreichend lesen und schreiben konnte. Alle seine Ferien und manchen geschwänzten Schultag verbrachte er in dem großen Wald, der sein Zuhause umgab.

1813, er war gerade fünfzehn Jahre alt, überredete er seine Eltern, ihm zu erlauben, in den Dienst der Hudson's Bay Company zu treten; und so reiste er mit einer kleinen Kanu-Flotte in jenem Frühling westwärts. Sein Vater schenkte ihm ein gutes britisches Gewehr, seine Mutter ein Paar der berühmten La-Roche-Pistolen und ein Gebetbuch. Der Familienpater überließ ihm Rosenkranz und Kreuz und ermahnte ihn, recht oft zu beten. Sie reisten den ganzen Sommer durch und erreichten im Herbst Lake Winnipeg, wo sie überwinterten. Sobald das Eis im Frühjahr geschmolzen war, setzten sie ihre Reise fort, und eines Nachmittags im Juli erblickte Monroe endlich Mountain Fort, den neuen Handelsposten der Gesellschaft am südlichen Saskatchewan River, unweit der Rokkies.

Rings um das Fort hatten Tausende von Blackfoot ihre Zelte aufgeschlagen und warteten darauf, die Waren, die die kleine Flotte mitbrachte, einzutauschen oder auf Kredit so viel Munition, Steinschloßgewehre, Fallen und Tabak zu bekommen, daß sie für die folgende Jagdsaison ausreichend versorgt waren. Da die Gesellschaft noch keinen Dolmetscher für Blackfoot eingestellt hatte, mußte man ihre Sprache erst ins Cree und dann ins Englische übersetzen. Viele Blackfoot, besonders die nördlichen, sprachen gutes Cree, aber die südlichen Stämme der Konföderation, die Blood und Piegan, verstanden es nicht. Der Leiter der Handelsstation, der in Monroe auf den ersten Blick einen jungen Mann mit überdurchschnittlicher Intelligenz erkannt hatte, bestimmte ihn sogleich, mit den Piegan zu leben und zu reisen, ihre Sprache zu erlernen und sie zu veranlassen, im kommenden Sommer mit ihren Pelzen nach Mountain Fort zurückzukehren. Man hatte nämlich die Nachricht erhalten, daß amerikanische Händler, der Reiseroute von Lewis und Clark folgend, Jahr für Jahr weiter nach Westen vordrangen und bereits die Mündung des Yellowstone erreicht hatten, wo in etwa die östliche Grenze des weitausgedehnten Gebiets verlief, das die Blackfoot als ihr Jagdrevier ansahen. Die Gesellschaft fürchtete den zu erwartenden Wettbewerb; Monroe sollte sein Bestes tun, ihn zu verhindern.

»Endlich kam der Tag unserer Abreise«, erzählte mir Monroe. »Ich ritt mit den Häuptlingen und Medizinmännern an der Spitze des langen Zuges. Insgesamt waren es 800 Piegan-Familien, etwa 2000 Menschen. Sie besaßen Tausende von Pferden. Es war ein großartiger Anblick, die lange Reihe von Reitern, Travois- und Packtieren und die freilaufenden Pferde über die Prärie traben und trotten zu sehen. Wir zogen den ganzen Tag nach Süden, und vor Sonnenuntergang kamen wir an den Rand eines Tales, durch das sich ein Fluß wand, der malerisch von Baumwollbäumen umsäumt war. Wir stiegen auf der Anhöhe ab, breiteten unsere Bisondecken aus und wollten dort so lange sitzen bleiben, bis der Zug an uns vorüber ins Tal gezogen war und man unten die Zelte aufgeschlagen hatte. Ein Medizinmann holte eine lange Steinpfeife hervor, stopfte sie und versuchte, sie mit Hilfe von Feuerstein, Stahl und einem Stückchen Zunderholz anzuzünden, aber er brachte keinen einzigen Funken hervor. Ich bat ihn, sie mir zu geben, zog mein Sonnenglas aus der Tasche, stellte es auf den Brennpunkt ein und setzte die Pfeife in Brand, indem ich etliche Male an dem langen Stiel sog. Wie ein Mann waren alle, die eben noch um mich herum gesessen hatten, im Nu auf den Beinen, stürzten auf mich zu, schrien und fuchtelten wild in der Luft herum, als wären sie verrückt geworden. Vor Schreck fuhr auch ich in die Höhe, denn ich dachte, sie wollten mich umbringen; warum aber, das konnte ich mir nicht im geringsten vorstellen. Abrupt riß mir der Häuptling die Pfeife aus der Hand und fing an, eifrig zu rauchen und zu beten. Kaum hatte er ein paar Züge getan, nahm sie ihm schon sein Nebenmann fort, dem sie wiederum von einem Nachbarn abgenommen wurde. Andere wandten sich an die vorbeiziehende Menge und hielten eine leidenschaftliche Ansprache; Männer und Frauen sprangen von ihren Pferden herunter und gesellten sich zu uns, die Mütter drängten sich nahe an mich heran, rieben ihre Säuglinge an mir und beteten dabei inbrünstig. Dabei hörte ich immer wieder ein Wort heraus, das ich bereits gelernt hatte: *natos'*, Sonne. Und plötzlich wurde mir klar, warum sie ein so großes Aufheben machten. Sie glaubten, daß ich eine machtvolle Medizin besäße, die Sonne angerufen hätte, die Pfeife anzuzünden, und sie mich auch erhört hätte. Die einfache Bewegung meiner Hand über dem Pfeifenkopf war für sie ein Bittgebet zu ihrem

Gott. Auf alle Fälle war ich plötzlich eine bedeutende Persönlichkeit geworden.

Als ich an jenem Abend Lone Walkers [Einsamer Wanderer] Zelt betrat – er war der Häuptling und folglich auch mein Gastgeber –, wurde ich von beiden Seiten des Eingangs mit tiefem Gebrumme begrüßt und erschrak ganz gehörig, als ich zwei fast ausgewachsene Grizzlybären entdeckte, die im Begriff waren, mich anzufallen. Ich blieb ganz ruhig stehen; nur glaube ich, daß mir die Haare zu Berge standen. Lone Walker sprach mit seinen Haustieren, und sie legten sich augenblicklich auf den Boden, steckten ihre Schnauzen zwischen die Tatzen, und ich ging an ihnen vorbei zu dem mir bestimmten Platz, dem ersten Lager zur Linken des Häuptlings. Es dauerte eine Weile, bis ich mich an die Tiere gewöhnt hatte, aber schließlich kamen wir recht gut miteinander aus. Sie hörten auf, mich anzubrummen, wenn ich aus- oder einging, erlaubten mir allerdings nie, sie zu berühren. Im folgenden Frühjahr verschwanden sie eines Nachts und wurden nie mehr gesehen. Lone Walker zog Tag für Tag hinaus und suchte und rief nach ihnen – vergebens. Im allgemeinen sagt man, der Grizzly sei nicht zu zähmen. Diese beiden hier schienen allerdings sehr an ihrem Herrn, der sie allein fütterte, zu hängen. Sie wurden nie angebunden, und zog man zum nächsten Lagerplatz, so folgten sie zusammen mit den Hunden dem Travois der Familie. Sie schliefen immer dort, wo ich sie das erste Mal sah, nämlich zu beiden Seiten des Zelteingangs.«

Monroe bezeichnete diese erste Reise mit den Piegan als die glücklichste Zeit seines Lebens. Sie legten kurze Strecken zurück, zogen manchmal am Fuß der Berge entlang und dann wieder über die weiten Ebenen gen Osten, bis sie nach 40 oder 50 Meilen, zur Zeit der fallenden Blätter, den Pile of Rocks River, der von den Weißen Sun River genannt wird, erreichten. Dort blieben sie drei Monate; den Rest des Winters verbrachten sie am Yellow River, der auch als Judith River bekannt ist. Sie hatten den Weg, den Lewis und Clark seinerzeit genommen hatten, gekreuzt, und nun erstreckte sich vor ihnen eine endlose weite Ebene, die noch kein weißer Mann durchzogen hatte. Als der Frühling kam, reisten sie noch weiter nach Süden, überquerten den Missouri und wanderten dann westwärts zum Marias und seinen Nebenflüssen. Schon vor geraumer Zeit hatte man beschlossen, nicht vor dem nächsten Sommer nach Mountain Fort zurückzukehren. Gewehr und Pistole waren nicht mehr zu gebrauchen, denn der Vorrat an Pulver und Kugeln war bereits erschöpft. Aber sie verfügten noch über Bogen und ausreichend Pfeile.

Allmählich zerfielen die Kleider des jungen Mannes, und er mußte ein Kleidungsstück nach dem anderen fortwerfen. Die Frauen von Lone Wolfs Familie gerbten Hirsch- und Dickhornschaffelle, und Lone Wolf selbst schnitt davon Hemden und Leggins zu und nähte sie zusammen, damit Rising Wolf wieder etwas zum Anziehen hatte. Frauen durften keine Männerkleidung anfertigen. Ap'-ah-ki, die scheue, junge Tochter des Häuptlings nähte ihm dünne, mit Rohleder besohlte Mokassins für den Sommer, die sie wundervoll mit buntgefärbten Stachelschweinborsten bestickte, und dicke, weiche, warme aus Bisonfell für den Winter.

»Schon in der ersten Nacht, die ich im Zelt ihres Vaters zubrachte, war ich ganz begeistert von ihr. Groß und schlank, mit einem hübschen Gesicht und wunderschönen Augen, mit langem Haar, lebhaft und anmutig in all ihren Bewegungen, war sie ein reizender Anblick. Ich schaute nur zu gern zu ihr hinüber, wenn ich mich unbeobachtet glaubte, und schon bald gefiel es mir besser, im Zelt und damit in ihrer Nähe zu bleiben, als mit den Männern auf Jagd oder Erkundung auszureiten.

Eines Abends erschien ein älterer Indianer im Zelt und fing an, einen jungen Mann, mit dem ich oft gejagt hatte, zu rühmen; er lobte seine Tapferkeit, seine Herzensgüte, seinen Reichtum und beendete seine Rede damit, daß er im Namen dieses jungen Burschen Lone Walker 30 Pferde zum Geschenk anbot, mit der Bitte, seinem Freund Ap'-ah-ki zur Frau zu geben. Ich schaute vorsichtig zu dem Mädchen hinüber und fing ihren Blick auf, ein Blick, der Furcht, Verzweiflung und noch etwas anderes ausdrückte... Der Häuptling sprach: ›Sag deinem Freund, daß alles, was du über ihn zu berichten weißt, wahr sei. Ich weiß, er ist ein richtiger Mann, ein guter, liebenswürdiger, tapferer und edelmütiger junger Mann; trotzdem kann ich ihm meine Tochter nicht geben.‹

Wieder schaute ich zu Ap'-ah-ki hinüber, und sie erwiderte meinen Blick. Diesmal lächelte sie, ihre Augen strahlten vor Glück. Doch ich konnte nicht lächeln, denn Lone Walkers Worte hatten die Hoffnung, die ich hegte, sie eines Tages zu besitzen, vernichtet. Ich hatte mitangehört, wie er 30 Pferde zurückwies. Was hatte da ich noch für Aussichten, ich, der ich nicht einmal das Pferd besaß, das ich ritt, ich, der ich für meine Arbeit im Jahr nicht mehr als 30 Pfund bekam, wovon ich alles, was ich benötigte, bezahlen mußte. Zweifellos war das Mädchen nicht für mich bestimmt.

Von jenem Abend an schlug Ap'-ah-ki nicht mehr die Augen nieder, sondern erwiderte meinen Blick offen, furchtlos und zärtlich. Jetzt wußten wir, daß wir uns liebhatten. Eines Tages begegnete ich ihr auf dem Weg ins Lager, als sie gerade ein Bündel Brennholz heimbrachte. Wir blieben beide stehen und schauten uns schweigend in die Augen, dann nannte ich sie beim Namen. Krach – das Holz flog auf die Erde, wir umarmten und küßten uns, egal, ob jemand zusah oder nicht.

›Ich halte das nicht länger aus‹, sagte ich endlich. ›Komm jetzt mit zu deinem Vater. Ich will mit ihm reden.‹

›Ja‹, flüsterte sie, ›ja! Laß uns Mut fassen und zu ihm gehen. Er war immer gut zu mir, und vielleicht ist er jetzt großmütig.‹

Also ließen wir das Bündel Holz einfach liegen, gingen Hand in Hand heim und traten so vor Lone Walker, der im Schatten seines Zeltes saß und seine lange Pfeife rauchte. ›Ich habe keine 30 Pferde‹, sagte ich, ›ich besitze nicht mal ein einziges, aber ich liebe deine Tochter, und sie liebt mich. Ich bitte dich, gib sie mir.‹

Der Häuptling lachte. ›Warum, glaubst du wohl, habe ich damals die 30 Pferde ausgeschlagen?‹ fragte er mich. ›Weil ich dich zum Schwiegersohn wollte. Ich wollte einen weißen Mann, denn er ist geschickter und erfahrener als ein Indianer. Wir waren doch nicht blind, weder ich noch meine Frauen. Wir haben diesen Tag schon lange kommen sehen und nur darauf gewartet, daß du uns einen Antrag machen würdest. Nun hast du gesprochen; es gibt nichts weiter zu sagen, als: Sei gut zu ihr.‹

Noch am selben Tag errichteten sie für uns ein kleines Zelt, statteten es mit Bisonroben aus und Parfleches voller Dörrfleisch und getrockneten Beeren; dazu gaben sie uns einen von ihren beiden Kupferkesseln, gegerbte Felle, Packsättel, Seile, kurz alles, was zur Einrichtung eines Zeltes gehört. Und noch nicht genug damit – Lone Walker erlaubte mir, aus seiner ansehnlichen Herde 30 Pferde auszuwählen.«

Der Alte machte eine Pause, saß schweigend da und erinnerte sich an die alten Zeiten.

»Ich weiß, was du damals gefühlt hast«, sagte ich, »denn wir erleben heute das gleiche.«

»Das sehe ich«, fuhr er fort. »Als ich das Glück und den Frieden in diesem Zelt spürte, konnte ich nicht anders, als euch von meiner eigenen glücklichen Jugend zu erzählen.«

Monroe ist nie wieder in seine Heimat zurückgekehrt und hat auch seine Eltern, nachdem er sich im Hafen von Montreal von ihnen verabschiedet hatte, niemals wiedergesehen. Zwar nahm er sich vor, irgendwann einmal für einen kürzeren Besuch nach Hause zu fahren, aber er hat es immer wieder verschoben; und eines Tages erhielt er Briefe, die bereits zwei Jahre alt waren und ihm den Tod beider Eltern mitteilten. Mit gleicher Post kam auch der Brief eines Rechtsanwalts mit der Nachricht, daß sie ihm ein beachtliches Vermögen vermacht hätten und er nach Montreal kommen und die Papiere unterzeichnen müsse, um in dessen rechtmäßigen Besitz zu gelangen.

Zu jener Zeit ging der Geschäftsführer von Mountain Fort gerade auf Urlaub nach England, und voll blinden Vertrauens händigte Monroe ihm eine Vollmacht aus, die Angelegenheit für ihn zu regeln. Der Geschäftsführer kehrte nie wieder zurück, und aufgrund eines unterzeichneten Papiers verlor der Abenteurer und Pionier Monroe sein ganzes Erbe. Doch er kam schnell darüber hinweg. Besaß er denn nicht ein Zelt und eine Familie, gute Pferde und ein weitausgedehntes, überaus wildreiches Land, um darin umherzuwandern? Was konnte er sich denn sonst noch wünschen?

Nachdem er die Hudson's Bay Company verlassen hatte, arbeitete Monroe hin und wieder für die American Fur Company, aber den größten Teil der Zeit wanderte er zwischen dem Szskatchewan und dem Yellowstone und zwischen den Rockies und dem Lake Winnipeg hin und her. Das Quellgebiet des südlichen Saskatchewan war eines seiner Jagdgebiete. Dorthin führte er auch in den frühen fünfziger Jahren den bekannten Jesuitenpater de Smet. Am unteren Ende der beiden wunderschönen Seen, die südlich des Chief Mountain lagen, errichteten sie ein gewaltiges Holzkreuz und nannten die beiden Bergseen St. Mary's Lakes. In jenem Winter, nachdem seine beiden Söhne, John und François, geheiratet hatten, schlug die Familie dort ihre drei Zelte auf. Eines Tages griff ein großer Trupp Assiniboin an. Die Töchter Lizzie, Amelia und Mary hatten das Schießen gelernt, und alle zusammen verteidigten sich tapfer und trieben die Assiniboin, die fünf Mann verloren, schließlich in die Flucht. Lizzi erschoß einen von ihnen, als er gerade das Eingangstor des Pferdekorrals öffnen wollte.

Außer Bibern, Fischottern, Mardern und Vielfraßen erlegten sie in jenem Winter über 300 Wölfe. Am Ufer der Seen bauten sie einen Verschlag, der am Boden 12 mal 16 Fuß maß, sich nach oben hin verjüngte und etwa 7 Fuß hoch war; an der Spitze der Pyramide befand sich eine 2½ auf 8 Fuß große Öffnung. Ganze Rehe, das Viertel eines Bisons oder sonstiges Fleisch wurden in den Käfig geworfen. Die Wölfe, die Fleisch und Blut witterten und es deutlich durch die Pfähle hindurch sahen, die 6 bis 8 Zoll auseinander standen, kletterten die Schräge hinauf und sprangen durch die Öffnung in den Verschlag. Aber hinaus konnten sie nicht wieder, und am Morgen fand man sie, verstört, wie toll im Käfig hin und her rennend. Pulver und Blei waren in jenen Tagen ein kostbarer Besitz, deshalb erlegten die Trapper die Wölfe mit Pfeil und Bogen. Am anderen Ende des Käfigs öffnete man eine Tür und ließ die Kojoten wieder frei. Die Kadaver der Wölfe wurden, sobald ihnen das Feld abgezogen war, stets in den Fluß geworfen, damit die anderen Tiere nicht mißtrauisch wurden.

Rising Wolf beklagte immer wieder den Niedergang der Indianer, der Piegan im besonderen. »Du hättest sie früher sehen sollen«, sagte er dann. »Was waren sie für ein stolzes und tapferes Volk. Heute gibt es keine großen Häuptlinge mehr, und auch die Medizinmänner haben ihre Macht verloren.«

Oft erzählte er von der gewaltigen Macht, die ein Medizinmann namens Old Sun [Alte Sonne] besessen hatte. »Dieser Mann sprach zweifellos mit den Göttern, und ihm waren auch einige ihrer geheimnisvollen Kräfte verliehen worden. In dunkler Nacht, wenn alles still und ruhig war, lud er manchmal einige von uns in sein Zelt ein. Nachdem alle Platz genommen hatten, bedeckten seine Frauen das Feuer mit Asche, damit es im Zelt dunkel wurde. Dann begann er zu beten, erst zur Sonne, dem Schöpfer, dann zu Ai-so-pwom-stan, dem Windmacher, dann zu Sis-tse-kom, dem Donner, und zu Puhpom', dem Blitz. Noch während er betete und sie anflehte, zu kommen und seinem Willen zu gehorchen, fingen die Zeltklappen an zu flattern, ein Luftzug kündete einen leichten Wind an, der allmählich stärker wurde, bis sich das Zelt unter

Sturmböen hin- und herbog, und die Zeltstangen ächzten und knarrten. Dann fing der Donner an zu grollen, dumpf, noch in weiter Ferne, und Blitze leuchteten schwach auf. Das Gewitter rückte näher und näher, bis es direkt über uns stand. Die Donnerschläge machten uns taub, die hellen Blitze blendeten uns. Dann betete dieser erstaunliche Mann erneut und flehte sie an, wieder von uns zu gehen. Der Wind legte sich allmählich, das Grollen des Donners und das Aufflammen der Blitze wurden schwächer und verloren sich schließlich in der Ferne, bis wir nichts mehr davon hören und sehen konnten.«

Frieden mit den Crow

In jener Zeit, von der ich berichte, wurden die Blackfoot noch nicht, wie heute so oft, von den verschiedensten Arten der Tuberkulose heimgesucht. Einzelne Fälle gab es jedoch auch damals schon. Die Frau von Four Horns [Vier Hörner], einem jungen Mann der Small-Robe-Bande, litt daran, und ihr Zustand verschlimmerte sich zusehends. Da das Zelt des jungen Paares ganz in unserer Nähe stand, begegneten wir ihnen natürlich häufig. Four Horns war sehr groß und gut gebaut – ein stattlicher Mann von 28 oder 30 Jahren. Auch seine Frau war recht hübsch und besaß ein gefälliges Wesen, aber die Krankheit hatte ihre einst schöne Gestalt zerstört. Der Mann war ein berühmter Krieger und unermüdlicher Jäger. Durch die Pferde, die er von Feinden erbeuten konnte, und durch sorgfältige Zucht hatte er es zu einer ansehnlichen Herde gebracht. In seinem Zelt lagerten immer viele Bündel erstklassiger Bisonroben und Felle, die jederzeit für etwas, das gerade im Haushalt benötigt wurde oder woran seine Frau Gefallen fand, eingetauscht werden konnten. Für seine Frau war ihm nichts zu teuer; er liebte sie über alles in der Welt und sie ihn ebenfalls.

Als die Krankheit ausbrach, rief man einen Medizinmann und bezahlte ihn mit drei Pferden. Seine Mittel und Gebete halfen aber nicht; so versuchte man es mit einem anderen, der fünf Pferde als Entlohnung bekam. Aber auch er konnte sie nicht heilen. Sämtliche Heilkundige des Stammes wurden nacheinander zu der Kranken gerufen – ohne Erfolg; und nun war ihr

Ende nahe. Die prächtige Pferdeherde war auf ein knappes Dutzend zusammengeschrumpft; Bisonroben, Felle, kostbare Decken und Schmuck – alles war den Medizinleuten für ihre Bemühung gegeben worden. Eines späten Abends eilte ein Bote in unser Zelt: »Four Horns ruft dich«, sagte er. »Er bittet euch beide zu kommen, aber macht schnell.«

Wir fanden die arme Frau nach Atem ringend. Four Horns saß neben ihr auf dem Lager, sein Gesicht in den Händen vergraben. Eine alte Frau, die eine Decke über den Kopf gezogen hatte, legte Holz ins Feuer. Ich schenkte einen großen Schluck Whisky ein, mischte etwas Zucker und heißes Wasser darunter, und Nät-ah'-ki flößte der Leidenden den Trunk ein. Er belebte sie wieder; bald atmete sie leichter und sprach dann mühsam und stockend zu mir: »Ich habe in meinem ganzen Leben nie etwas Unrechtes getan, nie gelogen, nie gestohlen noch irgend etwas verbrochen, was meinen Eltern und mir selbst Schande bereitet hätte. Dennoch haben mich unsere Götter verlassen, und ich fühle, daß der Tod naht. Ich weiß, ihr habt auch Götter, und ich habe von ihnen gehört: dem Schöpfer, seinem Sohn und der Mutter des Sohnes. Ich bitte dich, bete zu ihnen; vielleicht haben sie Mitleid mit mir und lassen mich gesund werden.«

Ich fürchte, ich kann nicht recht beschreiben, was ich bei dieser einfachen Bitte empfand. Wie sehr wünschte ich, ihr helfen zu können, und wußte doch zugleich, daß es mir unmöglich war. Wie konnte einer, der keinen Glauben besaß, beten? Im Geiste suchte ich nach einer Entschuldigung, ich wollte etwas sagen, irgendwie meine Unfähigkeit zu beten erklären. Dann blickte ich auf und bemerkte, daß Nät-ah'-ki ernsthaft und erwartungsvoll ihre Augen auf mich geheftet hatte. Wir hatten etliche Male über Religion gesprochen, die Religion des weißen Mannes, und sie wußte, daß ich nicht daran glaubte. Nichtsdestotrotz schien sie von mir zu erwarten, daß ich den Wunsch der Sterbenden erfülle. Ich machte ein verneinendes Zeichen. Daraufhin setzte sie sich zu der

Todkranken aufs Lager und sagte: »Ich will für dich zu jenen Göttern beten. Vor langer Zeit, als ich noch ein kleines Mädchen war, brachten mir ein Schwarzrock und mein Onkel das Beten bei.« Und sie begann: *»Ap'-ai-stu-to-ki, kin'-ah-an-on«*, usw. – das Vaterunser. Ein eifriger Jesuit, vielleicht sogar de Smet selbst, hatte es in die Blackfoot-Sprache übersetzt, und noch dazu in gutes Blackfoot.

Kaum hatte sie das Gebet beendet, als ein dunkler Blutschwall aus dem Mund der Frau hervorquoll – der letzte und verhängnisvolle Blutsturz. »Was dich umbringt«, schrie Four Horns, »soll auch mich umbringen. Ich folge dir bald zu den Sandhügeln.« Und er beugte sich über sie und trank vom Blut, das seiner geliebten Frau von den Lippen floß. Mit letzter Anstrengung schlang sie ihre dünnen Arme um seinen Hals und starb. Es war ein herzzerreißender Anblick.

»Komm«, sagte ich kurz darauf und zog ihn sachte hoch. »Komm mit mir in mein Zelt; die Frauen müssen jetzt ihre Arbeit tun.«

Er warf noch einen letzten, langen Blick auf sie, erhob sich dann und folgte mir. Ich führte ihn zum Gastlager und gab ihm einen Becher Whisky, den er schnell hinunterstürzte. Nach einer Weile reichte ich ihm noch einen Becher voll. Übermüdet von der langen Krankenwache und vom starken Alkohol benommen, legte er sich schließlich hin, und ich deckte ihn mit einer Bisonrobe zu. Er schlief fest bis zum Nachmittag des nächsten Tages. Mittlerweile hatten Nät-ah'-ki und andere Frauen den Leichnam in Felle und Dekken gewickelt und in einem Baum unten am Fluß festgebunden. Ich weiß nicht, ob Four Horns sich schon lange vorher oder erst am Krankenbett seiner Frau angesteckt hatte, jedenfalls starb er sechs Wochen später an der gleichen furchtbaren, qualvollen Krankheit. Wenn es die Sandhügel gibt, so laßt uns hoffen, daß sein Schatten den ihren dort gefunden hat.

Im Februar bekamen wir Besuch von einer Abordnung der Crow, die am Tongue River, weit im Süden von uns, überwinterten. Sie überbrachten Big Lake von ihrem Häuptling Tabak und andere Geschenke sowie die Botschaft, daß ihr Volk mit uns, den Piegan, ewigen Frieden schließen wolle.

Ihr Anführer hieß Rock Eater [Felsenesser], er war halb Crow, halb Blackfoot. Seine Mutter war als junges Mädchen von den Crow gefangengenommen worden und heiratete später den Sohn ihres Entführers. Daher beherrschte Rock Eater beide Sprachen. Die Gesandten wurden gebührlich empfangen und waren bei den angesehensten Männern des Stammes zu Gast. Ihr Vorschlag erforderte reifliche Überlegung, und während die Häuptlinge und die bedeutendsten Krieger die Angelegenheit besprachen, gab man ihnen zu Ehren viele Feste und trug ihnen nur vom Besten auf. Rock Eater wohnte in unserem Zelt, und beim abendlichen Feuer unterhielten wir uns über viele interessante Dinge.

»Ist deine Mutter bei den Crow glücklich?« fragte ich ihn eines Abends. »Als was verstehst du dich eigentlich selbst, als Piegan, Crow oder als beides?«

»Das ist eine lange Geschichte«, antwortete er. »Meine Mutter liebt meinen Vater, und ich liebe ihn auch, denn er ist immer gut zu uns gewesen. Im allgemeinen sind wir recht glücklich, aber es gibt Zeiten, in denen eine Kriegsbande mit Piegan-Skalps oder mit Pferden, die sie ihnen gestohlen haben, heimkehren. Lauthals prahlen sie mit ihrem Sieg und nennen die Piegan feige Hunde. Dann sind wir sehr traurig. Und wie oft haben sich die stolzen jungen Crow über mich lustig gemacht, mich gehänselt und mir häßliche Namen gegeben. Schon vor langer Zeit hatte meine Mutter meinen Vater gebeten, mit den Häuptlingen zu reden und ihnen nahezulegen, endlich mit ihrem Volk, den Piegan, Frieden zu schließen. Auch ich habe mich immer wieder dafür ausgesprochen. Aber jedesmal stand bei den Beratungen einer der Häuptlinge auf und erklärte: ›Die Piegan haben meinen Sohn getötet, ich will Rache und keinen Frieden.‹ Dann erhoben andere ihre Stimme und riefen aufgebracht, sie hätten einen Bruder, Vater, Onkel oder Neffen im Krieg mit den Piegan verloren und dächten nicht daran, Frieden zu schließen. Vor kurzem rief mein Vater wiederum eine Ratsversammlung ein, und wie gewöhnlich widersetzten sich die meisten führenden Männer seinem Friedensvorschlag. Schließlich meinte einer: ›Wir sind es leid, hier immer und immer wieder über einen möglichen Frieden mit den Piegan zu verhandeln. Wenn du so gerne Freundschaft mit ihnen schließen willst, warum ziehst du dann nicht gleich zu ihnen hin, lebst mit ihnen und wirst selbst ein Piegan?‹

›Das will ich auch tun‹, schrie mein Vater wütend. ›Das kann ich euch versichern. Ich werde ein Piegan und werde mit ihnen gegen alle ihre Feinde kämpfen.‹ Und damit stand er auf und ging heim. Ich folgte ihm.

Mein Vater ist selbst Häuptling, furchtlos im Krieg und so liebenswürdig und großmütig, daß er von allen geliebt wird – ausgenommen einige Leute, die ihn um seine Stellung beneiden. Als sich herumsprach, was er in der Ratsversammlung gesagt hatte, kamen die Leute zu ihm und baten ihn, seine Worte zurückzunehmen; gleichzeitig gingen sie auch zu den anderen Häuptlingen und bestanden darauf, daß Frieden geschlossen werden solle, vorausgesetzt, die Piegan erklärten sich damit einverstanden. ›Wir hatten genug Kriege‹, erklärten sie. ›Seht nur die Witwen und Waisen, die sie uns gebracht haben. Besitzen wir nicht unser eigenes großes Gebiet, in dem unzählige Bisons weiden? Und die Piegan haben ebenfalls ein ausgedehntes Jagdrevier. Die beiden Stämme könnten friedlich nebeneinander leben, ohne sich fortwährend zu bekriegen. So bekam mein Vater endlich seinen Willen, und wir wurden zu euch gesandt. Ich hoffe, wir werden Piegan-Tabak mitbringen.«

Rock Eater war zu einem Festessen eingeladen und mußte gehen, aber bald darauf erschien Rising Wolf, um mit mir eine Pfeife zu rauchen. Ich bat ihn, mir etwas von den

Kämpfen zwischen den beiden Stämmen zu erzählen, was er auch bereitwillig tat:

»Die Blackfoot sind ein nördliches Volk, das einst das Land am Slave Lake bewohnte. Die Cree nannten diese Seen nach ihnen, denn sie machten Feinde, die sie gefangennahmen, zu Sklaven. Allmählich wanderten die Blackfoot jedoch nach Süden und kamen in diese wildreichen, endlos weiten Prärien, in denen die Winter so mild sind. Hier begegneten sie anderen Stämmen, den Crow, den Assiniboin, den Shoshone und Bergstämmen wie den Kutenai, den Pend d'Oreille und den Stoney. Alle diese Völker trieben sie vor sich her und nahmen von ihrem Land Besitz. Zwar gab es Perioden, in denen sie in Frieden mit diesen Stämmen lebten, die meiste Zeit allerdings führten die Blackfoot gegen sie Krieg.

1832 schlossen sie mit den Crow bei Fort Union einen Friedensvertrag, der aber nur zwei Jahre hielt. Und im Jahre 1855 trafen sich dann die Blackfoot, die Crow, die Gros Ventre, die Pend d'Oreille, die Kutenai, die Nez Percé und andere Stämme an der Mündung des Judith River und kamen überein, den Kriegszustand zu beenden und nicht mehr in die Jagdgebiete der Nachbarstämme einzudringen. Diese Abmachung ist als ›Stevens-Treaty‹ zwischen den Vereinigten Staaten und den verschiedenen Stämmen bekanntgeworden. Der Musselshell River wurde als Grenze zwischen dem Gebiet der Blackfoot und dem der Crow festgelegt. Im Sommer 1857 verletzten die Crow dieses Abkommen, sie überfielen ein Dorf der Blood, töteten zwei Mann und raubten eine Menge Pferde. Das ließ die alte Fehde wieder aufleben. Die drei Blackfoot-Stämme – die Blood, die Piegan und die eigentlichen Blackfoot – verbündeten sich gegen den gemeinsamen Feind. Im Herbst 1858 schloß ich mich mit meiner Familie den Piegan bei Fort Benton an, und wir schlugen unser Winterlager südlich des Missouri auf.

Unser Zug war an jenem Tag auf vier oder fünf Meilen

entlang des Weges verstreut. Der Großteil der Jäger befand sich am Ende der langen Kolonne weit hinten im Osten oder Westen von uns und war gerade mit Abziehen und Zerlegen von Bisons und anderem Wild beschäftigt; ungefähr eine Meile voraus ritt der Spähertrupp, etwa 30 bis 40 Mann. Die Kundschafter gaben uns kein Zeichen, daß sie irgend etwas Verdächtiges gesehen hätten. Die Alten dösten in ihren Sätteln, die Jungen stimmten ab und zu ein Lied an, die Mütter summten eine Melodie für den Säugling an ihrer Brust, und alle waren glücklich.

Unsere Vorhut war schon außer Sichtweite den südlichen Abhang in die Schlucht hinuntergeritten, und die Spitze unseres Zuges näherte sich gerade dem Gipfel, als mindestens 200 bewaffnete Crow aus dem dichten Kiefernwald zu unserer Rechten heraussprengten und über uns herfielen. Unsere Leute machten auf der Stelle kehrt, die Frauen und die alten Männer trieben verzweifelt ihre Pferde an und verteilten dabei Travois- und Zeltstangen auf dem Weg, schrien in höchster Not um Hilfe und riefen die Götter an, sie mögen sie beschützen. Alle kampffähigen Männer, die sich in diesem Teil des Zuges befanden, taten ihr Äußerstes, den Ansturm der Crow abzuwehren und den Rückzug der Schwachen und Schutzlosen zu decken. Als sie aus der Ferne Schießen und Schreien hörten, eilten auch die Kundschafter zurück, und die Jäger und die übrigen Männer stürmten von hinten herbei. Doch trotz unseres hartnäckigen Widerstands trieben die Crow alles auf einer Entfernung von etwa zwei Meilen vor sich her, und überall auf dem Weg lagen bald unsere Sterbenden: Männer, Frauen, Kinder, ja sogar Säuglinge.

Sie machten keine Gefangenen, aber schossen und schlugen alles nieder, was ihnen in die Quere kam, durchbohrten ihre Gegner mit Lanzen und skalpierten viele ihrer Opfer. Endlich gelang es den Piegan, sich zu einer geordneten Gruppe zusammenzufinden, die Crow zogen sich zurück und ritten in Richtung Süden fort, während sie ihre Siegeslieder sangen und uns verhöhnten, indem sie triumphierend die Skalps, die sie erbeutet hatten, in der Luft schwenkten. Unsere Leute waren so überrumpelt, so bestürzt von dem Unheil, daß sie einfach dastanden und dem abziehenden Feind nachschauten, anstatt die Verfolgung aufzunehmen.

Unten in der Schlucht wurden die Zelte aufgestellt, und dann setzte die Suche nach den Toten und Vermißten ein. Wochen- und monatelang hörte man, sobald der Abend dämmerte, das erschütternde Wehklagen der Trauernden, die draußen in der Dunkelheit, außerhalb des Zeltdorfes, saßen. An jenem Schreckenstag ritt ich zufällig mit den Spähern weit voraus, und als wir zum Gegenangriff zurückstürmten, tat auch ich mein Möglichstes, den Überfall der Crow abzuwehren. Aber sie hatten unsere Leute bereits derart entmutigt, daß wir völlig machtlos waren, bis die Jäger zu unserer Unterstützung herbeieilten. Mehr als die Hälfte der Kundschafter fiel im Gefecht. Mich traf ein Pfeil im linken Oberschenkel. Insgesamt wurden 113 Piegan getötet, während nur 7 Feinde ihr Leben lassen mußten.

Nach diesem Blutbad zogen natürlich die meisten Kriegsbanden, die zu jener Zeit das Piegan-Lager verließen, ins Land der Crow; ihnen schlossen sich Trupps der verbrüderten Blackfoot und Blood aus dem Norden an, um den gemeinsamen Feind zu zermürben. Im Laufe von zwei oder drei Jahren hatten sie so viele Crow getötet und ihnen eine derart große Anzahl von Pferden geraubt, daß die bei dem Massaker und in darauffolgenden Kämpfen erlittenen Verluste mehr als ausgeglichen waren. Aber natürlich waren unsere Kriegsbanden nicht immer siegreich.

Im Frühjahr 1867 schlossen die Gros Ventre, die damals im Krieg mit den Blackfoot-Stämmen standen, ein Bündnis mit den Crow, und um dieses Ereignis groß zu feiern, trafen sie sich alle am unteren Milk River. Ein Trupp junger Gros Ventre, der gerade von einem Überfall auf die Cree heimkehrte, brachte die Nachricht mit, daß sie ein Piegan-Lager in den

Divided- oder Cypress-Hills gesehen hätten. Das war eine große Neuigkeit. Die Crow hatten mit ihren langjährigen Feinden noch eine Rechnung zu begleichen. Und die Gros Ventre ebenfalls. Obwohl sie lange Zeit unter dem Schutz der Blackfoot gestanden hatten, die ihre Kämpfe für sie austrugen und sie vor ihren unerbittlichen Gegnern, den Assiniboin und Yanktonai, schützten, empfanden sie keine Dankbarkeit für diese Unterstützung und hatten sich immer wieder mit ihren Wohltätern um Belanglosigkeiten gestritten. Und jetzt war die Stunde der Rache gekommen! So sicher waren sie sich ihres Erfolges, daß sie ihre Frauen mitnahmen, die mit plündern helfen und dann die Beute wegschaffen sollten.

Der Kriegstrupp hatte von einem fernen Berggipfel zwar das Piegan-Lager gesehen, aber nicht bemerkt, daß westlich davon, hinter einem Hügel, weniger als eine halbe Meile entfernt, die Blood zu mehreren Tausend lagerten; unter den über 5000 Menschen befanden sich ungefähr 1000 kampffähige Männer. Und so trotteten eines Morgens die Crow und Gros Ventre gemächlich über die Ebene auf das Piegan-Lager zu; die Adlerfedern ihrer Kriegshauben und ihrer Schilde flatterten lustig im Wind. Mit ihnen zogen ihre Frauen, die schon jetzt vor lauter Freude über die reichliche Beute, die sie machen würden, bester Laune waren. Ein Jäger aus dem Piegan-Lager, der mit seiner Frau in aller Frühe das Wild, das er tags zuvor erlegt hatte, heimschaffen wollte, entdeckte den Feind, eilte ins Lager zurück und schlug Alarm. Eine seiner Frauen schickte er sofort ins Lager der Blood, um deren Hilfe zu erbitten. Alles rannte zu den Pferden und griff zu den Waffen. So kam es, daß die Feinde, als sie über die kleine Erhöhung im Osten des Lagers heranjagten, von einer solchen Übermacht kampfentschlossener Männer empfangen wurden, daß sie schleunigst umkehrten, die Flucht ergriffen und nur vereinzelt Schüsse abgaben. Die Männer, bei weitem besser zu Pferde als ihre Frauen, überließen uns diese Wehrlosen auf Gedeih und Verderb und hatten nur eins im Sinn: selbst das Weite zu suchen.

Nun fing ein schreckliches Gemetzel an. Big Lake, Little Dog [Kleiner Hund], Three Suns [Drei Sonnen] und andere Häuptlinge riefen ihren Leuten unablässig zu, die Frauen zu verschonen. Bevor aber diese Befehle durchdrangen, waren schon einige von ihnen getötet worden. Die fliehenden Männer holte man ein, erschoß sie oder schlug ihnen den Schädel mit der Kriegskeule ein. Meilenweit war der Weg mit Toten und Sterbenden übersät, und die Frauen – sie, die man mitgebracht hatte, die Beute fortzuschaffen – flüchteten vor Entsetzen kreischend über die leblosen Körper hinweg. ›Laßt sie laufen!‹ schrie Big Lake lachend. ›Laßt sie laufen! Wir machen es wie der Alte Mann mit den Kaninchen: Einige lassen wir für die Vermehrung übrig, damit ihr Volk nicht ganz ausstirbt.‹

Man zählte die Toten. Nur 5 Blackfoot waren gefallen und einige wenige verwundet. Doch auf dem Weg verteilt, auf dem die Feinde noch am Morgen so zuversichtlich heranmarschiert waren, lagen 360 tote Crow und Gros Ventre. Viele von ihnen hatte man gar nicht angetastet, denn die Sieger waren des vielen Skalpierens müde geworden. Freilich nahm man ihnen die Waffen ab, oft auch die Kriegsgewänder und den Schmuck. Dann verlegte man die beiden Lager nach Westen und überließ das Schlachtfeld den Wölfen und Kojoten.

Wie du weißt, baten die Gros Ventre um Frieden und stehen wieder unter dem Schutz unseres Volkes. Und nun kommen diese Botschafter von den Crow. Nun, wir werden ja sehen; komme, was da kommen mag.« Und damit wünschte uns Rising Wolf – ich brachte es übrigens nie fertig, ihn Monroe zu nennen – eine gute Nacht und ging heim.

Wenn Berry im Lager oder auch nur irgendwo in erreichbarer Nähe war, trafen die Piegan keine Entscheidung, ohne ihn nicht vorher um Rat gefragt zu haben. Die Häuptlinge hörten auf ihn, denn sie vertrauten ihm, und er hatte sie bisher stets zu ihrem eigenen Besten beraten. So wurde er auch diesmal gerufen, um an der Ratsversammlung, die den Vorschlag der Crow prüfen sollte, teilzunehmen. Ich durfte ihn begleiten. In

Big Lakes Zelt hatten sich bereits viele versammelt: die Häuptlinge, die älteren und erfahrenen Männer des Stammes und die jüngeren Führer der verschiedenen Banden der All Friends Society, der Lager-Polizei. Unter ihnen entdeckte ich meinen Feind Little Deer, der mich finster musterte, als ich eintrat. Allmählich fiel er mir auf die Nerven. Ehrlich gesagt, konnte ich den Tag kaum erwarten, an dem wir miteinander abrechnen würden, zumal ich von einer Art fixen Idee besessen war, daß es mir bestimmt sei, seinen Schatten zu den Sandhügeln zu schicken.

Big Lake stopfte seine große Steinpfeife, ein Medizinmann setzte sie in Brand und sprach ein kurzes Gebet; dann wurde sie im Kreis herumgereicht. Three Suns eröffnete die Beratung und erklärte, daß er und seine Bande, die Lone Eaters, ein Friedensbündnis mit den alten Feinden guthießen. Kaum hatte er gesprochen, als Little Deer das Wort ergriff und eine leidenschaftliche Ansprache hielt. Eigentlich hätte er einer der letzten Redner sein sollen, denn den älteren und höherstehenden Männern gebührt vor den jüngeren immer der Vorrang. Nichtsdestotrotz hörte man ihm schweigend zu.

Little Deer sagte, daß er die Raven-Carrier-Bande vertrete, die keinen Frieden mit den Crow wolle. Waren die Crow denn nicht die Mörder ihrer Väter und Brüder und die Diebe ihrer Pferde? Sobald wieder grünes Gras sprieße, schloß er, rüsteten er und seine Gefährten sich zu einem Überfall auf das Volk am Elk River (Yellowstone), und solche Kriegszüge würden sie den ganzen Sommer über immer wieder durchführen.

Einer nach dem anderen hielt seine Rede; die meisten waren für den Frieden, wenige, vor allem jüngere Männer, teilten Little Deers Ansicht. Besonders erinnere ich mich noch an die Ansprache eines uralten, blinden, weißhaarigen Medizinmannes.

»Oh, meine Kinder!« fing er an. »Als ich so jung war, wie einige von euch hier, war ich am glücklichsten, wenn es in den Krieg ging, wenn ich Feinde töten und Pferde rauben konnte. Ich wurde reich. Mein Weib schenkte mir vier prächtige, gesunde Söhne; im Zelt hatten wir stets einen Vorrat guter Nahrung und schöner Pelze. Meine Jungen wuchsen heran und wurden stark und tüchtig, tapfere Krieger und gute Schützen. ›Du wirst alt; bleib hier am Lagerfeuer sitzen, rauche, träume – wir wollen schon für dich sorgen‹, sagten sie zu mir. Ich war glücklich und dankbar. Wie freute ich mich, jetzt, da ich zusehends älter wurde, auf die unbeschwerlichen Winter und die herrlichen Zeiten. *Hai-ya!*

Einer nach dem anderen zog in den Krieg, einer nach dem anderen kehrte nicht wieder heim. Zwei meiner Frauen wurden ebenfalls von Feinden umgebracht; eine starb, und die, die mir blieb, ist alt und schwach. Ich bin blind und hilflos. Wir sind beide auf unsere Freunde angewiesen, die uns etwas zu essen bringen, uns mit Kleidung versorgen und uns einen Platz an ihrem Zeltfeuer gewähren. Das ist wirklich ein trauriges Leben! Doch hätte es keinen Krieg gegeben – *ai!* Ja, hätte es keinen Krieg gegeben, dann säße ich heute mit meinen Kindern, Enkelkindern und Frauen in meinem eigenen Zelt, und wir wären alle glücklich und zufrieden. Ihr, die ihr gegen den Frieden geredet habt, überlegt es euch noch einmal gründlich und nehmt eure Worte zurück. Was mir der Krieg angetan hat, das trifft gewiß auch einige von euch eines Tages.«

Als der alte Mann endete, riefen fast alle im Zelt zustimmend: *»Ah! Ah!«* Dann sagte Big Lake: »Ich hatte vor, eine Rede für den Frieden zu halten, aber unser blinder Freund hat besser gesprochen, als ich es gekonnt hätte. Seine Worte sind meine Worte. Laßt uns nun unseren Freund, den Häuptling der Händler, hören.«

»Ich schließe mich dir an«, meinte Berry, »die Rede des alten Mannes ist auch meine Rede. Frieden und Reichtum im Dorf sind besser als klagende Witwen und Waisen draußen in der Dunkelheit abseits der Feuer. Laßt uns Frieden schließen!«

»So wollen wir Frieden schließen!« sagte Big Lake. »Nur sechs von euch haben sich dagegen ausgesprochen, und ihr seid bei weitem in der Minderheit. Ich werde den Crow-Boten sagen, daß wir ihr Volk bei Fort Benton treffen und dann mit ihnen Freundschaft schließen wollen. Ich habe gesprochen! Geht nun heim!«

Bei mir zu Hause traf ich Rock Eater an, der sich mit Nät-ah'-ki unterhielt. Sofort merkte ich, daß sie ganz aufgeregt war, und kaum hatte ich unserem Freund den Beschluß der Ratsversammlung mitgeteilt, platzte sie auch schon heraus: »Hör nur, was ich herausgefunden habe. Seine Mutter«, und sie zeigte dabei auf Rock Eater, »ist die Cousine meiner Mutter, eine Verwandte von mir – er ist also auch mein Verwandter. Wie seltsam das ist! Er betrat unser Zelt als Fremder, und nun entdecken wir, daß wir Blutsverwandte, Mitglieder derselben Familie sind. Und du hast gesagt, wir treffen die Crow in dem Monat, in dem die Beeren reif werden. Oh, ich bin ja so froh! Wie glücklich wird meine Mutter sein, wenn sie ihre Cousine, die sie tot glaubte, wiedersieht. Oh, wir werden gut zu ihr sein. Wir wollen ihr helfen, alles das, was sie erleiden mußte, zu vergessen.«

Ich beugte mich zu Rock Eater hinüber und schüttelte ihm die Hand. »Freund und Verwandter«, sagte ich, »wie sehr freue ich mich über diese Neuigkeit.«

Ich freute mich wirklich, denn ich hatte den jungen Mann liebgewonnen. Er hatte uns auf seine schlichte und bescheidene Art von seinen Leiden und Erniedrigungen unter dem ihm fremden, ja, man kann sogar sagen, unter einem völlig fremdartigen Volk erzählt; denn letzten Endes ist die Sippe der Mutter – und nicht die des Vaters – fast immer auch die Sippe der Kinder aus einer Ehe zwischen Angehörigen verschiedener Stämme oder Nationen.

Zu Ehren der Besucher veranstaltete die All Friends Society einen Tanz, einen Parted Hair oder Sioux-Tanz – ein großartiges Spektakel. Um den Gastgebern in nichts nachzustehen, beschlossen die Crow, einen ihrer Tänze, nämlich den Dog Feast Dance, aufzuführen. Aber als sie nur den Namen nannten, verloren die Piegan gleich jegliches Interesse. Nicht, daß sie den Tanz nicht gern gesehen hätten, sie waren sogar ausgesprochen neugierig darauf. Der Stein des Anstoßes dabei war der Hund. Den Piegan galt er als ein heiliges Tier, das niemals getötet, geschweige denn gegessen werden durfte. Weil sie den Zorn der Götter fürchteten, wagte es nicht einmal einer von ihnen, den Besuchern einen Hund zu schenken, wußten sie doch nur allzugut, daß diese ihn schlachten und essen würden. Ich fand eine Lösung für das Problem: Von einer alten Frau kaufte ich einen Hund unter dem Vorwand, ihn als Wachhund halten zu wollen, und übergab ihn dann den Crow. Es war ein großes, fettes, uraltes, fast zahnloses und halbblindes Tier mit einem dicken Wolfspelz. Die Crow brachten ihn hinunter in den Wald am Fluß, und als ich ihn wiedersah, hing er ausgenommen und mit abgezogenem Fell an einem Baum; seine Haut glänzte so weiß wie die eines soeben geschlachteten Schweines.

Am nächsten Tag verlangten die Crow einen Kessel, um den Hund darin zu kochen, aber wieder wagte keiner, einen zu verleihen. Erneut kam ich ihnen zu Hilfe, »borgte« mir von Berry zwei Fünf-Gallonen-Branntweinbehälter und schenkte sie ihnen. Darin ließ sich das Hundefleisch vortrefflich kochen.

Diese Crow besaßen die schönsten Kriegsgewänder, die ich je gesehen habe. Jede Adlerfeder ihrer Kriegshauben war makellos und äußerst kunstvoll befestigt, und der herabhängende Teil des Federschmucks war so lang, daß sie ihn auf dem Boden nachschleppten. Ihre Hemden und Leggins hatten sie geschmackvoll mit Wieselfellen, Skalplocken und Wildleder besetzen und genauso mit verschlungenen Mustern fein und ordentlich mit prächtig gefärbten Stachelschweinborsten besticken lassen wie ihre Gürtel und Mokassins. Die dampfenden Töpfe mit dem Hundefleisch wurden auf einen ebenen, freien Platz zwischen dem Dorf und dem Fluß getragen und dort auf ein frisch entfachtes Feuer gestellt. Zwei Crow fingen an, die Trommel zu schlagen, und der Tanz begann. Eine große Zuschauermenge hatte sich im Kreis um die Tänzer versammelt.

Alle waren ängstlich darauf bedacht, nicht zu nahe an die Töpfe mit der verbotenen Nahrung heranzukommen. Die Crow tanzten vor und zurück, erst nach rechts, dann nach links und umrundeten ab und zu das Feuer mit den Kesseln, wobei sie die Arme und Hände ausgestreckt vor sich hin hielten, so als ob sie die Hundesuppe segnen wollten. Die Vorführung dauerte etwa eine Stunde, dann nahmen sie die Behälter vom Feuer und bereiteten das Festessen vor. In weniger als zwei Minuten waren sämtliche Piegan von der Bildfläche verschwunden, ein paar Frauen fühlten sich allein beim Gedanken an die verbotene Speise so angeekelt, daß ihnen übel wurde.

Die Crow blieben noch einige Tage bei uns und bereiteten sich dann auf die Abreise vor. Bevor sie aufbrachen, beschenkte man sie reichlich und gab ihnen auch viele Geschenke für ihren Häuptling mit. Zum Zeichen, daß die Piegan ihr Friedensangebot akzeptierten, nahmen die Boten für ihren Häuptling ungefähr zehn Pfund Tabak und eine prachtvolle schwarze Steinpfeife als Geschenk von Big Lake mit zurück. Dazu gab man ihnen noch eine Anzahl Pferde, schöne Decken, etliche Parfleches, gefüllt mit feinstem Dörrfleisch, und Bälge voll Pemmikan. Nät-ah'-ki ließ ihre kleine Pferdeherde ins Dorf treiben.

»Meine Pferde sind auch deine Pferde«, sagte sie zu mir. »Schenke Rock Eater das vierjährige schwarze.«

Und das tat ich auch. Dann packte sie einige Sachen für seine Mutter zusammen, eine neue, warme Decke, ein blaues Tuchkleid, verschiedene Farben, allerlei Schmucksachen und zuletzt eine Menge Lebensmittel. Rock Eater konnte kaum sprechen, als er von uns Abschied nahm. Endlich brachte er hervor: »Diese Tage hier bei euch waren für mich eine glückliche Zeit. Ich verlasse euch nun, meine lieben und großherzigen Verwandten, aber nur, um euch bald mit meiner Mutter wiederzusehen. Wie wird sie vor Freude weinen, wenn sie die Worte hört, die ich ihr von euch überbringen soll, und diese wunderbaren Geschenke hier sieht.« Und so ritten die Crow über die Talsohle und den zugefrorenen Fluß davon.

Überfall

Ende Februar befreite ein starker Chinook den Fluß vom Eis und schmolz den letzten Schnee in den Felsschluchten. Im März grünte das erste Gras in den Niederungen.

Eines Abends hatte man zwei oder drei Meilen vom Fluß entfernt eine große Bisonherde entdeckt. Die Herde war so gewaltig, daß es hieß, das Tal des Cow Creek und die Anhöhen zu beiden Seiten seien, so weit das Auge reiche, schwarz von Bisons. Kurz nach Sonnenaufgang waren viele Männer, gefolgt von ihren Frauen auf Travois-Pferden, zur Treibjagd auf diese Herde aufgebrochen. Ungefähr eine Stunde später sprengten sie auf ihren abgerichteten Bisonjagdpferden mitten unter die Tiere und trieben sie derart auseinander, daß ein Teil von ihnen, etwa tausend Stück, ins Tal hinunter und gerade auf unser Lager zu ausbrach. Denn je näher am Lager die Jäger sie erlegten, desto leichter fiel der Transport der Beute. Verängstigt flohen die Tiere, verfolgt von den Reitern, den Abhang hinunter. Im Lager hörten wir bereits das Dröhnen ihrer Hufschläge und sahen die Staubwolke, die sie aufwirbelten, noch ehe sie selbst in Sicht kamen. Unsere Zelte waren auf dem tieferliegenden Teil der Talsohle aufgeschlagen, zwischen dem Bach und einer steilen, kahlen Felswand. Alle, Männer, Frauen und Kinder, waren hinausgeeilt, um dem Schauspiel beizuwohnen.

Es ist wirklich viel aufregender, eine solche Treibjagd aus der Nähe mitzuerleben, als selbst daran teilzunehmen. Voran brausten in wilder Flucht die riesigen, zottigen und eigenartig gebauten Ungetüme mit rasselnden Hörnern. Ihre donnernden Hufe brachten, als sie an uns vorbeistürmten, den Boden wie bei einem Erdbeben zum Erzittern. Hinter ihnen her jagten die Männer mit lang im Wind flatternden Haaren, lenkten ihre gut abgerichteten Pferde bald hierhin, bald dorthin, mitten in die wogende Masse hinein, und sonderten mal eine fette Kuh, mal einen jungen Bullen aus, feuerten mit ihren Büchsen oder trieben dem Tier, nach einer Seite vornüber vom Pferd gebeugt, einen Pfeil tief in die kräftige Brust und mitten ins Herz hinein. Bald war die ganze Ebene mit toten Bisons übersät. Vereinzelt standen noch mächtige Tiere mit gesenktem Kopf, schwankten hin und her, taumelten, während ihnen das Blut aus Maul und Nüstern quoll, aber endlich brachen auch sie zu einem kraft- und leblosen Haufen zusammen.

Das war der Anblick, der sich uns an diesem Morgen bot. Keiner jubelte den Jägern zu, keiner sprach oder lachte. Der Augenblick war zu feierlich. Überall sahen wir den Tod; riesige, mächtige Tiere, erfüllt von unermüdlicher Lebenskraft, lagen plötzlich niedergemetzelt als tote Berge aus Fleisch und Fell umher. Es mag paradox erscheinen, daß die Blackfoot voll Ehrfurcht von den Bisons sprachen und sie als Medizin oder als heilig ansahen, sie aber trotzdem töteten, da diese Tiere ihnen Nahrung und Material für Kleidung und Obdach lieferten.

Eine Gruppe Pferde, die am Fluß trank, wurde durch das Getöse der herannahenden Herde aufgeschreckt. Sie galoppierten am Ufer entlang und rasten über die Talsohle hinweg – geradewegs in die Bisonherde hinein, die seitwärts nach Osten schwenkte, den kleinen Fluß durchquerte und auf unsere Seite herüberjagte. Der Felsgrat, der die Talsohle versperrte, war zu steil für sie, so stürmten sie auf der Ebene weiter und hielten gerade auf unsere Zelte zu. Einige Männer und Frauen rannten in äußerster Bestürzung wild umher, stoppten einen Augenblick hinter einem Zelt und hasteten dann Schutz suchend zum nächsten weiter. Frauen schrien schrill auf, Kinder heulten, Männer gaben laut Befehle und Ratschläge.

Ich ergriff Nät-ah'-ki, lief mit ihr zu einem von Berrys Wagen und half ihr hinein. Im Nu waren seine und auch Sorrel Horses Wagen voll von Menschen; manche kauerten sich darunter zusammen, andere drängten sich dahinter. Wer in der Nähe der Felswand war, kletterte hinauf, wer am Fluß stand, sprang hinein, aber viele standen hilflos hinter ihren Zelten mitten im Lager.

Jetzt erreichten die ersten Bisons unser Dorf. Zurück konnten sie nicht mehr, da von hinten weitere Tiere nachstießen. So kamen sie in großen Sätzen heran, bahnten sich ihren Weg zwischen den Zelten hindurch; um ihnen auszuweichen, sprangen sie wendig von einer Seite zur anderen, versetzten ihnen aber im Vorbeilaufen einige boshafte Tritte. Trotz seiner ungeheueren Größe und seiner unförmigen Gestalt ist der Bison ein schnelles, gewandtes Tier.

Ich hatte mit vielen anderen hinter einem Wagen Schutz gesucht und beobachtete nun, wie sich die lebendige, braune Flut vorwärtsschob und zwischen den Zelten hin- und herwogte, gleich einem Fluß, der sich in seinem Bett um Inseln und Sandbänke windet. Angstvoll hielten wir den Atem an, denn wir wußten genau, daß jede Kleinigkeit, ein Schuß oder der Anblick irgendeines verdächtigen Gegenstandes, die Herde in Verwirrung stürzen konnte. Schwenkte sie aber um oder verhakte sich zu einer unförmigen Masse, würden sicherlich Menschen zu Tode getrampelt und Zelte niedergerissen werden. Vom größten Teil des Lagers wäre dann nicht viel mehr als ein Trümmerhaufen übriggeblieben. Endlich war auch der letzte Bison aus dem Lagerbereich in den Fluß hinein und zum anderen Ufer hinüber geflohen.

Keiner von uns war verletzt, kein Zelt zerstört, einzig die langen Gestelle mit trocknendem Fleisch oder die zum Trocknen auf dem Boden aufgespannten Häute und ungegerbten

Felle waren entweder ganz verschwunden oder in tausend Stücke zerfetzt. Das war in der Tat ein Ereignis, das wir nicht so schnell vergessen würden. Wie dankbar waren wir, mit dem Leben davongekommen zu sein! Allein beim Gedanken daran, was hätte passieren können, wären wir der dahinbrausenden Herde in die Quere gekommen, erschauderten wir.

Ende März, an einem warmen, sonnigen Tag, wurde das Lager abgebrochen, und nachdem wir den Fluß bei einer breiten, flachen Furt nahe der Cow Insel durchquert hatten, kletterten wir den südlichen Abhang des Tals hinauf und zogen dann in einem langen Zug über die Ebene dahin. Bei solchen Gelegenheiten blieben Nät-ah'-ki und ich häufig mehr als eine Meile hinter den anderen zurück und unternahmen, mal nach rechts, mal nach links abschweifend, kleine Streifzüge. Wir konnten uns das ruhig erlauben, denn ihre Mutter und die Familie ihres Onkels kümmerten sich um unsere Pack- und Travois-Pferde und trieben sie zusammen mit ihren eigenen Tieren voran. Abends, wenn wir ins Lager kamen, fanden wir unser Zelt bereits aufgeschlagen, die Lagerstätten hergerichtet, Holz und Wasser neben dem Zelt, und die unermüdlich sorgende Mutter saß am Feuer und wartete auf uns. Manchmal machte Nät-ah'-ki ihr Vorwürfe, daß sie uns zu sehr verwöhne, aber dann meinte sie nur: »Junge Leute sollen glücklich sein. Meine Mutter hat auch so für mich gesorgt, als ich jung verheiratet war, und eines Tages wirst du dich wohl auch so um deine Tochter kümmern.« Eine solche Bemerkung machte meine Frau immer ganz verlegen, sie drehte sich dann schnell um und tat so, als sei sie eifrig mit irgendeiner Sache beschäftigt. Ach ja! Damals dachten alle, dieses herrliche freie Leben würde ewig dauern. Selbst wir Weißen ahnten nicht, wie schnell die Bisons aussterben sollten.

An diesem herrlichen Morgen ritten wir gemächlich, mit vielen kleinen Abstechern, gen Westen, bis wir plötzlich ein paar Meilen vom Weg entfernt waren. Noch weiter draußen erblickten wir hin und wieder einen kleinen Trupp Jäger, sobald sie über eine Erhebung zogen, und gelegentlich tauchte am Horizont unser langer Zug auf. Manchmal trödelten wir herum, ließen unsere Pferde beim Gehen grasen, verfielen dann aber wieder in leichten Galopp, bis wir erneut mit den anderen auf gleicher Höhe waren. Nät-ah'-ki plauderte unablässig, erzählte mir allerlei Geschichten und den letzten Klatsch und stellte mir viele Fragen über meine Heimat.

Gegen Mittag erreichten wir das obere Ende einer kiefernbewachsenen Felsschlucht, die sich bis hinunter zum weit entfernten Judith erstreckte. In einem Waldstück fanden wir eine kleine Quelle mit klarem, kaltem Wasser. Wir tranken davon und führten dann unsere Pferde auf die Anhöhe hinauf, von der wir einen herrlichen Ausblick auf die Umgebung genossen. Dort aßen wir zu Mittag – Brot und Dörrfleisch. Da trottete auf der gegenüberliegenden Felsbank ein Fuchsjunges heran und huschte den Abhang in den Wald zur Quelle hinunter. Kurz darauf kam es auf unserer Seite wieder hervor und schnüffelte in der Luft umher – es hatte unser Essen gerochen. Es machte etwa 30 Fuß vor uns halt, starrte erst uns, dann die grasenden Pferde an und umkreiste uns. Dann streckte es sich auf seinen Bauch aus, reckte den Kopf und beobachtete uns aufmerksam, schnupperte aber zwischendurch immer wieder in der Luft herum, wobei es seine schmale, zierliche Schnauze komisch verzog.

»Hab ich dir schon einmal von meinem Großvater und seinem geliebten kleinen Fuchs erzählt?« fragte Nät-ah'-ki mich. »Nein? Gut, dann hör zu!

Im Traum bekam mein Großvater eines Tages den Befehl, sich ein Fuchsjunges zu fangen, es zu zähmen und gut zu behandeln. Er dachte lange darüber nach und beratschlagte mit seinen Freunden über den Sinn dieses Traums, doch sie konnten ihn ebensowenig erklären wie er selbst. In der nächsten Nacht offenbarte ihm sein Traum dasselbe, so in der dritten und schließlich auch in der vierten Nacht. Viermal gaben ihm seine Träume den Befehl. Vier ist eine heilige Zahl. Als wir am vierten Morgen aufstanden, wußte er, daß er seinem Traum gehorchen mußte. So fragte er nicht länger, warum oder wozu, sondern ging gleich nach dem Frühstück fort, um einen Fuchs zu fangen. Es gab viele Füchse in der Gegend, alle paar Schritte liefen ihm welche über den Weg, oder er sah sie vor ihrem Bau sitzen. Aber sobald er sich ihnen näherte, verschwanden sie darin. Er hatte ein langes Lasso mitgenommen, an dessen Ende er einen starken Hirschlederriemen befestigt hatte. Er knüpfte aus dem Riemen eine Laufschlinge, legte sie um das Einschlupfloch des Baus herum und zog sich dann, so weit das Seil reichte, zurück und hielt nach den Tieren Ausschau. Streckte ein Fuchs seinen Kopf heraus, so wollte er ruckartig an dem Seil zerren, und die Schlinge würde sich um den Hals oder den Körper des Tieres zusammenziehen. Auf diese Art fangen Kinder Backenhörnchen, er selbst hatte es in seiner Kindheit auch so gemacht, und er war überzeugt, nun auf gleiche Weise einen Fuchs fangen zu können.

Diese Höhlen besitzen aber mehr als einen Eingang, oft sogar fünf oder sechs. Legte mein Großvater die Schlinge um ein Eingangsloch, in dem er einen Fuchs verschwinden sah, so konnte er sicher sein, daß dieser aus einer anderen Öffnung wieder herausschaute, und sobald er jemanden in der Nähe lauern sah, schlüpfte er wieder hinein und tauchte nicht mehr auf, selbst wenn mein geduldiger Großvater stundenlang wartete.

So verging der erste, dann auch der zweite Tag. Am dritten Abend fing er einen in der Schlinge, aber mit einem einzigen Biß seiner scharfen Zähne befreite sich der Fuchs wieder und entwischte. Erschöpft, durstig und hungrig machte Großvater sich an jenem Abend auf den Heimweg, als er unterwegs, am Rand einer Felsschlucht, fünf junge Füchse sah, die vor ihrem Bau spielten. Mutter und Vater lagen in der Nähe und bewachten sie. Die Kerlchen waren noch sehr klein und so jung, daß sie tolpatschig und unbeholfen übereinanderpurzelten. Er setzte sich auf der gegenüberliegenden Seite der Schlucht nieder und beobachtete sie, bis die Sonne unterging. Immer und immer wieder fragte er sich, wie er wohl ein solches Füchslein einfangen könnte. Er betete, beschwor seinen Traum und rief sogar die Götter um Rat und Hilfe an.

Er kehrte in sein Zelt zurück, aß und trank, stopfte seine Pfeife, zündete sie an und betete noch einmal um Hilfe. Und plötzlich, während er so schweigend dasaß und rauchte, offenbarten sich ihm Mittel und Wege, wie er eines dieser Jungen fangen könnte. Die Götter hatten Mitleid mit ihm gehabt. Er ging zu Bett und schlief gut und fest. »Geh und bring mir ein großes Bisonschulterblatt«, sagte er nach dem Morgenessen zu meiner Großmutter. »Dann nimm eine Bisonhaut und komm mit mir.«

Sie gingen zum Fuchsbau. Dicht bei der Stelle, wo die Kleinen gewöhnlich herumtollten, wuchs ein großes Büschel Lolch, und mitten darin fing mein Großvater an, ein Stück Wiese herauszuheben und den Boden mit seinem Messer aufzulockern. Meine Großmutter half ihm, schaufelte mit dem Schulterblatt, so wie es auch ein Weißer mit einer Schaufel tun würde, die Erde fort, häufte sie auf die Bisonhaut, trug sie dann weg und verstreute sie weiter oben in der Schlucht. Sie arbeiteten und arbeiteten, schnitten das Gras, gruben und kratzten die Erde fort – bis das Loch endlich tief genug war, und mein Großvater darin stehen konnte. Seine Augen schauten gerade noch über den Rand der Grube, und das restliche Gras bot ihm guten Sichtschutz, so daß die Füchse ihn höchstens riechen, aber nicht sehen konnten.

»Geh heim!« sagte er zu meiner Großmutter, als die Arbeit getan war. »Geh heim, bring der Sonne ein Opfer und bete, damit mein Vorhaben gelingen möge.«

Dann stieg er ins Loch und verhielt sich ganz ruhig, wartete und paßte auf, wann die Kleinen herauskommen würden. Er wartete sehr lange. Die Sonne vollendete ihre Bahn und sank schon hinter die Berge. Es war ein recht heißer Tag, er wurde durstig und seine Beine schmerzten, aber er blieb wie angewurzelt stehen und wagte kaum zu atmen. Aufgeben wollte er um keinen Preis. Kurz vor Sonnenuntergang kam ein alter Fuchs aus dem Loch, strich halb um den Lolchfleck herum, witterte ihn plötzlich und flüchtete hurtig die Felsschlucht hinauf. Kurz darauf kamen die Kleinen heraus, eins nach dem anderen, langsam und träge; sie gähnten und streckten sich, und blinzelten mit ihren Äuglein ins helle Licht. Sie fingen an zu spielen, wie am Vorabend, und es dauerte nicht lange, da balgten sie sich alle am Rande der Lolchbüschel. Da packte mein Großvater einen blitzartig von hinten am Hals. »*Hai-ya'*, kleiner Bruder«, rief er, »habe ich dich endlich erwischt!« Er kletterte aus dem Loch, steckte das Füchslein unter seine Bisonrobe und eilte zu seinem Zelt zurück. Er war glücklich. Viermal hatte sein Traum zu ihm gesprochen, und am vierten Tag hatte er seinen Befehl erfüllt. Irgendwie spürte er, daß dieser kleine Fuchs ihm eines Tages Gutes bringen würde.

Puh'-po-kan – »Traum« – nannte mein Großvater das Füchslein. Gleich von Anfang an hatte es keine Angst vor ihm, und bald schloß es auch mit den Hunden im Zelt Freundschaft. Das kleine Tier fraß ohne weiteres die Fleischstückchen, die mein Großvater ihm gab, und lernte, Wasser und Suppe zu trinken. Keiner außer meinem Großvater durfte es streicheln, füttern oder bei seinem Namen nennen. Es sollte nur ihm gehorchen. Und es folgte ihm auch wirklich auf Schritt und Tritt; nachts krabbelte es mit unter die Felldecken und schlief neben ihm. Es war ein ausgesprochen drolliges Tierchen, das ständig mit Großvater oder den Hunden im Zelt spielen wollte. Fürchtete es sich vor irgend etwas, lief es zu ihm hin und stieß ein kurzes, heiseres Bellen aus – so wie wir es des Nachts manchmal außerhalb des Dorfes hören. Ich wollte schrecklich gern mit ihm spielen, es auf den Arm nehmen und streicheln, aber meine Mutter sagte dann immer: »Untersteh dich nur! Es ist ein heiliges Tier, und wenn du es anfaßt, geschieht dir etwas Schreckliches – du wirst vielleicht blind.«

Keine einzige Maus krabbelte unter der Zelthaut hindurch, ohne daß Puh'-po-kan sie nicht aufgespürt und getötet hätte, und häufig brachte er einen Vogel oder ein Backenhörnchen mit heim. Zwei Winter hatte Puh'-po-kan bereits erlebt, als wir unser Lager am Little River, nördlich der Bear's Paw Mountains, aufgeschlagen hatten. Eines Nachts, die Zeltfeuer waren schon niedergebrannt und alles schlief fest, sprang Puh'-po-kan meinem Großvater an den Kopf und weckte ihn durch sein ängstliches Kläffen. »Hör auf!« sagte mein Großvater, streckte seine Hände vor und gab dem Kleinen einen leichten Klaps. »Hör auf zu bellen und schlaf!«

Doch Puh'-po-kan wollte nicht aufhören, sondern bellte nur noch lauter und lauter, zitternd vor Aufregung. Mein Großvater richtete sich auf, stützte sich auf den Ellenbogen und schaute im Zelt umher. Der Mond schien durch die Rauchöffnung herein, so daß er die verschiedenen Gegenstände im Zelt erkennen konnte. Drüben am Eingang bemerkte er eine Gestalt, die dort nicht hingehörte, ein dunkles, bewegungsloses Etwas, das wie ein zusammengekauerter Mensch aussah.

»Wer bist du?« fragte er. »Was willst du hier?«

Keine Antwort.

Mein Großvater fragte noch einmal: »Sag mir sofort, wer du bist? Steh auf und sprich, oder ich werde dich erschießen.«

Wieder keine Antwort. Puh'-po-kan bellte immer noch. Mein Großvater griff ruhig nach seinem Gewehr, das am Kopfende seines Bettes lag, spannte es ohne einen Laut, legte an und feuerte. Mit einem gellenden Schrei sprang der Fremde auf und stürzte tot in die heiße Asche und die glühenden Kohlen der Feuerstelle. Großvater zerrte ihn schnell heraus. Rasch wurde das Feuer entfacht, und im hellen Schein erkannte man den toten Mann: Es war ein Feind vom Stamm der Sioux. Bis auf ein langes Messer, das er immer noch fest mit einer Hand umklammert hielt, war er unbewaffnet. Als der Fuchs Lärm schlug, dachte er wahrscheinlich, es sei das beste, geduckt auf dem Boden hocken zu bleiben, um nicht entdeckt zu werden, denn gewiß würden die Wachgewordenen bald wieder einschlafen. Er schien allein ins Lager eingedrungen zu sein, denn man fand keine anderen Spuren. Pferde waren auch nicht gestohlen worden.

Alle im Dorf sprachen von dem Fuchs und dem Traum meines Großvaters. Beide waren große Medizin. Und mein Großvater – er war einfach überglücklich. Er opferte und betete viel und liebte Puh'-po-kan mehr denn je. Der kleine Fuchs lebte nur noch zwei Winter. Er wurde in einer Sommernacht von einer Klapperschlange gebissen und starb kurz darauf. Die Frauen wickelten den aufgedunsenen, kleinen Körper in Felle, bauten in einem Baumwollbaum ein Gerüst und setzten ihn dort bei, geradeso als sei er ein Mensch gewesen.«

Spät am Nachmittag erreichten wir das Lager, das auf einer Hochebene, nahe einem kleinen See, aufgeschlagen war. Das Wasser war schlecht, aber Tee konnte man durchaus damit kochen. Am Abend lud mich Big Lake zu einem kleinen Fest bei sich ein. Rising Wolf war auch zu Gast sowie eine Reihe anderer gesetzter, ehrwürdiger Männer. Junge Leute feierten und rauchten selten mit ihren älteren Stammesbrüdern zusammen, denn in einem Zeltdorf gab es viele Klüngel oder soziale Gruppen, gerade so wie wir sie auch in der zivilisierten Gesellschaft finden, mit einer einzigen Ausnahme: Dort, bei den Indianern, herrschte weder Neid noch irgendeine Art Wettstreit, keiner fühlte sich besser als der andere oder besser als ein Mitglied einer anderen Gesellschaft oder Clique.

Wir hatten gerade eine Pfeife geraucht, als ein junger Mann hereinstürmte und meldete: »Eine große Kriegsbande befindet sich im Anmarsch.«

»Ah!« riefen alle und Big Lake drängte: »Schnell, sage, was du weißt.«

»Ich war auf der Jagd«, berichtete der junge Mann, »und band mein Pferd an einen Salbeistrauch, um mich an eine Antilopenherde heranzuschleichen. Das Pferd riß sich los und lief den Weg, den wir gekommen waren, zurück. Ich machte mich also zu Fuß auf den Heimweg. Bei Sonnenuntergang erreichte ich eine Anhöhe, von der ich auf unser Dorf hinabschauen konnte; und weiter entfernt, auf einem anderen Bergrücken, in der Nähe des Judith, entdeckte ich mindestens 50 Mann. Ich sah, wie sie den Berg hinaufkletterten und dann auf dem Gipfel standen: Sie müssen unser Lager durch den Rauch der Zeltfeuer entdeckt haben. Ich wartete noch, bis es dunkel war, und kehrte dann schnell ins Dorf zurück. Heute nacht werden sie sicher über unsere Pferde herfallen.«

»Lauft durchs Lager!« befahl Big Lake den Anwesenden. »Alle Männer sollen sofort hierherkommen, und sagt den Frauen, sie sollen ja nicht schreien, weinen oder davonlaufen. Schnell, beeilt euch!«

Ich ging heim und teilte Nät-ah'-ki die Neuigkeit mit, zog den Schutzüberzug von meinem Gewehr und füllte mir die Taschen mit Patronen. »Warte!« rief sie und hielt den Gewehrlauf fest. »Was hast du vor?«

»Das weißt du doch! Big Lake sagte, wir sollen uns alle in seinem Zelt versammeln«, erklärte ich ihr. »Ich vermute, er hat einen guten Plan.«

»Ja, er ist klug«, stimmte sie mir zu. »Aber du wirst doch nicht da hinausgehen, um dich von einer Kriegsbande erschießen zu lassen? Bleib bei mir!«

»Aber unsere Pferde! Ich kann doch nicht hier im Zelt bleiben und sie vom Feind stehlen lassen?«

»Die sind unwichtig! Laß sie laufen!«

»Aber«, wandte ich ein, »wenn ich hierbleibe, werden mich die Leute einen Feigling nennen und zu dir sagen: ›Dein weißer Mann hat ein Weiberherz. Warum nähst du ihm nicht ein paar Röcke?‹«

Damit war unsere kleine Auseinandersetzung beendet. Sie

setzte sich aufs Lager, zog ihr Tuch über den Kopf, und so verließ ich sie.

Big Lake war ein geborener Taktiker. Die paar Minuten, die es brauchte, alle Männer zusammenzutrommeln, nutzte er und ersann einen Verteidigungsplan. Nun gab er uns mit knappen Worten seine Befehle. Die All Friends Society wurde in vier Gruppen aufgeteilt und nach Norden, Süden, Osten und Westen geschickt. Sie sollten außerhalb des Lagers den Feind erwarten. Alle anderen, die nicht zur Gesellschaft gehörten, durften sich aussuchen, mit welcher Gruppe sie hinauszogen. Man nahm nicht an, daß die Feinde das Dorf angreifen wollten. Sie kamen lediglich, um Pferde zu rauben, und deshalb mußten wir alle zu den weidenden Herden hinaus, um ihnen dort aufzulauern. Die wertvollsten Tiere wurden wie üblich nahe den Zelten ihrer Besitzer angebunden, aber die Feinde würden natürlich versuchen, sich durch die Herden dennoch an sie heranzuschleichen, ihre Seile durchzuschneiden und sie fortzutreiben.

Zusammen mit den Crazy Dogs und den Raven Carriers rückte ich zusammen mit etwa 30 bis 40 Mann aus, die, wie ich, auch keiner Verbindung angehörten. In einer langen Reihe tasteten wir uns langsam und geräuschlos ungefähr eine halbe Meile weit vor. Dann hieß es anhalten, und wir hockten uns zwischen die Deckung bietenden Salbeibüsche. Der Mond stand tief im Westen, er würde erst gegen Mitternacht untergehen. Es war also nicht besonders dunkel, das Gebüsch, das etwa 40 bis 50 Yards vor uns lag, konnten wir ganz deutlich erkennen. Mein Nachbar zur Rechten kroch langsam zu mir herüber und setzte sich neben mich.

»Das Nachtlicht verschwindet allmählich«, flüsterte er mir zu, »und die Kriegsbande wird bald kommen, wenn sie überhaupt kommt.«

Er hatte richtig vermutet, denn bald darauf hörten wir in der Ferne ein Stimmengemurmel. Dann war alles wieder ruhig; auf leisen Sohlen und mit einem knisternden Rascheln des

Gestrüpps, an dem ihre Leggins entlangstreiften, näherten sie sich ahnungslos. Jetzt konnten wir ihre Gestalten erkennen. Ein Mann zu meiner Linken feuerte zuerst, und dann gab die ganze Linie eine unregelmäßige Salve ab. Funken des billigen Schwarzpulvers glühten und sprühten in der Finsternis, als die Schüsse knallten. Die hellen Blitze blendeten uns einen Augenblick, und als wir wieder sehen konnten, ergriffen die Feinde schon die Flucht. Sie hatten nur einige Schüsse als Antwort auf unser Feuer abgegeben, aber wie wir später herausfanden, hatte keine ihrer Kugeln auch nur einen von uns verletzt.

Fast wie ein Mann sprang unsere ganze Linie nach vorn. Da lagen fünf Feinde am Boden, einer von ihnen lebte noch. Dumpf sauste eine Streitkeule nieder, und der kraftlose Körper streckte sich mit dem Gesicht nach oben im verblassenden Mondlicht vollends aus. Im Handumdrehen waren die Toten skalpiert, und die ersten hatten ihnen bereits die Waffen abgenommen. Vorwärts stürmte unser Trupp; gelegentlich fiel ein Schuß auf eine dunkle, kaum erkennbare, fliehende Gestalt. Von hinten kamen jetzt auch die anderen drei Abteilungen und spornten uns mit ihren Zurufen an. Doch vom Feind war nichts mehr zu sehen und zu hören. So machten wir halt; es war sinnlos, in der Dunkelheit weiter nach ihnen zu suchen.

Big Lake trat zu uns. »Zerstreut euch!« sagte er. »Zerstreut euch wieder und umzingelt das Dorf. Vielleicht lauern noch welche im Gebüsch, die wir bei Tagesanbruch finden werden.«

Ich schulterte mein Gewehr und ging heim. Nät-ah'-ki saß mit ihrer Mutter zusammen wach, und ich erzählte, was sich alles ereignet hatte.

»Warum bist du zurückgekommen?« fragte sie, nachdem ich geendet hatte. »Warum bist du nicht dort draußen geblieben, wie Big Lake es angeordnet hat?«

»Hai-ya'!« rief ich aus. »Wie unberechenbar sind doch die Frauen! Heute abend wolltest du unbedingt, daß ich bei dir

bleibe. Nun bin ich zurückgekommen, weil ich müde und hungrig bin, und nun gefällt dir das auch wieder nicht. Also gut, um es dir recht zu machen, will ich wieder hinausgehen und mit den anderen bis zum Morgen Wache halten.«

»Setz dich hin, du Wirrkopf«, befahl sie und stubste mich auf mein Lager zurück, von dem ich gerade wieder aufstehen wollte. »Da bleibst du jetzt. Hier ist deine Pfeife, stopfe sie und rauche, während ich etwas Fleisch koche und Tee mache.«

»Du bist hier der Häuptling«, sagte ich zu ihr und lehnte mich zufrieden gegen eine Weidenmatte zurück. »Es sei so, wie du es wünschst!«

Weiß-rote Hochzeit

Bei Tagesanbruch weckte uns ein ungewöhnlicher Aufruhr und Lärm im Dorf. Nät-ah'-ki ging hinaus, um zu erfahren, was los sei. Sie kam kurz darauf mit der Nachricht zurück, daß unsere nächtlichen Feinde Crow gewesen seien, daß man insgesamt 7 Leichen gefunden hätte und daß es ihnen geglückt sei, über 70 Pferde zu stehlen. Ein großer Trupp war bereits zu ihrer Verfolgung unterwegs, und wir sollten in der Zwischenzeit, bis zu ihrer Rückkehr, das Lager abbrechen. Ich stand auf, zog mich an, frühstückte und ging einige Leute besuchen.

Als ich in Weasel Tails Zelt kam, war er gerade dabei, eine klaffende Wunde im Oberschenkel zu pflegen. Eine Crow-Kugel hatte ihn gestreift. Ich blieb eine Weile bei ihm. Besucher kamen und gingen, schimpften auf die Crow und gaben ihnen alle schlechten Namen, die ihre Sprache kannte. Aber da Schimpfen gar nicht ihrer Art entsprach, war ihr Ausdrucksvermögen auf diesem Gebiet außerordentlich eingeschränkt. Das allerschlimmste Wort, das sie für ihre Feinde kannten, war »Hundegesicht«.

Anschließend ging ich zum Zelt des Häuptlings, wo ich viele der wichtigsten Männer versammelt fand. »Ich, euer Häuptling«, sagte Big Lake gerade, als ich eintrat, »werde mich von nun an, solange ich lebe, gegen jedes Friedensabkommen mit den Crow aussprechen. Wir sollten nie mehr ihren Tabak rauchen. Und wir sollten unseren Kindern beibringen, es mit ihnen wie mit den Klapperschlangen zu halten, die man beim ersten Anblick gleich totschlägt.«

Alle Versammelten stimmten seiner Rede von Herzen zu; und man hielt sich an diese Abmachung, denn fortan rüstete sich ein Kriegstrupp nach dem anderen und rückte gegen die Feinde am Yellowstone aus, bis die Regierung die Stammeskriege unterband. Der letzte Überfall fand im Sommer 1885 statt.

An jenem Tag wurden viele Skalptänze aufgeführt, an denen sich all jene beteiligten, die erst kürzlich einen Angehörigen im Kampf mit den Crow verloren hatten. Diese Tänze sind keine spektakulären Schaustellungen wilder Verzückung im Siegestaumel über den Tod der Feinde, wie sie oft in düsteren Farben geschildert wurden. Die von den Blackfoot veranstalteten jedenfalls waren sehr feierliche Aufführungen. Die Teilnehmer schwärzten Gesicht, Hände und Mokassins mit Holzkohle und zogen ihre schäbigsten, ältesten Kleider an. Ein alter Mann hielt den Skalp eines Feindes, der oben an einem Weidenstab festgebunden war, vor sich hin, und die anderen stellten sich in zwei Reihen nebeneinander hinter ihm auf. Dann sangen sie ein Klagelied in Moll. Dieses Mal gab es sieben Skalplocken, und so tanzten am selben Abend sieben Abteilungen an verschiedenen Stellen im Dorf, und eine Gruppe Trauernder löste die andere ab, so daß die Zeremonie bis nach Mitternacht dauerte.

Der Trupp, der zur Verfolgung der Crow fortgeritten war, kehrte bei Einbruch der Dunkelheit zurück. Sie hatten die Feinde verfehlt. Einige waren dafür, auf der Stelle mit einem anderen Kriegstrupp ins Land der Crow aufzubrechen, aber da der Vorrat an Munition im Dorf fast erschöpft war, beschloß man, ohne weitere Verzögerung nach Fort Benton zu ziehen. Sobald sie sich mit ausreichend Pulver und Kugeln versorgt hätten, würde die Kriegsbande wieder gen Süden ausrücken. Nach vier oder fünf Tagesreisen schlugen wir unser Lager im weiten Talgrund, gegenüber dem Fort, auf. Nät-ah'-ki und ich überquerten den Fluß und begaben uns zu dem kleinen Adobe-Haus, in dem Berry, seine Frau, seine Mutter und die gute Crow Woman wohnten. Was für ein glückliches Gespann doch diese beiden alten Frauen abgaben, wie sie so zusammen herumhantierten und sich gegenseitig in die Quere kamen, als sie für uns das Abendessen zubereiteten. Auch Berry und ich freuten uns über das Wiedersehen, obwohl wir nur wenige Worte wechselten, während wir gemütlich ausgestreckt auf dem Bisonfell-Sofa saßen und rauchten; aber für uns war das goldrichtig, und ein jeder wußte vom anderen, daß er genauso dachte.

Am Abend gingen Berry und ich zum Fort hinunter, und selbstverständlich schauten wir bei Keno Bill vorbei. Wie gewöhnlich zu dieser Jahreszeit war die Stadt voller Menschen – Trapper und Händler, Vieh- und Maultiertreiber, Grubenarbeiter und Indianer – und alle warteten auf die Ankunft der Schiffe, die bald eintreffen sollten. Jeder Tisch im Saloon war so dicht mit Spielern besetzt, daß man nicht einmal ein Plätzchen zum Zuschauen ergattern konnte. Keno selbst war mit zwei Gehilfen hinter der Bar beschäftigt, denn die Fäßchen gaben immer noch etwas her, obwohl ihnen in den Wintermonaten fleißig zugesprochen worden war. Es existierten sogar noch einige Flaschen Bier. Gern bezahlte ich gut einen Dollar für die Flasche, und Berry half sie austrinken.

Auf dem Heimweg machten wir noch einen kurzen Abstecher ins Overland Hotel, und unter den Gästen entdeckte ich einen Mann, den ich für einen Geistlichen hielt. Zumindest trug er über seinem blauen Flanellhemd eine weiße Halsbinde und außerdem einen schwarzen Rock. Ich ging zu ihm hin und sagte: »Entschuldigen Sie bitte, mein Herr, aber ich hätte gern gewußt, ob Sie ein Geistlicher sind?«

»Das bin ich«, antwortete er mit einem freundlichen Lächeln. »Ich bin Pfarrer der Methodistengemeinde. Ich war das ganze letzte Jahr in den Bergen, habe dort gepredigt und im Bergwerk gearbeitet. Jetzt bin ich auf dem Weg zurück nach Hause in die Staaten.«

»Gut«, meinte ich, »wenn Sie mit mir kommen möchten, hätte ich wohl eine Arbeit für Sie.«

Er stand sofort auf. »Darf ich erfahren«, fragte er unterwegs, »mit was für einer Art Dienst ich Ihnen behilflich sein kann? Handelt es sich um eine Taufe oder eine Trauung oder braucht ein Kranker einige tröstende Worte?« – »Es ist eine Trauung«, erwiderte ich, »vorausgesetzt, der andere Teil willigt ein.«

Die Frauen plauderten und lachten fröhlich, als wir eintrafen, aber wie immer vor Fremden, verstummten sie auf der Stelle. Ich rief Nät-ah'-ki zu mir ins Nebenzimmer. »Hier draußen«, erklärte ich ihr, »wartet ein heiliger, sonnengeweihter weißer Mann. Ich habe ihn gebeten, uns zu verheiraten.«

»Oh!« rief sie. »Wie konntest du nur meinen Wunsch erraten? Genau das habe ich mir immer sehnlichst gewünscht, aber ich – ich hatte Angst, ich schämte mich, dich darum zu bitten. Ist er denn ein richtiger, geweihter weißer Mann? Er trägt nicht mal einen schwarzen Rock und auch kein Kreuz.«

»Er ist von einer anderen Vereinigung«, erwiderte ich. »Es gibt Tausende von ihnen und eine jede beansprucht für sich, die einzig wahre zu sein. Doch uns soll das nicht kümmern. Komm, laß uns gehen.«

Und so wurden wir, mit Berry als Übersetzer, getraut und verabschiedeten den Pfarrer schließlich mit einem Goldstück zur Erinnerung an unsere Hochzeit . . .

»Ich bin hungrig«, sagte Berry. »Ihr Frauen, kocht uns doch zwei Bisonzungen.«

Gekochte Zunge und Brot, Tee und Apfelsauce – das war unser Hochzeitsmahl, und es schmeckte uns ausgezeichnet.

»Weißt du«, vertraute Nät-ah'-ki mir später an, »viele weiße Männer haben Frauen aus unserem Stamm nach Indianerbrauch geheiratet, sie aber lediglich als Spielzeug betrachtet, ausgenutzt und später dann verlassen. Aber die Männer, die Frauen mit den Segensworten eines heiligen weißen Mannes heirateten, haben sie niemals verlassen. Ich weiß, daß du in keinem Fall mich hättest sitzenlassen. Aber wie haben die anderen sich über mich lustig gemacht, mich ausgelacht und gesagt: ›Du bist ja verrückt, deinen Mann so zu lieben, du bist eine Närrin; er hat dich nicht auf die Art des weißen Mannes geheiratet und wird dich, sobald er eine Frau mit einem hübscheren Gesicht findet, verlassen.‹ Das können sie nun nicht mehr sagen. Und das ist gut so.«

Queer Person auf dem Kriegspfad

Berry und ich wollten den Sommer über in Fort Benton bleiben und erst im kommenden Winter wieder mit den Indianern Geschäfte machen. Ob wir dann im Lager Tauschhandel betreiben oder einen Handelsposten errichten würden, sollte ganz und gar von den Winterplänen der Indianer selbst abhängen.

Eines Morgens sattelte Berry sein Pferd und ritt zum Lager am Marias hinaus, um mit den Häuptlingen die Lage zu besprechen. Als er nach ein oder zwei Tagen zurückkehrte, war er mit dem Ergebnis der Ratsversammlung äußerst zufrieden, denn man war übereingekommen, den Winter am Marias zu verbringen. So konnten wir die Handelsstation bewohnen, die wir zwei Jahre zuvor erbaut hatten. Es waren nur Kleinigkeiten auszubessern, und Mitte September hatten wir es uns dort schon bequem gemacht und ein großes Warenlager angelegt.

Unsere Hauptschwierigkeit beim Umzug war die Trunksucht der Ochsentreiber, gegen die wir machtlos waren. Einer von ihnen, Whisky Lyons, war nie zur Stelle, wenn es ans Beladen der Wagen ging, und als alles zur Abreise bereit war, mußten wir ihn erst irgendwo aufstöbern, ihm ein Seil um den Körper schlingen und ihn in den Fluß tauchen, bis er wieder zu sich kam. Wir hatten noch einen anderen diesen Kalibers unter uns: Captain George, der mit Vorliebe grölende Saufgelage veranstaltete. Wenn er betrunken war, schien sein Repertoire an merkwürdigen Liedern, die er pausenlos zum besten gab, schier unerschöpflich.

Ich habe mich oft gefragt, was schließlich aus diesen alten Viehtreibern wurde, die bei jeder Gelegenheit so vergnügt und unbeschwert ihr Geld mit beiden Händen ausgaben. Daß einer von ihnen starb, habe ich nie gehört. Seit dem Aufkommen der Eisenbahn und seit der Einstellung des Transportverkehrs auf dem oberen Missouri habe ich sie nie mehr wieder gesehen. Sie verschwanden einfach.

Bis zum Eintreffen der dicken Winterfelle hatten wir wenig Arbeit. Die Piegan hatten ihre Zelte am Milk River, hinter den Sweetgrass Hills, aufgeschlagen und wollten nicht eher wieder hierher zurückkehren, bis das kalte Wetter sie dazu zwang . Wir vermißten Sorrel Horse, der den Missouri weit hinunter, bis irgendwo unterhalb der Mündung des Judith, gezogen war, um dort einen Holzplatz einzurichten und mit den Gros Ventre Handel zu treiben.

In so flauen Geschäftszeiten wurde Berry immer gleich unruhig. Er war ein sehr nervöser, energiegeladener Mann und konnte es einfach nicht ertragen, lässig, ohne Beschäftigung herumzusitzen. Ich habe beobachtet, wie er einem Ochsen erst die – noch höchst brauchbaren – Hufeisen abschlug und ihn dann mit neuen beschlug, oder wie er ein altes Wagenrad ausbesserte, das doch nicht mehr zu verwenden war.

Während Berry sich also den Kopf darüber zerbrach, was er tun könnte, war mir kein Tag lang genug. Nät-ah'-ki und ich gingen auf die Jagd, entweder in den Flußniederungen nach Wild oder hinaus auf die Prärie nach Antilopen. Auch Bisons gab es natürlich überall, und unterhalb der Handelsstation, ungefähr 10 bis 12 Meilen entfernt, lebten eine Menge Dickhornschafe. Die Abende waren ebenso abwechslungsreich wie die Tage. Meine schäbigen, alten Tagebücher wissen von so manchem Erlebnis aus jener glücklichen Zeit zu berichten, und sobald ich da hineinschaue, erscheint alles wieder so lebendig vor meinen Augen, als wenn es sich erst gestern abgespielt hätte.

So erzählte uns zum Beispiel eines Abends die Crow Woman »Die Geschichte von Three Stabs [Drei Stiche]«:

»Im ganzen Dorf war keiner ärmer als White Flying [Weißes Schwebendes Wesen] und ihr junger Enkel. Ihr Mann war schon lange gestorben, ihr Schwiegersohn von den Sioux getötet worden, und ihre Tochter fiel eines Tages, als sie gerade auf ihrem kleinen Feld arbeitete, um und starb kurz darauf. Der Junge war noch zu klein, um auf die Jagd zu gehen, so lebten sie von dem kleinen Maisfeld, das sie selbst bebauten, und von dem Fleisch, das ihnen gutherzige Leute schenkten. Manchen Abend gingen sie hungrig zu Bett, denn selbst ihre besten Freunde vergaßen manchmal, etwas zu bringen, und White Flying war zu stolz, zu ihnen zu gehen und um Essen zu bitten. Wenn dies vorkam, sagte der Junge: ›Sorge dich nicht, Großmutter, warte, bis ich groß bin, dann erjage ich dir mehr Fleisch, als du brauchen kannst.‹

Der Junge hieß Sees Black [Sieht Schwarz]. Ein alter Medizinmann hatte ihm den Namen bei seiner Geburt gegeben. Aber niemand außer seiner Großmutter nannte ihn so, die anderen riefen ihn mit dem Spitznamen Queer Person [Komischer Kauz], denn er war in allem, was er tat, ganz anders als kleine Jungen sonst sind. Er spielte nie mit anderen Kindern, lachte oder weinte nicht und sprach kaum mit irgend jemand außer seiner Großmutter. Es schien, als träumte er die ganze Zeit über. Er konnte oft stundenlang am Flußufer oder auf dem Hügel oberhalb des Dorfes sitzen und unentwegt in die weite Ferne schauen, als sähe er dort außergewöhnliche Dinge. Er war so vertieft, daß er nicht einmal die Leute, die an ihm vorbeikamen, bemerkte. Oft brachte er ungewöhnliche und verbotene Dinge mit ins Zelt, einmal einen Menschenschädel, den er am Fußende seines Bettes versteckte. Als die Großmutter eines Morgens das Bett machte, fand sie ihn und erschrak derart, daß sie wie tot umfiel und eine Weile liegenblieb. Als sie wieder zu Bewußtsein kam, bat sie den Jungen, den Schädel wieder dorthin zu tragen, wo er ihn gefunden habe. Er tat es sofort, denn er war ein lieber Kerl und gehorchte ihr stets. Als sie ihn fragte, warum er ihn überhaupt mitgenommen habe, antwortete er: ›Ich suche eine machtvolle Medizin. Ich dachte, wenn ich den Schädel unter meinem Lager verstecke, würde ich vielleicht einen bedeutsamen Traum haben.‹

Manchmal verließ er das Dorf und blieb die ganze Nacht über draußen. Fragte seine Großmutter, wo er gewesen sei, so erzählte er ihr, daß er in die Prärie, hinunter in den Wald oder hinaus auf eine Sandbank gegangen sei, um dort zu schlafen, in der Hoffnung, daß irgendein Geist oder Tier, das in der Dunkelheit umherwanderte, Mitleid mit ihm haben und ihm zu der Medizin verhelfen würde, die er suchte.

Während andere Knaben seines Alters noch spielten, fertigte er Bogen und Pfeile. Er schaute den Männern zu, die Feuerstein bearbeiteten, und erlangte bald die gleiche Geschicklichkeit, scharfe, dünne Pfeilspitzen zu schlagen. Er ging auch schon auf die Jagd; zuerst erlegte er Kaninchen im Rosendickicht, dann brachte er eines Tages ein stattliches Reh heim – ein Fleischstück nach dem anderen, denn alles auf einmal konnte er nicht tragen –, das er auf dem Pfad, den die Tiere täglich zur Tränke nahmen, geschossen hatte. Von da an gab er sich nur noch selten mit Kaninchen zufrieden, brachte dafür häufig Wild mit nach Hause oder ab und zu sogar Fleisch und Fell eines Bisons. Trotzdem blieben sie sehr arm. Sämtliche Pferde der Familie waren schon vor langer Zeit den Medizinmännern gegeben worden, die versucht hatten, den Großvater zu heilen. Ohne Pferd aber konnte Queer Person nicht auf große Jagd gehen und ausreichend Fleisch für die Schlechtwetterperioden oder die Zeit der langen Belagerungen durch die Sioux heimbringen.

Die Sommer und Winter flossen dahin. Der Junge wuchs heran, wurde groß und stark – ein stattlicher, hübscher Bursche. Nun war er auch alt genug, mit in den Krieg zu ziehen, den Feind zu bekämpfen und dessen Pferde fortzutreiben.

Aber kein Kriegstrupp wollte ihn mitnehmen. ›Jemand, der mit einem Schädel schläft‹, sagten sie, ›der sich außerhalb des Dorfes zur Ruhe legt, dort, wo Geister umherwandern – mit dem stimmt doch wohl etwas nicht; der bringt uns nur Unheil.‹

Natürlich war der Junge sehr unglücklich über diese Absage, und die Großmutter litt mit ihm. Dann aber wurde er böse. ›Ich werde sie dazu bringen, ihre Worte zurückzunehmen‹, sagte er zur Alten. ›Ich will allein gegen den Feind ziehen, und es wird die Zeit kommen, wo sie mich alle bitten werden, mit mir in den Krieg ziehen zu dürfen. Mach mir ein Boot. Ich will den Fluß hinunter zu den Dörfern der Sioux reisen.‹

White Flying ging hinaus, schnitt Weiden, legte die Zweige kreuzweise übereinander, bog sie zur gewünschten Form zurecht, spannte die frische Haut eines Bisonbullen über den Rahmen, befestigte sie dann daran – und fertig war das Boot. Nein, es glich nicht einem Boot, wie es die weißen Männer bauen. Es hatte einen flachen Boden und war rund, es sah genauso aus wie ein Bottich, den die Weißen zum Wäschewaschen benutzen. War einer das Fahren in einem solchen Boot nicht gewöhnt, trieb er hilflos auf dem Wasser umher, wenn er nicht gleich beim ersten Versuch zu paddeln kenterte.

Es war zur Zeit des Vollmonds, als sich Queer Person eines Nachts, kurz nach Sonnenuntergang, bei aufgehendem Mond auf die Reise machte. Er stieg in sein Boot und stieß sich vom Ufer ab. Niemand außer der Großmutter sah ihn abfahren. Niemand im Dorf wußte von seinem Vorhaben.

Die arme alte Frau setzte sich ans Ufer, zog ihr Kleid über den Kopf und fing bitterlich an zu weinen, weinte um ihre Lieben, die gestorben waren, weinte um den jungen Mann, der nun vielleicht zu ihnen gehen und sie jetzt im hohen Alter ganz allein lassen würde.

Weiter und weiter trieb Queer Person im hellen Mondlicht den breiten, tiefen Strom hinunter und paddelte nur, wenn es galt, das Boot in der Flußmitte zu halten oder Stromschnellen und Sandbänken auszuweichen. Um ihn herum spielten und planschten die Biber, und er betete zu ihnen: ›Habt Mitleid mit mir! Schenkt mir von eurer Geschicklichkeit, damit ich allen Gefahren entrinne.‹

Da, unter den schäumenden, strudelnden Wassern im Schatten einer schroff abfallenden Felsbank, erhob sich ein dunkles Etwas über die Wasseroberfläche, das aber langsam wieder sank und verschwand. Klar konnte er es nicht erkennen. Vielleicht war es eines jener Wesen, die in dunklen Tiefen leben. Er betete auch zu ihnen und ließ eine kleine Opfergabe für sie ins Wasser gleiten: ›Tut mir nichts Böses, laßt mich eure Gewässer ungefährdet durchschiffen.‹

So verging die Nacht. Bei Tagesanbruch ging er an Land, zog sein Boot in ein dichtes Weidengebüsch und verwischte dann die Spur, die er quer über das Sandufer gezogen hatte.

So reiste Queer Person: Bei Nacht ließ er sich treiben, tagsüber hielt er sich versteckt, und so näherte er sich allmählich dem Land der Sioux. Jeden Morgen, nachdem er an Land gegangen war, wanderte er zum Waldrand, manchmal stieg er auch auf eine Anhöhe hinauf und hielt sorgfältig flußauf- und flußabwärts nach Anzeichen von Menschen Ausschau. Erst am fünften Morgen entdeckte er gerade am gegenüberliegenden Ufer, auf einer breiten Talsohle, ein großes Lager. Die Zelte standen auf einer offenen Ebene, hinter einer langen Reihe von Baumwollbäumen, die den Fluß säumten. Eine große Anzahl Pferde war im Lager angekoppelt, und die Leute kamen soeben aus ihren Zelten und trieben sie auf die Weide. ›Meine Medizin ist gut‹, sagte er zu sich selbst. ›Ich bin wohlbehalten den Fluß hinuntergefahren, und schon finde ich, was ich suche.‹

Tagsüber schlief er ein wenig, denn er fühlte sich in seinem Versteck ganz sicher. Die Feinde besaßen keine Boote, und da der Fluß sehr viel Wasser führte, konnten sie ihn nicht überqueren. Dann schmiedete er Pläne für die Nacht. Gegen

Abend legte er sich nochmals schlafen – da wies ihm ein Traum den Weg, wie er sich einen großen Namen machen könne.

Und nun hört, was er tat, hört, welch eine List ihm sein Traum eingab: In der Nacht überquerte er den Fluß, schaffte einige Steine in sein Boot und schnitt ein Loch in den Boden, so daß es sich mit Wasser füllte und sank. Dann ging er in den Wald und vergrub seine Habseligkeiten, seine Kleider, Mokassins und Waffen, neben einem großen Baumwollbaumstamm. Nur seinen Gürtel und Lendenschurz behielt er um. Zuletzt löste er seine Zöpfe auf, wusch sein Haar, um die Wellen herauszubringen, zerzauste es und streute Staub darauf. Seinen Körper beschmierte er mit Schlamm und Erde, das Lendentuch beschmutzte er auch, und seine Beine zerkratzte er mit Rosenzweigen. Als er damit fertig war, sah er wirklich sehr verwildert und ärmlich aus. Dann verließ er den Wald, ging in die Flußniederung hinunter und verbrachte dort den Rest der Nacht.

Als die Sonne aufging und das Dorf wieder zu Leben erwachte, erhob Queer Person sich und ging aufs Lager zu. Manchmal blieb er stehen, schaute umher, rannte plötzlich ein Stück, ging dann wieder ganz langsam und heftete dabei seine Augen auf den Boden. So näherte er sich den Zelten und der großen Menschenansammlung, die sich dort gebildet hatte und ihn anstarrte. Er tat so, als sähe er niemand, und ging geradeaus weiter. Die Menge teilte sich, um ihn durchzulassen, und folgte ihm dann.

Er hielt vor einem Zelt, bei einem Feuer, auf dem Fleisch röstete, an und setzte sich auf den Boden. Die Frauen, die dort arbeiteten, flohen. Um ihn herum drängten sich die Leute und redeten über ihn. Natürlich glaubte man, er sei verrückt. Da trat ein Mann auf ihn zu und stellte ihm in der Zeichensprache viele Fragen; er erwiderte nichts und zeigte nur ab und zu zum Fluß hinunter. Der Mann hatte auf der linken Backe eine große Narbe, und Queer Person wußte, daß er der Häuptling war. Zu Hause hatte er von ihm, dem gefürchteten und unerbittlichen Krieger erzählen hören. Nach einer Weile kam eine alte Frau und setzte ihm etwas gekochtes Fleisch vor. Er griff danach und verschlang es so gierig, als ob er tagelang gehungert hätte. Er aß Unmengen und ließ sich dabei nicht aus der Ruhe bringen.

Bald zerstreuten sich die Leute, und die meisten gingen zu ihren Zelten zurück. Wieder versuchte der Mann mit dem Narbengesicht, sich durch Zeichen verständlich zu machen; als er jedoch keine Antwort bekam, ergriff er Queer Person am Arm, zog ihn hoch und führte ihn in sein Zelt. Dort wies er ihm ein Lager zu und gab ihm durch Zeichen zu verstehen, daß es ihm gehören und er von nun an im Zelt leben solle. Immer noch tat der junge Mann so, als verstünde er nichts, aber er blieb dort, ging hin und wieder hinaus, kehrte jedoch immer wieder ins Zelt zurück. Die Leute brachten ihm Geschenke: Mokassins, Leggins, ein Hirschlederhemd und eine Bisonrobe. Er zog die Kleider an und trug sie auch. Schon ein paar Tage später spazierte er im Lager umher, und die Leute beachteten ihn kaum noch.

Queer Person fand bald heraus, daß der Häuptling, das Narbengesicht, ein sehr grausamer Mann war. Er hatte fünf Frauen. Die erste war älter als er und sehr häßlich. Die anderen waren jung und hübsch. Die Alte quälte die anderen immer und ließ sie alle Arbeit tun. Manchmal schlug sie die jungen Frauen sogar, häufig verprügelte sie aber auch der Häuptling oder packte zwei von ihnen und schlug ihre Köpfe zusammen.

Der Jüngling konnte es nicht lassen, die Jüngste oft anzuschauen. Sie war so schön und doch so traurig. Er begegnete ihr oft im Wald, wo sie Holz sammelte. Dann lächelten sich beide an. Viele Tage danach traf er sie eines Abends ganz allein im Wald. Jetzt war der richtige Augenblick gekommen: Schnell erklärte er ihr in Zeichensprache, daß er nicht verrückt, sondern lediglich ganz allein auf dem Kriegspfad sei. Er fragte sie, ob sie mit ihm kommen und seine Frau werden wolle. Sie antwortete nicht, sondern fiel ihm einfach um den Hals und küßte ihn. Dann hörten sie Schritte und trennten sich rasch. Am nächsten Tag trafen sie sich wieder im Wald, versteckten sich im dichten Weidengestrüpp und besprachen ihre Flucht.

Als das Feuer erloschen war und der Häuptling und seine alte Frau schnarchten, krochen Queer Person und die junge Frau aus dem Zelt und gingen zum Fluß hinunter. Dort banden sie zwei kurze Baumstämme zusammen und häuften erst ein wenig Reisig aufs Floß, auf das sie dann ihre Kleider legten. Der junge Mann holte seine Gewänder und Waffen, die er vergraben hatte, und packte sie auch noch darauf. Dann lief er, nur mit seinem Messer bewaffnet, zurück zum Zelt, die Frau blieb beim Floß. Er kroch ins Zelt und zum Lager des Häuptlings und bohrte ihm das Messer mitten ins Herz, dann versetzte er ihm noch einen und noch einen tiefen Stich. Der Mann schrie nicht, strampelte nur ein wenig mit den Beinen, so daß die Alte neben ihm aufwachte. Queer Person packte sie sofort am Hals und würgte sie, bis sie sich nicht mehr rührte. Dann skalpierte er den Häuptling, nahm seine Waffen und rannte zum Floß zurück. Die junge Frau wartete auf ihn, und nun wateten sie zusammen in den Fluß hinein und schwammen, als sie in tieferes Wasser kamen, das Floß mit einer Hand festhaltend, zum anderen Ufer hinüber. Drüben angekommen, zogen sie wieder ihre Kleider an und machten sich auf den weiten Weg zum Arickaree-Dorf. Im Lager auf der anderen Seite blieb alles ruhig. Man hatte das Unglück noch nicht entdeckt.

Wie stolz die alte White Flying war, als ihr Enkelsohn mit einer so reizenden Frau und dem Skalp und den Waffen des schrecklichen und gefürchteten Sioux-Häuptlings heimkehrte. Er hatte sich einen großen Namen errungen. Mit der Zeit wurde er selbst Häuptling – und was für ein berühmter; er wurde der Oberhäuptling seines Volkes. Fortan rief ihn keiner mehr Queer Person. Er nahm den Namen Three Stabs an, und alle waren stolz, ihn so zu nennen. Er und seine liebe Frau lebten bis ins hohe Alter. Sie hatten viele Kinder und waren glücklich.«

Die Vielfraß-Medizin

Wir wohnten bei Weasel Tail, dessen Frau für uns ein Lager aus etlichen neuen Bisonroben hergerichtet hatte. Besucher kamen und gingen, und wir wurden zum Rauchen in verschiedene Zelte eingeladen. Später am Abend, als das Festessen vorüber und die Gäste gegangen waren, saßen Weasel Tail und Talks-with-the-Buffalo, die beiden Unzertrennlichen, und ich wieder zusammen, so wie wir es schon an vielen vorhergehenden Abenden gehalten hatten. Wir hockten oft stundenlang beieinander, rauchten, wenn uns danach zumute war, erzählten oder saßen einfach schweigend da. Die Frauen reichten etwas Pemmikan herum; es schmeckte köstlich. »Mein Freund«, sagte Talks-with-the-Buffalo, nachdem wir gegessen hatten und er wieder die Pfeife gestopft und angezündet hatte, »ich habe ein Geschenk für dich.«

»Ah!« erwiderte ich. »Über Geschenke freue ich mich immer.«

»Ja«, meinte er, »und ich freue mich, es endlich loszuwerden. Ich möchte, daß du es morgen früh gleich mitnimmst, damit nicht noch etwas damit passiert und du es zu guter Letzt dann doch nicht bekommst. Es ist das Fell eines Vielfraßes. Hör mir gut zu, denn ich werde dir erzählen, welches Unglück es mir gebracht hat. Zuerst aber will ich dir berichten, wie ich überhaupt dazu kam.

Eines Morgens bat mich meine Frau, auf Dickhornschafjagd zu gehen. Sie benötige Häute für ein Gewand. Ich erklärte ihr, wie schwer es sei, diese Tiere zu jagen, und daß sie ihr Kleid durchaus auch aus Antilopenfellen nähen könne, das ebenfalls ein herrliches weiches Leder ergibt, wenn man es sorgfältig gerbt. Aber das war ihr nicht gut genug; es sei unregelmäßig stark im Leder, dick am Nacken und zu dünn am Bauch. Sie wollte nur Dickhornschaffelle, denn die seien gleichmäßig stark, weder zu dick noch zu dünn an irgendeiner Stelle. Ich versuchte, aus der Sache herauszukommen, indem ich von ihr verlangte, mich auf die Jagd zu begleiten und zu helfen, die Beute aufzuladen, wenn sie die Felle unbedingt haben wolle. Ich sagte dies, weil ich dachte, sie würde ihre Meinung dann ändern und sich schließlich doch mit Antilopenhäuten zufriedengeben. Aber da sollte ich mich irren. ›Selbstverständlich komme ich mit‹, sagte sie. ›Laß uns morgen früh aufbrechen!‹

Ich nahm mir vor, am nächsten Morgen Unwohlsein vorzutäuschen; als ich dann aber aufwachte, dachte ich gar nicht mehr an die Jagd, und nach dem Aufstehen und Waschen aß ich gut und reichlich zu Morgen. Als mir das Ganze wieder in den Sinn kam, war es bereits zu spät. Jetzt konnte ich ihr kaum mehr weismachen, daß ich krank sei – jetzt, nachdem ich gleich um zwei Portionen Fleisch gebeten hatte. Also brachen wir auf und ritten, so weit uns unsere Pferde tragen konnten, den nördlichen Abhang der westlichen Sweetgrass Mountains hinauf; dann banden wir die Tiere fest und gingen zu Fuß weiter. Es ging ziemlich steil hinauf; an manchen Stellen wuchsen die Kiefern so dicht nebeneinander, daß wir uns kaum zwischen ihnen hindurchzwängen konnten. Mein Jagdgefährte hing immer hintennach. ›Komm schon! Komm!‹ ermunterte ich sie fortwährend, und sie rief immerzu: ›Warte, warte doch auf mich!‹ Hatte sie mich eingeholt, schnaubte sie wie ein Pferd, das soeben ein Rennen gelaufen war, und der Schweiß tropfte ihr vom Kinn. ›Es macht Spaß, nicht wahr, auf Dickhornschafjagd zu gehen?‹ meinte ich boshaft zu ihr, worauf sie erwiderte: ›Das stimmt. Schau nur, wie hoch oben wir schon sind und wie weit wir die Prärien in Richtung Norden überblicken können.‹

Danach hänselte ich sie nicht mehr, denn sie war sehr tapfer und gab sich größte Mühe beim Klettern. Ich stieg langsam höher, und sie folgte dicht hinter mir. Wir näherten uns dem Gipfel. Die Spitze dieses Berges – du warst ja auch schon dort oben – ist ein geheimnisvoller Platz. Als der Alte Mann die Welt erschuf, bemalte er die Felsen, die er dorthin brachte, mit wunderschönen Farben – Rot, Braun, Gelb und Weiß. Einige sagen, es sei ein guter, glückverheißender Ort für die Jagd; andere dagegen behaupten, töte man dort ein Lebewesen, widerfahre dem Jäger Unheil. Schon beim Aufstieg mußte ich daran denken, und endlich hielt ich an und sprach darüber mit meiner Frau. Da uns beiden ein Unglück zustoßen könnte, wenn ich dort oben ein Tier erlegte, erklärte ich ihr, sei es vielleicht besser, sofort umzukehren. Aber sie lachte nur, wollte gar nicht wieder aufhören, und meinte, daß ich jetzt aber sehr albern sei.

›Na gut‹, sagte ich zu ihr, ›wenn du schon lachen mußt, dann tu es wenigstens mit vorgehaltener Hand, denn du wirst sonst jedes Lebewesen in den Bergen aufscheuchen.‹

Also kletterten wir weiter hinauf und erreichten in kurzer Zeit den Gipfel. Von dort oben hielt ich, hinter einigen Kiefern verborgen, Ausschau und entdeckte eine Herde Dickhornschafe, etwa 20 oder noch mehr Tiere, alles Weibchen und ihre Jungen, außer einem zwei Jahre alten Bock. Ich visierte den Bock an – er stand mir am nächsten und wandte mir die eine Seite zu –, und weil es sich gerade anbot, stützte ich mein Gewehr auf einem Ast ab. Ich zielte sorgfältig, legte gerade auf sein Herz an und feuerte. Ich weiß nicht, wohin die Kugel flog, aber ich bin sicher, daß sie ihn niemals traf, denn wir konnten weder da, wo er gestanden hatte, noch entlang seiner Fährte Haare oder Blut finden. Kaum hatte ich geschossen, hing eine kleine Rauchwolke vor mir, und als sie wegzog, sah ich die Schafe gerade im Wald, den Abhang hinunter, verschwinden. Ich konnte es gar nicht begreifen, daß ich das Tier nicht getötet, und noch weniger, daß ich es nicht einmal gestreift hatte, obwohl ich doch so lange und sorgfältig gezielt hatte.

›Du mußt ihn getroffen haben‹, sagte meine Frau. ›Laß uns noch einmal nachsehen. Wahrscheinlich finden wir ihn irgendwo weiter unten tot daliegen.‹

Wir folgten seiner Fährte ein Stück in den Wald hinein; seine Spur war nicht zu verfehlen, denn sie war breiter als die der anderen Schafe. Wir fanden allerdings nicht das geringste Anzeichen dafür, daß er verletzt war. Wir kletterten wieder zum Gipfel hinauf und setzten uns unter das schützende Astwerk einer niedrigen Kiefer. Ich dachte, wenn wir dort eine Weile blieben, zögen vielleicht noch mehr Dickhornschafe an uns vorbei. Aber es zeigte sich keins, obwohl wir dort lange saßen und bis in den Nachmittag hinein die Gegend beobachteten. Wir wollten gerade aufbrechen, als ein großer Vielfraß auftauchte, auf den Felsen umherkletterte und alles beschnüffelte und beschnupperte.

Er sah sehr schön aus, sein Fell glänzte in der Sonne. Er kam nach und nach näher, und als er wieder auf einen Felsen hinaufkroch, schoß ich auf ihn. Er fiel herunter und zuckte nur noch schwach. Ich rief meiner Frau zu, sie solle ihn vorsichtig abhäuten. Sie versprach, das Fell weich zu gerben, und dann wollten wir es dir schenken. Aber das Unglück fing gleich dort an. Das Messer rutschte ihr ab, sie schnitt sich in die Hand, noch ehe sie die Hälfte des Fells abgezogen hatte, und ich mußte die Arbeit beenden. Dann machten wir uns auf den Heimweg.

Ich befestigte das Fell hinter meinem Sattel und saß auf. Das Pferd hatte mit seinem Kopf im Wind gestanden, und als ich es wandte, witterte es zum ersten Mal den Geruch des Vielfraßes. Derart erschrocken, ging es mir durch, wieherte und machte einen großen Satz den Berghang hinunter. Als es wieder aufkam, schleuderte mich der Aufprall aus dem Sattel, und ich landete mit dem Rücken auf einem Steinhaufen. Zuerst glaubte ich, mir alle Knochen gebrochen zu haben. Das Pferd jagte in großen Sätzen weiter den Hang hinunter, schlug wie wild nach hinten aus, schnaubte und hielt geradewegs auf einen Haufen großer Felsbrocken zu, wo es hängenblieb und sich eine Vorderhand brach.

Sobald ich mich von dem Schreck erholt und meine Frau mein Gewehr gefunden hatte, lief ich ihm nach und erschoß es. Es war spät geworden, als wir endlich unser Dorf erreichten, denn wir mußten zu zweit auf dem anderen Pferd reiten und hatten zudem noch meinen Sattel und etliches andere hinter uns festgebunden. So haben wir es am eigenen Leib erfahren, daß es Unglück bringt, auf dem bunten Felsen zu jagen.

Es dauerte einige Tage, ehe ich mich von meinem Sturz erholt hatte. Da meine Frau das Vielfraßfell wegen ihrer wunden Hand nicht gerben konnte, bat sie eine Witwe, es für sie zu tun. Am anderen Morgen brachte die alte Frau das Fell wieder. ›Nimm es zurück‹, sagte sie, ›mir war die ganze Nacht übel, und im Traum erschien mir ein Vielfraß und wollte mich beißen. Es ist schlechte Medizin. Ich werde das Fell nicht gerben.‹

Kennst du die alte Beaver Woman [Biberfrau]? Ja? Wir gaben ihr das Fell. Sie sagte, sie hätte keine Angst vor Vielfraßen, denn ihre Medizin sei machtvoller als die des Tieres. Also nahm die Alte das Fell mit zu ihrem Zelt und machte sich gleich an die Arbeit, schabte Fleisch und Fett ab, strich dann Leber und Hirn darauf, rollte es zusammen und ließ es so für zwei oder drei Tage liegen. Als die Mischung gut eingezogen war, säuberte sie das Fell und fing an, es zum Trocknen mit einem Sehnenstrang aufzuspannen, als sie plötzlich wie tot zusammenbrach. Als die Alte wieder zu sich kam, war ihr Mund schief und zu einer Seite herübergezogen, auch konnte sie kaum noch sprechen. Vier Nächte hielt dieser Zustand an. Natürlich brachte sie uns das Fell wieder zurück. Da die Schnittwunde an der Hand meiner Frau verheilt war, machte sie sich nun selbst an dem Fell zu schaffen und beendete das Gerben ohne irgendeinen Zwischenfall.

Vorgestern sind wir zu diesem Lagerplatz gekommen; meine

Frau verstaute das Fell mit allerlei anderen Sachen auf dem Pferd, das die Zelthäute transportiert. Als wir am Abend das Lager aufschlugen, fehlte das Fell. Alles andere, was wir eingepackt hatten, war da – nur das Fell war verschwunden. Während wir noch darüber rätselten, wo und wie wir es verloren haben könnten, ritt ein junger Mann herbei und warf es uns zu. ›Ich habe es auf dem Weg gefunden‹, sagte er.

Nun siehst du selbst, daß dieses Fell schlechte Medizin ist. Ich habe mir vorgenommen, es dir zu schenken, und das will ich jetzt auch tun. Alles Unheil, das es uns gebracht hat, habe ich dir geschildert. Ich werde es dir nicht übelnehmen, wenn du es ins Feuer wirfst. Nur bitte ich dich, es mir abzunehmen.«

Selbstverständlich nahm ich das Fell an. Es wurde Teil einer schmucken Felldecke.

Schon früh am nächsten Morgen, noch ehe die Zelte abgeschlagen wurden, saßen Nät-ah'-ki und ich bereits im Sattel und machten uns auf den Heimweg. Die Nacht war warm gewesen. Bald nachdem wir das Lager verlassen hatten, kam ein leichter Nordwind auf, kalt und feucht brachte er einen starken Duft von verbranntem Gras mit. Wir kannten das Anzeichen nur allzu gut: Der Rauchgeruch war immer der Vorbote eines Nordsturms. »Der Kältemacher ist bald hier«, sagte Nät-ah'-ki. »Laß uns schnell reiten!«

Hinter uns waren die Sweetgrass Hills in einen dichten, weißen Nebel gehüllt, der mit unglaublicher Geschwindigkeit gen Süden trieb. Bald hatte er uns eingeholt. Er war so dicht, daß wir nicht einmal 100 Yards weit sehen konnten. Der Schweiß unserer Pferde gefror sofort, feine Frostteilchen schwirrten in der Luft umher, und unsere Ohren fingen vor Kälte an zu kribbeln, so daß wir sie mit Taschentüchern schützen mußten. Wir versuchten, den Weg zum Fluß zu erkennen, aber es war sinnlos. So ließen wir die Zügel hängen und gaben unseren Pferden freien Lauf. Auf diese Weise erreichten wir noch vor Mittag unser Zuhause. Der Wind war allmählich stärker geworden, der Nebel hatte sich aufgelöst, dafür hatte ein Schneetreiben eingesetzt. Nun war der Winter da.

Bald kamen die ersten dicken Bisonroben herein, und wir hatten viel zu tun, um sie gegen Waren und Branntwein einzutauschen. Der Einfachheit halber führten wir Geldgutscheine ein, den Gutschein zu einem Dollar. Hatte ein Indianer ein paar Bisonroben zu verkaufen, trat er in unseren Laden, gefolgt von einer oder mehreren seiner Frauen, die die Pelze trugen. Gewöhnlich blieb er schweigend, stolz und aufrecht, sein Gesicht halb hinter einer Bisonrobe oder Decke verborgen, in einiger Entfernung stehen, während wir die Felle prüften und die Gutscheine dafür abzählten. Wenn er nicht gerade ein Gewehr oder sonst einen wertvollen Gegenstand benötigte, überließ er im allgemeinen einen Teil des Erlöses seiner Frau und gab den Rest für etwas aus, was ihm gerade gefiel. Tabak kaufte er immer, meistens auch etwas Branntwein. Vor dem Kauf wollte ein jeder den Branntwein erst kosten, und zu diesem Zweck hatten wir extra einen Kübel voll und einen Becher hinter dem hohen Ladentisch. Kaum hatte einer dieser würdevollen Kunden auch nur einen Schluck getrunken, wurde er überaus freundlich, und ehe er den Laden verließ, wäre er am liebsten allen Anwesenden, uns Händlern eingeschlossen, um den Hals gefallen und hätte sie geküßt. Es war selten, daß die Indianer Streit anfingen und sich so schlimm wie manche Weißen aufführten.

Nach Einbruch der Dunkelheit verkauften wir nur noch wenig, denn die meisten Leute kamen lieber am Morgen, um ihre Bisonroben und Pelze einzutauschen. Ich kannte kaum einen Händler, der nicht seine besonderen und bevorzugten Freunde hatte, und wir machten keine Ausnahme von dieser Regel. Manchmal kamen etliche von ihnen abends zum Rauchen und Geschichtenerzählen, und hin und wieder ließen entweder Berry oder ich den Becher kreisen.

Der Tod meines Feindes

An Tagen, an denen der milde Chinook wehte, zog es uns geradezu aus dem Fort hinaus auf die Prärie. Dann sattelten Nät-ah'-ki und ich unsere Pferde, ritten aus und kehrten in einem sehr großen Bogen nach Hause zurück. Gewöhnlich waren wir dann recht hungrig und so müde, daß wir früh, gleich nach dem Abendessen, zu Bett gingen und die ganze lange Winternacht hindurch fest schliefen. Eines schönen Tages waren wir wieder einmal ausgeritten und erreichten gegen zwei Uhr den Fluß etwa fünf oder sechs Meilen oberhalb des Forts, lenkten unsere Pferde ins Tal hinunter und schlugen den Heimweg ein. Auf dem Pfad durch eine Baumwollbaumwaldung trafen wir meinen Feind, Little Deer, der offensichtlich auf der Suche nach Bibern war, denn einige Fallen hingen von seinem Sattel herab. Er schaute Nät-ah'-ki, die zufällig voranritt, lüstern an, und als er an mir vorbeikam, warf er mir feindselige Blicke zu. Ich muß zugeben, daß ich mich einoder zweimal im Sattel vornüberbeugte und so tat, als ob ich den Steigbügelriemen neu einstellen wollte, tatsächlich aber schaute ich ihm heimlich unter meinem Arm hindurch nach. Ich hatte zweifelsohne Angst vor ihm und fühlte mich erleichtert, als er um die Wegbiegung verschwand, ohne sich noch einmal nach uns umzusehen.

Wir ritten durch den Wald, überquerten eine Lichtung, kamen dann durch ein anderes Waldstück und schließlich auf eine weit ausgedehnte, baumlose Niederung hinaus. Wir waren vielleicht gerade 200 Yards vom Waldrand entfernt, als plötzlich hinter uns ein Schuß knallte und eine Kugel an meiner Linken vorbeipfiff, weiter vor uns in die Erde schlug und viel Staub aufwirbelte. Nät-ah'-ki schrie auf, hieb auf ihr Pferd ein und trieb mich zu höchster Eile an. Für den Rest der Strecke bis nach Hause brauchten wir nur kurze Zeit. Als der Schuß fiel, schaute ich zurück und sah lediglich eine dünne Rauchwolke über einigen Weidensträuchern aufsteigen, aber einen Schützen konnte ich nicht ausmachen. Natürlich hatte Little Deer auf mich geschossen und mich auch beinahe getroffen. Er hatte genau das getan, was ich immer befürchtet hatte: mich aus dem Hinterhalt angegriffen. Ich versuchte erst gar nicht, ihn dort im Dickicht zu verfolgen, das wäre zu leichtsinnig gewesen.

Nät-ah'-ki war nahezu sprachlos vor Angst und Schrecken. Ich dagegen war vor allem wütend und schwor, meinen Feind bei der ersten besten Gelegenheit zu töten. Berry hörte uns schweigend zu und schnitt das Thema erst nach dem Abendessen wieder an, als wir uns etwas beruhigt hatten.

»Seht ihr«, meinte er, »der Kerl hat ein paar einflußreiche Verwandte im Lager, und selbst wenn sie nur zu gut wissen, daß er eigentlich den Tod verdient hätte, sind sie doch verpflichtet, ihn zu rächen.«

»Und deshalb soll ich nichts unternehmen und warten, bis er mich eines Tages einfach abknallt?«

»Nein«, antwortete Berry, »wir müssen ihn schon aus dem Weg schaffen, aber der Verdacht darf niemals auf uns fallen. Wir müssen sehr geschickt vorgehen. Legt euch jetzt erst mal schlafen, und mit der Zeit werden wir schon eine Lösung finden.«

Nach diesem Vorfall kam Little Deer nicht mehr zum Fort. Brauchte er etwas, so schickte er jemand, der es für ihn besorgte. Ritten Nät-ah'-ki und ich aus, mieden wir die Felsschluchten und Waldungen in den Flußniederungen und zogen auf die offene Prärie hinaus. So manchen Abend versuchten Berry und ich, einen Plan auszuhecken, wie wir den Feind erfolgreich loswerden könnten, doch das Richtige fiel uns nicht ein. Hätte ich ihm auflauern oder ihn aus dem Hinterhalt erschießen sollen, wie er es mit mir versucht hatte? Den Teufel soll man ja immer mit seinen eigenen Waffen bekämpfen.

Eines Tages, Anfang März, wurde Little Deer im Lager vermißt. Am Morgen zuvor war er mit einigen anderen auf die Prärie nördlich des Flusses hinausgeritten, um zu jagen. Schließlich hatte man sich getrennt, aber spät am Nachmittag hatten einige Little Deer noch auf einem Hügel beim Abhäuten eines Bisons gesehen. In der Nacht kam sein Pferd, gesattelt und seinen Leitriemen hinter sich herschleifend, zurück und gesellte sich zu seiner Herde.

Die Verwandten von Little Deer zogen hinaus und suchten einige Tage ununterbrochen nach ihm. Endlich fanden sie seine Leiche – ein gutes Stück vom Bison entfernt, den er abgezogen und zerlegt hatte. Er lag mit zerschmettertem Schädel in einer Felsschlucht. Seine Frauen und weiblichen Angehörigen bestatteten ihn, aber seine Frauen trauerten nicht; sie waren froh, ihn los zu sein, denn er hatte sie grausam behandelt. Das Fleisch des Bisons, den er erlegt hatte, war säuberlich zerschnitten und lag zum Aufladen fertig da. Man schloß daraus, daß er dann woanders hingeritten sei, um noch mehr zu jagen, und dabei aus dem Sattel geworfen wurde. Als Little Deer versuchte wieder aufzustehen, habe das Pferd vermutlich nach ihm ausgeschlagen.

Nät-ah'-ki erfuhr als erste von seinem Tod und kam ganz aufgeregt zu mir gelaufen; ihre Augen strahlten, und sie umarmte mich stürmisch.

»Sei froh«, rief sie. »Unser Feind ist tot; sie haben seine Leiche gefunden. Jetzt können wir überall hinreiten, wo es uns gefällt, und brauchen keine Angst mehr zu haben.«

Eines Abends besuchte uns mein alter Freund, den ich mal Bear Head, mal Wolverine nannte – den ersten Namen nahm er nach einem siegreichen Gefecht an. Er blieb noch lange, nachdem alle anderen Gäste bereits gegangen waren, bei uns sitzen und rauchte, ohne ein Wort zu sagen. Irgend etwas ging ihm im Kopf herum. Berry und ich merkten es beide und unterhielten uns darüber.

»Vielleicht möchte er ein neues Gewehr?« mutmaßte ich. »Oder eine Decke – oder gar ein neues Kleid für seine Frau? Was immer es auch sein mag, ich will ihm gerne seinen Wunsch erfüllen.«

Mit der Zeit wurden wir müde. Berry schenkte einen Becher Branntwein ein und gab ihn unserem Freund. »Nun rück mal raus damit«, forderte Berry ihn auf. »Was hast du auf dem Herzen?«

»Ich habe ihn umgebracht«, stieß er endlich hervor. »Ich habe ihn umgebracht und seinen Leichnam in die Schlucht geworfen.«

Das war freilich eine Neuigkeit. Sofort wußten wir, wen er meinte. Er sprach von keinem anderen als Little Deer. *»Ah!«* riefen wir beide aus und warteten, daß er mehr erzählen würde.

»Ich traf ihn, als er gerade sein Fleisch zusammenschnürte. Ich saß ab, um meinen Sattel festzuschnallen. Wir kamen ins Gespräch, und er erzählte mir, daß er auf dich geschossen habe. ›Ich begreife nicht, warum ich ihn nicht getroffen habe, obwohl ich doch ganz genau gezielt habe‹, sagte er. ›Aber es wird sich schon eine andere Gelegenheit bieten. Ich bringe den weißen Mann eines Tages um und nehme mir seine Frau, auch wenn sie mich noch so sehr haßt.‹

Seine Worte machten mich rasend. ›Töte ihn!‹ raunte mir eine innere Stimme zu. ›Töte ihn, sonst erschießt er deinen Freund, der dir so viel Gutes getan hat!‹ Er stand gebeugt und band die letzten Fleischstücke zusammen. Da hob ich mein Gewehr und schlug ihm damit mitten auf den Kopf; er fiel vornüber und sein Schatten verließ ihn. Ich war froh, daß ich den Mut dazu aufgebracht hatte.«

Er stand auf und wollte gehen.

»Freund«, sagte ich, ergriff seine Hand und schüttelte sie kräftig, »was mein ist, ist auch dein. Was kann ich dir schenken?«

»Nichts«, antwortete er. »Nichts. Ich bin nicht arm. Aber wenn ich einmal in Not bin, dann will ich zu dir kommen und dich um Hilfe bitten.«

Er ging hinaus, und wir verriegelten die Tür. »Junge, Junge, ich will verflucht sein, wenn das nicht der größte Gefallen war, den ein Indianer je einem Weißen getan hat«, rief Berry aus. »Das nenne ich wahre Freundschaft!«

Wir behielten die ganze Geschichte natürlich für uns, obwohl es mir recht schwerfiel, nicht darüber zu sprechen. Selbst Nät-ah'-ki erzählte ich erst nach Jahren davon. Und als unser Freund in Not war und Hilfe brauchte, bekam er sie auch.

In jenem Winter wohnte Long-haired Jim [Langhaariger Jim], ein Ochsentreiber, bei uns in der Handelsstation. Sein langes, krauses Haar fiel ihm in Locken über Rücken und Schultern herab. Waren wir unterwegs oder arbeitete er draußen im Wind, trug er es geflochten, im Lager allerdings hielt er es nur durch ein Seidentuch, das er als Stirnband um den Kopf gebunden hatte, zusammen. Er war sehr stolz auf diese Zierde und wusch und kämmte sein Haar regelmäßig.

Jim war schon etliche Male, so behauptete er zumindest, auf dem Santa Fé Trail und den Überlandstrecken gereist und auch schon von Corinne aus hinauf nach Montana gewandert. Schenkte man seinen Erzählungen Glauben, so war er ein großer Kämpfer und ein erfolgreicher Spieler. Die Tatsache allerdings, daß er schreckliches Unglück in der Liebe habe, meinte er, würde diese beiden Vorteile wieder aufwiegen. »Ich hab in meim ganzn Leben bisher vier verschiednen Frauenzimmern meine Liebe geschenkt«, erzählte er uns, »un ich will verflucht sein, wenn ich überhaupt eins von den Weibern krieg.

Einmal hatt ich ganz große Chancen, 's war ne rothaarige Witwe, die in Council Bluffs ne Pension führte. Eines Abends fuhrn mer also in die Stadt rein, und nachdem mer die Wagen zu ner Wagenburg aufgefahrn hatten, gingn alle Mann zum Abendbrot zu ihr rüber. Als ich se das erste Mal sah, hab ich mir gleich gesagt: ›Das issn mordshübsches Weibsbild!‹ Sie war schlank und klein, hatte Sommersprossen un die niedlichste, kleine Stupsnase, die ich je gesehn hab. ›Wer issn die?‹, frag ich den Kerl, der gleich nebn mir saß. – ›Ne Witwe‹, sagt der, ›die schmeißt den Laden hier.‹

Damit war der Fall für mich schon entschieden. Ich ging zum Treckboß und erklärte ihm, daß ich nich mehr bei ihm arbeitn wollt, nahm meinen Lohn und schleppte mein Bettzeug und meine ganzn Klamotten zu ihr rüber. Am nächstn Abend erwisch ich se, wie se ganz allein draußn aufn Stufn sitzt. Ich marschier geradewegs auf se zu. ›Mrs. Westbridge‹, sag ich. ›Ich hab mich bis über beide Ohren in Se verliebt. Wolln Se mich heiratn?‹

›Was fürn verrückter Einfall!‹ ruft se aus. ›Hört nur den Mann hier an! Und dazu isser nochen Fremder. Hau bloß ab! Mach das de wegkommst!‹ Und schon springt se auf und läuft ins Haus rein un in die Küche un verrammelt die Tür hinter sich.

Doch das war mir Wurscht! Keiner hatte befohln, ich sollte 's Haus verlassn. Also blieb ich dort und stellte ihr immer wieder, so oft se mir übern Weg lief, die gleiche Frage. Oft zweimal am Tag. Bald rannte se auch nich mehr fort, wurde freundlicher und nahms eher gutmütig hin, doch se gab mir immer 'n ehrliches ›Nein!‹ als Antwort. Aber ich war nich die Bohne entmutigt.

Tja, die ganze Sache zog sich nun also schon fast zwei Wochen hin, als ich se eines Abends wieder mal fragte; 's war nun schon das 21ste Mal. Un die 21 war schon immer meine Glückszahl gewesn. Also diesmal mußtes klappen. Un 's klappte.

›Ja, Sir, Mr. Jim. Oder wie heißte wirklich?‹ sagte se ganz offen zu mir.

›Also gut, ich werd dich unter folgendn Bedingungen heiratn: Du mußt dein Haar schneidn.‹

›Also schön.‹

›Un die Revolver un das lange Messer da wegwerfn.‹

›Gut.‹

›Un mit Spielen aufhörn.‹

›O.K.‹

›Un mir in der Pension helfn.‹

Auch gut. Ich sagte zu allem ›Ja‹, un se meinte, wir solltn am nächsten Sonntag heiratn. Dann bat ich se um nen Kuß, aber statt dessen gab se mir ne Ohrfeige und lief in die Küche. ›Macht nix!‹ sagt ich mir und hockt mich auf die Stufn. ›Ich wart, bis se wieder rauskommt, dann schnapp ich se mir einfach.‹

Stelln se sich vor, Sir, ich sitz da ganz friedlich und glücklich, als da son ganz gewöhnlich aussehender, einbeiniger Krüppel ankommt und mich fragt: ›Isses hier richtig bei Miss Westbridge?‹

›Ganz richtig‹, sag ich. ›Un was wolln se von ihr?‹

›Oh, nix weiter‹, meint er, ›nur das se eben meine Frau is.‹

Ich kann ja ohne weiters zugeben, daß ich ’n vermutlich, wenn er nichn Krüppel gewesen wär, zusammengeschlagn hätt, wär in dem Augenblick nich grad die Frau rausgekommen. Als se ’n sah, schlug se nur die Hände überm Kopf zusammen und rief: ›Großer Gott! Woher kommst du denn? Ich dacht, du bist tot. Se ham mir gesagt, du wärst tot. Biste auch sicher, daß du’s bist!‹

›Ja, Sairy‹, sagte der. ›Ich bin’s wirklich! Das isses, was von mir übrig geblieben is. Die ham behauptet, daß ich gestorben bin oder vermißt, aber ich bin durchgekommen. Ich hab ne Ewigkeit nach dir gesucht. Das is ne lange Geschichte . . .‹

Mehr wollt ich gar nich hörn. Ich ging in mein Zimmer hoch, setzte mich hin. Bißchen später kam se auch hoch. ›Du siehst ja selbst, wie's is‹, sagte se. ›Ich muß mich jetzt um'n kümmern. Du bist 'n guter Kerl, Jim; ich bewundre deinen Mumm, wie de immer wieder gefragt und gefragt hast und dich nie mit nem Nein hast abspeisen lassen. Wie's nun aussieht, bitt ich dich, verschwinde, wenn ich dir was bedeute.‹

Auf der Stelle packt ich meine Sachen und verschwand. Ne, mit Weibern hatt ich noch nie Glück. Seit der Geschichte is mir noch keine andre übern Weg gelaufen.«

Jim nahm großen Anteil an Nät-ah'-ki und mir: »Großer Gott!« sagte er immer, »hör nur wie se lacht. Sie is sicherlich glücklich. Ich wünscht, ich hätt auch so ne liebe Frau.«

Er verbrachte viel Zeit bei uns im Laden und lief oft durchs Dorf in der Hoffnung, ein hübsches Fräulein zu erobern. Er wirkte ziemlich albern, wenn er ein Mädchen anlächelte, sich vor ihm verbeugte und etwas auf Englisch sagte, das kein einziges von ihnen verstand. Sie wandten sich verschämt von ihm ab. Die Männer, die zuschauten, warfen ihm entweder wütende Blicke zu oder lachten, machten sich über ihn lustig und nannten ihn One-unable-to-Marry [Einer, der keine Frau findet], was bei den Blackfoot ein wirklich schlechter Name ist.

Sein Hauptproblem war wohl sein riesiger Schnurrbart und sein Kinnbart. Die Blackfoot verabscheuten nämlich, außer den Haaren auf dem Kopf, jeglichen Haarwuchs. Unser alter Bekannter knüpfte außerdem nie, weder winters noch sommers sein Hemd zu, so daß man stets seine Brust, die so haarig war wie der Rücken eines Hundes, sehen konnte. Ich habe tatsächlich beobachtet, wie einige Blackfoot, als sie ihn ansahen, schauderten.

Doch auch für Jim sollten glücklichere Tage kommen. Von einem Ausflug nach Fort Benton brachte Berry ihm einen Brief mit großen Neuigkeiten mit. Eine Frau von zu Hause, aus Missouri, die er schon seit seiner Kindheit kannte, hatte eingewilligt, ihn zu heiraten. Sofort packte er seine Sachen und brach nach Corinne auf, von wo aus er in die Staaten weiterreisen wollte. Einige Monate später hörten wir wieder von ihm: »Liebe Freunde«, schrieb er, »sie starb einen Tag, bevor ich hier eintraf. Ich kann euch sagen, ich bin ziemlich betrübt. Es gibt noch eine andere hier, aber die hat sieben Kinder. Mein je, die ist vielleicht hinter mir her! Morgen will ich den Santa Fé Trail nehmen. Bin ich nicht ein Pechvogel?«

Schicksalsspiel

Während des Sommers hatten wir im Fort für ein volles Warenlager gesorgt, denn wir hofften auf einen ertragreichen Winterhandel. Da kam plötzlich die beunruhigende Nachricht, daß weder im Norden noch west- oder südwärts von uns Bisons zu sichten waren. Zuerst wollten wir es gar nicht glauben, das konnte einfach nicht wahr sein; aber die großen Herden waren wirklich von den Prärien Nordwestkanadas südöstlich nach Montana gezogen und kehrten nie wieder über die Grenze zurück. Das war im Winter 1878/79. Südlich vom Missouri bis zum Yellowstone und noch weiter im Süden weideten scheinbar so zahlreiche Herden wie eh und je.

Die Piegan hatten ihr Winterlager eigentlich in der Nähe von Fort Conrad aufschlagen und mit uns Handel treiben wollen, jetzt aber mußten sie ihre Pläne ändern und den Bisonherden nachziehen. Und wir waren, wenn wir überhaupt etwas verdienen wollten, gezwungen, mit ihnen zu gehen. Wir überließen es den Frauen, ob sie mitkommen oder lieber daheim im Fort Conrad überwintern wollten. Alle, außer Nät-ah'-ki, entschlossen sich, im Fort zu bleiben. Ihr spontaner Entschluß, mit mir zu reiten, beglückte mich, denn selbst nur für einige Monate schien mir das Leben ohne sie furchtbar einsam und fast unerträglich zu sein.

Endlich war es soweit. Berry, Nät-ah'-ki und ich brachen mit einigen schwerbeladenen Wagen, die von Vierpferdegespannen gezogen wurden, auf; wir ließen nur einen Mann zum Schutz der Frauen und zur Arbeit im Fort zurück. Da wir über Fort Benton reisten, brauchten wir etliche Tage bis zur Mündung des Marias. Südlich davon sahen wir Bisons und nichts als Bisons; dieser Anblick stimmte uns froh. Am Fuß der Bear's Paws fanden wir das Piegan-Lager; rot leuchtete das Fleisch zwischen den Zelten, und überall verstreut waren Häute zum Trocknen aufgespannt. Nät-ah'-kis Mutter hatte schon mit unserer Ankunft gerechnet und war sofort zur Stelle. Die beiden Frauen schlugen unser Zelt auf, während Berry und ich die Pferde abschirrten und uns um die Waren kümmerten. Unsere Tiere vertrauten wir einem Jungen an, der sie für uns hüten sollte.

Schon vor einiger Zeit war der Schatten von Big Lake zu den Sandhügeln gegangen. White Calf [Weißes Kalb] war jetzt Oberhäuptling; ihm folgten Running Crane [Laufender Kranich], Fast Buffalo Horse [Schnelles Bisonpferd] und Three Suns. Sie waren nicht nur wichtige Männer im Stamm, sondern alle auch großherzig, tapfer und gütig, immer bereit, den Notleidenden mit Rat und Tat zu helfen. Kaum war unser Zelt errichtet und das Abendessen fertig, traten sie schon herein, um mit uns zu rauchen und ein Festmahl zu halten. Nät-ah'-kis Mutter hatte sie alle eingeladen. Weasel Tail, Talks-with-the-Buffalo, Bear Head und andere Freunde kamen ebenfalls. Das Gespräch drehte sich hauptsächlich um das Verschwinden der Bisonherden. Einige glaubten, sie hätten vielleicht das Gebirge überquert und die Nez Percé oder ein anderer Stamm jenseits der Berge haben Mittel gefunden, sie in die Prärien am Columbia zu treiben oder gar dorthin zu locken. Der alte Red Eagle [Roter Adler], der große Medizinpfeifenbesitzer, erklärte, daß ihm ein Traum über dieses Ereignis zuverlässige Auskunft gegeben habe. »So wie es vor langer Zeit geschah«, erzählte er, »so ist es auch diesmal. Ein böses Wesen hat sie in den Bergen in eine große Höhle oder in ein natürliches Gehege getrieben und hält sie dort aus Haß gegen uns, denen sie eigentlich gehören, versteckt. Wir müssen sie finden und befreien und den Übeltäter töten. Wäre ich nicht blind, würde ich es selbst tun. Ja, schon morgen würde ich aufbrechen und so lange suchen, bis ich sie gefunden hätte.«

»Hab Geduld! Im Sommer ziehen unsere jungen Männer in den Krieg und dann suchen sie auch nach den vermißten Herden.«

»Ai! Ai!« brummte der Alte. »Hab Geduld! Das sagt ihr doch immer. Zu meiner Zeit war das anders; gab es etwas zu erledigen, taten wir es; heutzutage schiebt man alles aus Angst vor der Kälte des Winters oder vor der Hitze des Sommers auf.«

White Calf beendete die Unterhaltung mit der Bemerkung, daß es, selbst wenn jemand die Herden verborgen hielte, noch immer reichlich Bisons gäbe. »Sogar noch auf unserem eigenen Land«, betonte er. »Und wenn Jagdgesellschaften von jenseits der Berge zu uns herüberkommen, werden wir dafür sorgen, daß sie nicht wieder heimkehren.«

Kaum war das Fest vorüber und unsere Gäste fort, strömten schon die ersten Leute herbei, um zu handeln. Einer wollte ein Gewehr, ein anderer Patronen, ein dritter Tabak, Zukker, Kaffee und wieder andere Branntwein. Wir hatten fast eine ganze Wagenladung voll Alkohol, den wir, sobald es geraten schien, eins zu vier mit Wasser verdünnten. Als wir zu Bett gingen, hatten wir feuchte und trockene Ware im Wert von über 500 Dollar verkauft, und es war leicht vorauszusehen, daß Berry den größten Teil des Winters unterwegs sein würde, um die Pelze nach Fort Benton zu bringen und neue Waren zu holen.

In jenem Winter wurde im Lager außergewöhnlich viel gespielt, die Leute waren wie besessen davon. Abends erschallten aus vielen Zelten im Dorf die ernsten und unheimlichen Spielgesänge. Dort saßen sich die beiden Spielparteien gegenüber und spielten das »Versteck-den-Knochen-Spiel«, während sie mit kleinen Stöcken zu den Gesängen im Takt auf den Rand einer Lagerstatt schlugen. Selbst die Frauen spielten und zankten sich dauernd über die Wetteinsätze.

In einem Zelt in unserer nächsten Nachbarschaft lebte ein junges Paar: Fisher [Fischermarder] und seine Frau The Lark [Die Lerche]. Die beiden hingen sehr aneinander und waren ständig zusammen, sogar auf Jagdzügen. Und ein jeder lächelte und freute sich beim Anblick der beiden Unzertrennlichen. Fisher war ein ausgezeichneter Jäger und versorgte seine Familie reichlich mit Fleisch und Fellen; ein erfolgreicher Krieger war er auch, wie seine ansehnliche Herde Pferde bewies. Manchmal allerdings, wenn The Lark gerade mit dem Abschaben eines Felles beschäftigt war, schlenderte Fisher zum nächsten Zelt, in dem gespielt wurde, und gesellte sich zu den Spielern. Er war ein ziemlicher Könner und gewann durchaus häufiger, als er verlor.

An einem unglückbringenden Tag allerdings spielte er gegen Glancing Arrow [Abprallender Pfeil] und verlor dabei zehn Pferde. Ich erfuhr von dem Spiel und mußte mir anschließend die Kommentare dazu anhören. Es schien, als hätte Glancing Arrow selbst gern eine Familie mit The Lark gegründet. Obwohl er ein reicher junger Mann war, hatten ihre Eltern seine Pferde jedoch zurückgewiesen und sie lieber mit Fisher verheiratet, der nicht einmal halb so gut gestellt war. Darüber hatten sich alle gefreut, denn Fisher war bei allen beliebt. Glancing Arrow dagegen war immer mürrisch, eigensinnig und geizig und hatte nicht einen einzigen guten Freund. Man hatte ihn sagen hören, daß er The Lark dennoch eines Tages zur Frau bekommen würde.

»Fisher ist wohl nicht ganz bei Trost, mit dem zu spielen«, sagte einer meiner Kunden, »mit dem besten Spieler im Dorf, der noch dazu sein größter Feind ist!«

Verärgert über seinen Verlust, forderte Fisher Glancing Arrow wieder heraus, spielte mit ihm fast die ganze Nacht hindurch das Knochenspiel – und verlor weitere 12 Pferde. Am Vormittag besuchte The Lark Nät-ah'-ki, und ich wurde auch zu ihrer Unterredung gerufen. Die Frau weinte und war untröstlich. »Er schläft jetzt«, sagte sie schluchzend, »aber wenn er aufwacht, will er weiter mit Glancing Arrow spielen. Ich habe ihn gebeten, es zu lassen, aber zum ersten Mal hört er nicht auf mich. Stell dir nur vor: 22 Pferde hat er schon verloren, fast die Hälfte unserer Herde, und dazu noch an diesen Hund, diesen Glancing Arrow.

Geh du doch mal ins Zelt hinüber und sprich mit ihm«, bat sie mich. »Auf dich wird er hören. Geh und rede ihm diese Wahnsinnsidee aus.«

Ich ging in ihr Zelt und fand Fisher noch im Bett liegend; den einen Arm aufgestützt, starrte er niedergeschlagen ins Feuer. »Du brauchst gar nichts zu sagen«, fing er gleich an, noch ehe ich meinen Mund auftun konnte. »Ich weiß, warum du gekommen bist. Sie hat dich geschickt, mich zu bitten, mit dem Spielen aufzuhören; doch ich werde nicht aufgeben. Ich kann nicht eher aufhören, als bis ich alles, alles, was ich verloren habe, zurückgewonnen habe.«

»Aber hör doch mal zu!« wandte ich ein. »Du kannst doch nur noch mehr verlieren, wenn du weitermachst, vielleicht alles, deinen ganzen Besitz, denn ich habe gehört, daß Glancing Arrow der geschickteste aller Spieler ist. Bedenke doch nur einmal, wieviel du aufs Spiel setzt, was es für eine Schande wäre, wenn du zu Fuß gehen müßtest, keine Pferde mehr besäßest, mit denen du zum nächsten Lagerplatz ziehen kannst, und nicht einmal ein einziges für deine Frau zum Reiten übrighättest.«

»Oh, das kann gar nicht passieren!« meinte er zuversichtlich. »Alles kann ich gar nicht verlieren. Nein, dein ganzes Gerede ist zwecklos. Ich muß wieder mit ihm spielen, und ich bin sicher, daß ich gewinnen werde. Ich werde beten und ein Opfer darbringen. Ich muß einfach gewinnen.«

Die Sonne war noch nicht lange untergegangen, als sich Fisher und Glancing Arrow trafen. Eine große Zuschauermenge versammelte sich, um Fisher anzufeuern. The Lark kam in unser Zelt herüber und setzte sich zu Nät-ah'-ki, die versuchte, sie aufzuheitern und ihre sorgenvollen Gedanken zu vertreiben. Aber sie behauptete unablässig, sie ahne, daß etwas Furchtbares geschehen würde. Hin und wieder ging sie hinaus und stellte sich neben das Zelt, in dem die beiden spielten, horchte hinein und kam wieder zurück, um uns mitzuteilen, wie sich das Spiel entwickelte. »Nun hat er noch ein weiteres Pferd verloren«, sagte sie dann. »Er verliert eins nach dem anderen.« Einmal berichtete sie, Fisher habe ein Pferd zurückgewonnen. »Aber im nächsten Spiel wird er es wieder verlieren«, meinte sie verzweifelt und fing an zu weinen.

»Geh du doch hinüber«, flehte Nät-ah'-ki mich an. »Unternimm etwas! Sag du, daß sie aufhören sollen!«

Ich ging, obwohl ich schon im voraus wußte, daß es ein sinnloses Unternehmen war. Das Zelt war überfüllt, ich fand aber noch ein Plätzchen neben den Spielern. Als Fisher mich sah, runzelte er die Stirn und schüttelte nur mit dem Kopf. Ich fühlte mich machtlos.

Neben Glancing Arrow lag ein Häufchen von kleinen, rotbemalten Stöckchen, die als Merkzeichen benutzt wurden, und ein jedes stellte ein Pferd dar; ich schaute zu seinem Widersacher hinüber und zählte die Stöckchen, die vor ihm lagen; es waren sieben. Fisher besaß also noch sieben Pferde. »Dieses Mal wollen wir um zwei Pferde auf einmal spielen«, erklärte er und warf zwei Stöckchen auf den Boden zwischen ihnen. Sein Gegner legte die gleiche Anzahl daneben, und Fisher ergriff die beiden Knochen, einen rotbemalten und einen, der mit schwarzen Bändern verziert war. Sie stimmten den Gesang an, die Zuschauer sangen mit und schlugen dazu auf der Bettkante den Takt. Fisher spielte mit den kleinen Knochen herum, ließ sie flink von einer Hand in die andere gleiten, hin und her und her und hin, wobei er seine Hände auf einer Bisonrobe hielt, die zusammengefaltet in seinem Schoß lag. Als das Lied zu Ende war, streckte er plötzlich seinem Gegner beide Fäuste entgegen und schaute ihm ruhig und tief in die Augen. Glancing Arrow erhob seine rechte, zur Faust geballte Hand, streckte den Zeigefinger aus und schlug sich damit auf die linke Handfläche; der ausgestreckte Zeigefinger wies auf die linke Faust seines Gegners. Nur widerwillig löste Fisher seine Faust und brachte den Knochen mit den schwarzen Bändern zum Vorschein. Er hatte verloren und besaß jetzt nur noch fünf Pferde. Er griff nach den Merkzeichen, zählte und zählte sie, unterteilte sie erst in zwei und zwei, dann in zwei und zwei und eins, nahm sie dann alle zusammen auf und sprach: »Dieses hier sind meine letzten Stöckchen. Ich will mit dir um meine letzten fünf Pferde spielen.«

Glancing Arrows kleine Augen funkelten. Sie saßen dicht beieinander in seinem scharfgeschnittenen Gesicht, seine große Nase war sehr schmal und krümmte sich wie der Schnabel einer Eule über seinen dünnen Lippen. Er legte schnell die fünf Merkzeichen aus und nahm die Knochen auf. Wieder hob der Gesang an und seine Hände gingen dazu hin und her, er ließ die Knochenstückchen von der einen in die andere Hand wandern, wobei sein gekrümmter Zeigefinger leicht ausgestreckt war. Er rieb die Handflächen aneinander, öffnete die Hände und zeigte seinem Gegner den schwarz verzierten Knochen mal in der linken, mal in der rechten und wechselte ihn jetzt so blitzschnell, daß der Beobachter ganz verwirrt wurde. Der Gesang verstummte, und Fisher deutete augenblicklich auf die rechte Hand seines Partners – es war der falsche Knochen.

»Hör zu«, sagte Fisher, »ich besitze noch ein Gewehr, ein Zelt, einen Sattel, Kriegsgewänder, Decken und Bisonroben. Das alles will ich gegen zehn deiner Pferde aufs Spiel setzen.«

Glancing Arrow willigte ein, legte zehn Merkstöckchen aus und hantierte wieder mit den Knochen, während das Lied erklang. Und wie so viele Male zuvor, gewann er auch dieses Mal und lachte dabei laut heraus. Fisher zitterte, als ob er fröstelte, zog sich seine Bisonrobe über die Schultern und wollte heimgehen. »Komm morgen in mein Zelt«, sagte er,

»und ich will dir alles übergeben, alles, die Pferde und die anderen Sachen.«

»Warte!« rief Glancing Arrow, als er aufstand. »Ich will dir Gelegenheit geben, alles, was du verloren hast, wiederzubekommen. Alle Sachen, die ich von dir gewonnen habe, will ich gegen deine Frau setzen.«

Die im Zelt Anwesenden schlugen sich vor Staunen mit der Hand vor den Mund, und von allen Seiten hörte man zutiefst empörte Ausrufe des Entsetzens und der Mißbilligung. »Der Hund!« zischte einer. »Schlagt ihn tot!« schrie ein anderer, und »Werft ihn hinaus!« riefen die übrigen.

Aber Glancing Arrow beachtete sie gar nicht, unbekümmert saß er da, sammelte seine Merkzeichen ein und zählte sie, immer noch mit diesem unheimlichen Lächeln auf den Lippen. Fisher zitterte wieder, stand auf und bahnte sich einen Weg zum Ausgang. Dort verharrte er und blieb wie in Trance stehen. Ich erhob mich auch und ging zu ihm hin. »Komm mit mir heim«, sagte ich. »Komm mit in mein Zelt, deine Frau wartet dort auf dich.«

»Ja, geh!« meinten auch die anderen. »Geh heim mit ihm.«

Aber er schüttelte nur meine Hand von seiner Schulter ab und kehrte schnell auf seinen Platz zurück. »Fang an!« schrie er seinen Gegner an. »Wir werden spielen! Wir werden um sie spielen!« Und im Flüsterton fügte er hinzu: »Um sie und eine andere Sache.«

Vielleicht hörte Glancing Arrow den letzten Teil des Satzes nicht, und wenn, dann gab er es nicht zu erkennen. Er hob die Knochen auf und fing an zu singen, aber keiner stimmte ein, nicht einmal Fisher, und als er aufschaute und die vielen finsteren Gesichter um sich herum sah, die ihn anstarrten, stockte seine Stimme. Er beendete aber den Gesang und streckte Fisher seine beiden Fäuste entgegen.

Da trat ein Moment spannungsgeladener Stille ein. Wenn Gedanken töten könnten, wäre Glancing Arrow gerade dort auf seinem Platz tot zusammengesackt. Ich spürte selbst, wie in mir der unbezähmbare Wunsch hochkam, meine Finger um seinen Hals zu krallen und ihn zu erwürgen. Einige hatten sich doch tatsächlich halb von ihren Sitzen erhoben, und ich sah etliche, die nach ihren Messern griffen.

Fisher schaute ihm so tief und unbeirrt in die Augen und so lange und mit einem so gequälten Ausdruck, daß die Spannung fast unerträglich wurde. Zweimal hob er seine Hand, um seine Wahl zu treffen, und zweimal zog er sie zurück. Doch endlich zeigte er auf die linke Faust – und erhielt den nicht gekennzeichneten Knochen.

Einige der Zuschauer sprangen auf. Man hörte Rufe wie »Tötet ihn! Tötet ihn!« Messer wurden gezogen. Aber Fisher wies sie alle auf ihre Plätze zurück; da war ein gewisses Etwas in seinem Auftreten, etwas Gelassenes, seltsam Entschlossenes, daß ihm alle sofort gehorchten. »Komm morgen«, erklärte er dem Gewinner, »und du wirst all das bekommen, was dir zusteht.«

»Nein«, erwiderte Glancing Arrow, »nicht morgen, noch heute nacht will ich Zelt, Felle, Decken und die Frau haben. Morgen hole ich mir dann die Pferde.«

»Dann komm! Es sei so, wie du sagst!«

Wir ließen sie an uns vorbei in die Dunkelheit hinaus. Keiner folgte ihnen, keiner sprach. Wir alle fühlten, daß etwas geschehen würde. Aber einige Zuschauer, die draußen gestanden hatten, gingen ihnen hinterher, und sie erlebten das Ende der Geschichte. The Lark hatte neben dem Zelt gestanden und selbst mit angehört, wie sie als letzter Preis ausgesetzt wurde, hörte die Forderung des Gewinners und floh dann in ihr eigenes Zelt zurück. Kurz darauf verließ Fisher, gefolgt von dem Mann, der ihn ruiniert hatte, das Spielzelt. Bei Fishers Zelt angekommen, traten sie ein, gefolgt von ein oder zwei Männern, die ihnen nachgegangen waren.

»Dort liegt sie«, rief Fisher und zeigte dabei auf das Lager, wo seine Frau vollkommen mit einer Bisonrobe zugedeckt lag. »Dort liegt sie«, fuhr er fort, »aber du wirst sie nie anrühren, denn ich will dich hier in ihrer Gegenwart opfern.«

Glancing Arrow war von Fishers Worten und seinem Gesichtsausdruck völlig gelähmt, so daß er gar nicht versuchte, sich zu wehren, sondern auf den Boden fiel und noch jammerte: »Hab Mitleid, hab Mitleid mit mir!«, als Fisher sich bereits auf ihn stürzte und ihm ein Messer mehrmals tief in den Nakken stieß.

In unserem Zelt hörten wir die Schreie des Sterbenden und eilten so schnell hinaus, daß wir die Zelthaut von den Pflökken rissen. Als ich den Schauplatz erreichte, war bereits alles vorüber. Glancing Arrow lag tot neben dem Feuer, und Fisher stand mit einem zufriedenen, kindischen Gesichtsausdruck über ihm.

»Was ist nur geschehen? Ach ja, natürlich«, murmelte er wie im Traum vor sich hin, »ich erinnere mich, er wollte sie ja haben. Schon immer wollte er meine Frau haben. Und jetzt habe ich ihn getötet. Schau nur, meine kleine Frau, er ist tot, mausetot. Nun brauchst du keine Angst mehr zu haben, wenn du zum Wasserholen an den Fluß oder zum Holzsammeln in den Wald gehst. Steh nur auf und überzeuge dich selbst, er ist ein für allemal tot.«

Aber The Lark rührte sich nicht, und so beugte er sich über ihren Körper und zog die Decke fort. Im selben Moment stieß er einen herzzerreißenden schrillen Schrei des Entsetzens aus. Sie war auch tot. Sie hatte sich unter der Felldecke verkrochen, ein Messer mit beiden Händen ergriffen und es sich mitten ins Herz gestoßen. Ihre Hände hielten den Griff immer noch fest umklammert, und wenn jemals ein totes Gesicht äußerste Qualen und Schrecken zum Ausdruck brachte, dann war es das ihre. Ihr Anblick schien Fisher wieder zur Besinnung zu bringen, denn ich bin überzeugt, daß er die vergangenen Tage dem Wahnsinn verfallen war. »Es ist meine Schuld«, stammelte er. »Meine Schuld, alles meine Schuld! Aber du sollst nicht ohne mich gehen.«

Und ehe einer von uns eingreifen konnte, bohrte er sich das Messer, das er noch in der Hand hielt, tief in die eigene Brust und sank neben ihr zu Boden. Wir verließen das Zelt; alle Hilfe kam zu spät.

Die Frauen kamen und bereiteten die Leichname für die Beisetzung vor. Am nächsten Morgen wurden sie fortgebracht und auf ihren luftigen Grabstätten festgebunden.

Dann verließen wir den Ort und zogen ostwärts, an den nächsten kleinen Fluß. Für lange Zeit spielte niemand mehr im Dorf, und alle beklagten die beiden jungen Menschen, die wir sehr vermißten. Die Blackfoot-Sprache kennt ja fast keine Schimpfworte, aber die, die es dennoch gibt, gebrauchten wir oft, um das Andenken Glancing Arrows zu verfluchen.

Nät-ah'-kis Ritt

Die Piegan zogen aus der Gegend um die Bear's Paw Mountains gen Westen, die meisten aber kehrten zur Agentur zurück, die jetzt am Badger Creek, einem Zufluß des Marias, eingerichtet war und etwa 50 Meilen oberhalb von Fort Benton lag. Die Berichte der Agentur sprechen von schweren Zeiten dort oben. Der Agent, so hieß es, ließe die Leute verhungern, und sie sprachen bereits von Heimkehr ins Land der Bisons.

Woche für Woche warteten die Piegan, daß die Bisons auf den Prärien ihres Reservats wieder erscheinen würden. Bei der großen Hitze, so dachten sie, würden einige Herden aus den östlichen Regionen in kühlere Breiten abwandern; außerdem hielten sie immer noch fest an dem Glauben, daß irgendwo in unbekannten und unwegsamen Höhen der Rockies Herden verborgen seien, die sich aber eines Tages befreien könnten und dann wieder in die Prärien zurückkehren müßten. Unterdessen durchstreiften die Jäger die Vorgebirge auf der Suche nach Hirschen, Wapitis und Antilopen. Sie fanden auch Wild, aber es genügte gerade, um ihre Familien vor dem Hungertod zu bewahren.

Im Juni schmolz der Schnee in den Rockies, und der Fluß trat über seine Ufer; unsere Kabelfähre wurde von allen Reisenden benutzt. Eines Tages sollte ich einen Ochsenkarrenzug übersetzen, und für die erste Fahrt wurden sieben Ochsenpaare an Bord getrieben; alle Tiere waren an der langen Bleikette festgebunden, mit der sie die Wagen zogen. Ich übernahm das Steuerruder, die Leinen wurden losgemacht, und wir setzten vom Ufer ab. Der Viehtreiber des Gespanns stand neben mir – ein französischer Kreole, ein redseliger, leicht erregbarer, nervöser Mensch. Mitten im Fluß, an der tiefsten Stelle und in stärkster Strömung, drängte das Leitjochgespann plötzlich rückwärts in das hinter ihm stehende Gespann, und diese Tiere drückten ihrerseits nach hinten in das nächste und so weiter, bis alle Ochsen auf dem Hinterdeck zusammengepfercht waren. Ihr ungeheures Gewicht hob den Bug, ja, das ganze Vorderdeck aus dem Wasser heraus. Durch das überflutete Achterdeck drang Wasser in den Schiffsraum, und das zunehmende Gewicht ließ den Bug höher und höher steigen, bis die Ochsen keinen Halt mehr fanden und allmählich nach hinten wegrutschten.

»Oh, mon Dieu!« schrie der Viehtreiber. »Sie ersaufen, sie verheddern sich in den Ketten. Kehren Sie um, M'sieur! Fahren Sie zum Ufer zurück!«

Aber ich konnte nichts machen, das Boot wollte weder vorwärts noch rückwärts und sank tiefer ins Wasser, das bedrohlich unter uns gurgelte. Die Ochsen schlitterten schließlich alle miteinander von Bord. Das war ein Schnauben und wildes Durcheinander, wie sie mit den Hufen um sich schlugen und dabei unterzugehen drohten! Aber seltsamerweise trieben sie auf eine Sandbank zu und wateten dort, trotz der gefährlichen Kette, die sie noch immer miteinander verband, sicher und ruhig aus den Fluten. Von ihrem Gewicht befreit, kippte die Fähre plötzlich nach vorn, tauchte wieder ins Wasser ein und trieb mit der starken Strömung flußabwärts.

»Oh, mon Dieu!« schrie der Franzose. »Retten Sie mich, M'sieur! Ich kann nicht schwimmen.«

Dabei stürzte er mit ausgebreiteten Armen auf mich zu. Ich sprang zurück, um seiner drohenden Umarmung zu entgehen, fiel hin und wurde von den Wellen, die über Deck spülten, fortgerissen. Mir machte das nichts weiter aus, denn ich wußte, daß die Strömung mich zu eben der Sandbank tragen würde, auf der auch die Ochsen gestrandet waren. So schaute ich zurück auf den Franzosen. Das Boot lag tief im Wasser, und er war auf den mittleren Mast, der die Kette der Fähre hielt und nur noch einige Fuß über die Oberfläche ragte, hinaufgeklettert. So sehe ich ihn noch heute vor mir: Oben auf dem Pfosten sitzend, die Augen vor Angst so groß wie Untertassen, die Enden seines stolzen Schnurrbartes zum Himmel emporragend. Und noch immer höre ich ihn, wie er abwechselnd betete und fluchte, sich dabei ständig bekreuzigte und seinen Gefährten am Ufer zurief, sie mögen ihn doch retten. Es war ein derart komischer Anblick, daß ich lauthals lachen mußte und kaum meinen Kopf über Wasser halten konnte.

»Halt dich fest, Frenchy!« riefen ihm der Wagenführer und die anderen zu. »Halt dich nur gut fest, und du wirst alles heil überstehen.«

Er drohte ihnen mit der Faust. »Ich sinke. Ich ertrinke. Verfluchte Viehtreiberbande!« rief er ihnen als Antwort zu. »Und ihr meint, ich soll mich nur festhalten. Oh, sacré! Oh, misère! Oh, mon Dieu!«

Ich bezweifle nicht, wäre das Boot noch tiefer gesunken, daß er dann losgelassen hätte und ertrunken wäre, aber plötzlich löste sich das Kabel, und das Boot kam so weit hoch, daß das Deck frei wurde. Frenchy sprang vom Pfosten herunter, drehte sich und tanzte wie toll auf dem schlüpfrigen Deck umher, schrie und lachte vor lauter Freude, schnalzte mit den Fingern den Männern zu, die sich über ihn lustig gemacht hatten, und rief: »Adieu! Adieu, Messieurs! Ich fahre nach St. Louis zu meinem Schatz!«

Ein kleines Stück unterhalb der Stelle, wo ich gelandet war, trieb das Boot ans Ufer, und wir konnten es ohne Mühe herausziehen und das Kabel ausbessern.

Mit dem fortschreitenden Sommer wurde die Ernährungslage für die Piegan sehr ernst, und wir erfuhren, daß die weiter nördlich wohnenden Blackfoot-Stämme ebenfalls Hunger litten. Der Agent der Piegan hatte sich in seinem Bericht an das Innenministerium über die barbarischen Sitten und die heidnische Anbetung unheimlicher Gottheiten seiner Schützlinge beklagt, nicht aber von ihrer großen leiblichen Not und ihrer Bedrängnis gesprochen. »Ich habe nichts für euch«, erklärte er den Häuptlingen. »Führt euer Volk ins Land der Bisons und folgt den Herden.«

Das war im August. Alle kamen zu unserem Lager gezogen. Während die Jäger die Prärien nach Antilopen absuchten, beratschlagten die Häuptlinge mit Berry und machten Pläne für den Winter. Endlich entschlossen sie sich, ins Land am Judith River zu ziehen. Dort, glaubten sie, gäbe es noch genug Bisonherden, auch Wapitis und Hirsche, Biber und Wölfe seien so zahlreich wie eh und je. Im September machten wir uns ebenfalls auf den Weg, und eine Woche später ließen sich Berry, die Crow Woman, Nät-ah'-ki und ich auf dem Platz am Judith River nieder, der nur ein oder zwei Meilen oberhalb der Mündung des Warm Spring Creek lag.

In Fort Benton hatten wir einige Männer eingestellt, und mit ihrer Hilfe erbauten wir eine Blockhüttenreihe mit einfachen Feuerstellen. Wir befanden uns inmitten eines großen Baumwollwaldes, der gegen die Nordwinde schützte, und gerade neben uns verlief der Fluß, der damals reich an großen, fetten Forellen war. Wie verabredet kamen die Piegan und stellten ihre Zelte in unserer Nähe auf, und eine Abteilung der Blood zog vom Norden herunter und wohnte auch mit im Dorf.

Nät-ah'-ki und ich gingen nur einmal auf Bisonjagd und schlossen uns dabei Red Bird's Tail [Roter Vogelschwanz] an, einem freundlichen Mann von 35 oder 40 Jahren. Obwohl wir recht viele waren, nahmen wir nur wenige Zelte mit und reisten mit leichtem Gepäck. Am Abend des ersten Tages stießen wir auf Bisons, ritten aber weiter bis zum nächsten Mittag und schlugen dann unsere Zelte am Oberlauf des Armells Creek auf. Von einem kleinen Hügel aus konnten wir die Prärie bis zum Missouri hin überblicken. Das ganze Land war schwarz von Bisons. Östlich erhoben sich die Hügelketten am Big Crooked Creek, und der Musselshell schimmerte in weiter Ferne. Die Moccasin Mountains versperrten uns die Aussicht nach Süden, aber im Westen sah man eine Menge Bisonherden weiden.

Nät-ah'-ki ritt eine kleine, zahme Stute, die ihr von einem unserer Blood-Freunde für den Jagdausflug geliehen worden war. Den ganzen Weg vom Judith her brauchte sie fleißig die Reitpeitsche, schalt mit ihr und gab ihr vorwurfsvoll allerhand boshafte Namen, denn sie hatte ihre liebe Mühe, mit mir Schritt zu halten.

Doch in dem Augenblick, als wir uns der Herde näherten und die Jäger in sie hineinsprengten, bäumte sich das Tier plötzlich auf, tänzelte mit gebogenem Hals und zuckenden Ohren seitwärts und ging mit Nät-ah'-ki geradezu durch, stürzte sich so wild und unbändig ins Jagdgetümmel wie jeder andere gut dressierte Renner. Und in der Tat, es war ein ausgezeichnet geschultes Bisonjagdpferd. Der Besitzer hatte aber nicht daran gedacht, uns das vorher zu sagen. Es war sogar schneller als mein eigenes Pferd. Mich packte eine wahnsinnige Angst, als ich Nät-ah'-ki auf dem Renner mitten in das Meer der wild fliehenden, zottigen Tiere jagen sah. Vergebens trieb ich mein Pferd an, ich konnte sie nicht einholen, und meine Warnrufe verhallten im Getöse der donnernden und stampfenden Hufe. Ich sah bald, daß sie nicht versuchte, ihr Tier zu zügeln, sondern es im Gegenteil noch antrieb. Einmal schaute sie sich nach mir um und lachte; ihre Augen glänzten vor Erregung. Und so sausten wir weiter dahin, den Berghang eine Meile hinauf; dann stob die fliehende, zersprengte Herde an der anderen Seite des Bergrückens in wildem Lauf bergab.

»Was ist denn in dich gefahren?« fragte ich sie, als wir unsere schwitzenden, keuchenden Pferde verschnaufen ließen. »Warum hast du das getan? Ich habe solche Angst um dich gehabt. Du hättest stürzen oder vielleicht sogar von einem verwundeten Tier auf die Hörner genommen werden können.«

»Ja«, antwortete sie, »zuerst ängstigte ich mich auch, aber dann machte es so viel Spaß, ihnen nachzujagen. Stell dir nur vor, vier von ihnen hab ich mit der Peitsche eins drübergezogen! Ich wollte einfach immer weiter vorwärts. Und daß es Dachslöcher oder Steine oder so etwas gibt, kam mir gar nicht in den Sinn. Einmal rannte eine große, fette Kuh so nah an mir vorbei, daß ich ihren warmen Atem fühlte, als sie mich anschnaubte. Sag, wie viele Bisons hast du erlegt?«

»Nicht ein einziges Tier«, antwortete ich. Ich hatte keinen Schuß abgegeben, denn ich hatte nur auf Nät-ah'-ki geachtet, die im dicksten Gewühl dahinstürmte, und erst aufgeatmet, als die Treibjagd zu Ende war. Wir schauten zurück, den Abhang hinunter. Die Jäger und ihre Frauen waren bereits dabei, die Tiere zu zerlegen. Doch wir, wir hatten kein Fleisch. Ohne Fleisch konnten wir aber nicht ins Lager zurückkehren, deshalb ritten wir ein Stück der Herde nach und bogen dann in die Berge ab. Oben in den Kiefern gab es Hirsche, und ab und zu entdeckten wir auch ein Rudel Wapitis, die ästen oder an lichten, geschützten Stellen ruhten. Während Nät-ah'-ki mein Pferd hielt, pirschte ich mich an eine kleine Gruppe Wapitis heran und erlegte mit viel Glück eine fette, milchlose Kuh. Wir machten ein Feuer und rösteten uns etwas Leber und ein Stück Kaldaunen. Nach kurzer Rast packten wir unseren Pferden so viel Fleisch auf, wie sie tragen konnten und ritten zum Lager zurück.

Ab ins Reservat

Am nächsten Tag fand wieder eine Treibjagd statt. Die Sonne schien hell und warm, und eine große Bisonherde graste ganz in unserer Nähe. Wir verließen das Lager, alle waren bester Laune. Nät-ah'-ki und ich hatten die Pferde getauscht; meins ging genausogut wie das ihre, nur hatte meins ein weicheres Maul, so daß sie es leichter bändigen konnte. Einmal drin in der Herde, vergaß ich alles andere und gab mein Bestes, die fettesten Kühe abzusondern, sie zu überholen und zu erlegen. Nicht, daß ich Fleisch und Felle dringend brauchte, aber ich wollte meine Beute den Jägern, die schlechtere Pferde ritten, geben. So zwang ich die kleine Stute unerbittlich vorwärts und brachte sieben Bisons zur Strecke.

Als ich endlich anhielt, war ich ganz allein. Ich schaute zurück und sah unsere Leute in zwei Gruppen beieinanderstehen; von der größeren, die mir am nächsten stand, klang ein erschütterndes Wehklagen der Frauen für einen Toten zu mir herüber. Bald hörte ich, was geschehen war. Der junge Arrow Maker [Pfeilmacher] war tot und seinem Pferd waren die Eingeweide herausgerissen. Two Bows [Zwei Bogen] war abgeworfen worden und hatte sich ein Bein gebrochen. Ein mächtiger alter Bulle, verwundet und toll vor Schmerz, hatte Arrow Makers Pferd aufgespießt, ihm die Flanke aufgerissen und den Reiter von seinem Tier in die dichte Masse der hinter ihm herjagenden Bisons geworfen. Er wurde von der rasenden Herde zu Tode getrampelt.

Two Bows' Pferd war in ein Dachsloch getreten, und er

wurde mit solcher Wucht zu Boden geschleudert, daß er sich sein rechtes Bein über dem Knie brach. Einige Frauen hatten Pferde mit Travois-Gestellen dabei und betteten den Toten und den Verwundeten darauf, um sie ins Lager zu bringen. Wir beeilten uns, die erlegten Bisons abzuziehen und zu zerteilen; einige Jäger nahmen nur die Zungen und die Vorderrippenstücke. Dann begaben auch wir uns ruhig und traurig zu den Zelten zurück. In dieser Nacht gab es nirgends ein Festmahl, und es erklangen keine fröhlichen Lieder.

Am anderen Morgen setzten sie Arrow Maker bei und legten seinen Leichnam in die Astgabelung eines großen Baumwollbaumes. Dann trafen wir Vorbereitungen für die Abreise, die uns den ganzen Tag beanspruchten. Das Fleisch wurde zerschnitten und getrocknet, um das Gewicht zu verringern, und die vielen Felle mußten gereinigt, die steifgefrorenen aufgetaut und zum Verpacken zusammengelegt werden. Kein einziger Mensch im Lager verstand einen Knochenbruch zu behandeln, aber wir schienten und verbanden Two Bows' Bein so gut, wie wir eben konnten. Am folgenden Morgen schlugen wir die Zelte frühzeitig ab und machten uns auf den Heimweg; alle wollten möglichst schnell diesen unheilvollen Ort verlassen, ehe vielleicht noch größeres Unglück über uns hereinbrach. Dem Verletzten richteten wir ein bequemes Lager her, das auf einem Travois festgeschnürt wurde.

Am Nachmittag setzte ein bitterkalter Blizzard ein, der den feinkörnigen Schnee in Wolken um uns herumwirbelte. Einige schlugen vor, man solle im ersten Gehölz, das wir erreichten, die Zelte aufschlagen, die meisten aber wollten nicht rasten, sondern lieber die ganze Nacht durchreiten, damit wir recht bald nach Hause kämen. Sie hatten Angst, Station zu machen – mehr Angst vor irgendeinem schrecklichen Unglück, das uns zustoßen könnte, als vor der eisigen Kälte und dem blind machenden Schnee. Sie glaubten, daß böse Geister, die uns bereits Tod und Leid gebracht hatten, irgendwo in der Nähe ihr Unwesen trieben, und keiner fühlte sich sicher, bevor der

Jagdausflug nicht beendet und den Göttern Opfer dargebracht worden waren. Red Bird's Tail war einer von denen, die für Weitermarsch stimmten.

Die tief dahintreibenden, Schnee sprühenden Wolkenmassen verdunkelten den Mond. Wir klammerten uns fest an unsere Sättel, gaben den Pferden die Zügel, denn wir vertrauten ihnen, daß sie der Spur, die Red Bird's Tail durch den tiefen Schnee bahnte, folgen würden. Wir konnten die Zügel, selbst wenn wir gewollt hätten, nicht halten, denn unsere Hände waren so steif gefroren, daß wir sie unter unsere Decken und Bisonroben, in die wir eingemummt waren, stecken mußten. Nät-ah'-ki ritt gleich hinter unserem Anführer, ich folgte dicht hinter ihr, und dann kam die Familie von Red Bird's Tail. Manchmal konnte ich sie, wenn ich mich umsah, erkennen, aber meistens waren sie im Schneetreiben verschwunden.

Red Bird's Tail und die anderen Männer sprangen oft von den Pferden ab und liefen neben ihnen her, ja, rannten sogar kurze Strecken, um sich ein bißchen aufzuwärmen. Doch das half kaum. Die Frauen blieben allerdings, vor Kälte zitternd, lieber in den Sätteln, und einige erfroren sich dabei Hände und Gesicht. Als wir noch etwa sechs oder acht Meilen von zu Hause entfernt waren, fiel Red Bird's Tail, der uns mit seinem Pferd an der Leine vorausging, in eine Quelle, die vom Schnee verweht war. Er versank bis zur Hüfte, und kaum war er wieder herausgeklettert, froren sofort seine klatschnassen Leggins. Aber er klagte nicht, sondern stapfte tapfer weiter durch die tiefen Schneemassen uns allen voran, bis wir endlich daheim ankamen. Ich wünschte mir nichts sehnlicher, als absteigen zu können, den ich war völlig starr und steif gefroren. Ich hob Nät-ah'-ki aus dem Sattel und trug sie hinein. Ungefähr 17 Stunden waren wir unterwegs gewesen. Ich weckte einen der Männer, damit er unsere Pferde versorge, und wir krochen, vor Kälte schnatternd und mit klappernden Zähnen, unter einem halben Dutzend Bisonroben und Decken ins Bett.

Als wir am anderen Tag aufwachten, war es beinahe Mittag.

Wir erfuhren, daß eine Frau unserer Gesellschaft vom Pferd gefallen war; der Kältemacher hatte sie zu sich genommen. Ihre Leiche wurde nicht mehr gefunden.

Ich erzählte Berry von dem Jagdausflug und unseren Erlebnissen. »Siehst du«, meinte er, »ich hatte dir abgeraten mitzugehen. Ein Mann, der es sich im Winter leisten kann, am Feuer zu sitzen, aber trotzdem in die Prärie auf Jagd geht, der hat mit Sicherheit nicht mehr alle Tassen im Schrank. Yes, Sir, der ist ein richtiger Dummkopf!«

Im September wurde ein Mann namens Charles Walmsley ermordet am Cutbank River, auf dem Weg von Fort Macleod nach Fort Benton, aufgefunden. Sein Wagen, sein Geschirr und seine übrigen Habseligkeiten hatte man teilweise verbrannt und in den Fluß geworfen. Der Verdacht fiel schließlich auf Turtle [Schildkröte] und seinen Gefährten The Rider [Der Reiter], beides Blood-Indianer, die kurz darauf in Fort Benton einige hundert Dollar kanadischer Währung für Gewehre und allerhand Dinge, die ein Indianerherz begeistern, ausgegeben hatten. Als der Sheriff erfuhr, wo sich die beiden aufhielten, kam er sofort in Begleitung des Hilfssheriffs Jeff Talbot zu uns, nach Fort Conrad, geritten, um sie zu verhaften. Es mag sein, daß es noch mutigere Männer als Sheriff John J. Healy im Grenzland gab, aber denen bin ich nie begegnet. Er war schon seit vielen Jahren im Amt, und ihm gehörte der *Fort Benton Record*, die allererste Zeitung, die in den Prärien Montanas gedruckt wurde. Vor dieser Zeit hatte er mit den Indianern Handel getrieben und war einer der führenden Köpfe von Whoop-Up und im Nordhandel gewesen; er war also auch einer jener »Spieler, Schmuggler und Verbrecher jeder Couleur«, wie Miss Laut uns charakterisiert hat.

Eines Abends, bei Sonnenuntergang, erschienen also er und Talbot auf unserer Handelsstation, und sobald sie ihre Pferde versorgt hatten, nannten sie uns den Grund ihres Kommens.

Berry wiegte den Kopf und meinte: »Wenn ich an Ihrer Stelle wäre, würde ich es nicht wagen, sie hier zu verhaften. Diese beiden Blood sind ziemlich niederträchtig, und Turtle hat eine ganze Menge Verwandte und Freunde. Ich bin sicher, sie werden für ihn einstehen. Alter Herr, ich rate Ihnen: Reiten Sie wieder zurück, und holen Sie sich erst einmal ein paar Soldaten vom Fort zur Verstärkung.«

»Ich schere mich den Teufel um seine vielen tausend Freunde und Verwandte!« rief Healy aus. »Ich bin wegen dieser beiden Indianer hergekommen, und ich kann euch versichern, die werden mit mir zurückkommen, tot oder lebendig.«

»Also gut«, meinte Berry, »wenn Sie schon nicht davon abzubringen sind, dann müssen wir Sie natürlich unterstützen, aber mir gefällt die Sache trotzdem nicht.«

»Aber, Sir«, sagte Healy, »das ist ganz allein mein Bier. Schon weil Sie Händler sind, dürfen Sie sich da auf gar keinen Fall einmischen. Sonst geht es Ihnen an den Kragen. Komm jetzt, Jeff!«

Sie gingen, und wir durchlebten eine äußerst bange Viertelstunde. Wir bewaffneten uns und unsere Leute und standen bereit, ihnen jederzeit zu Hilfe zu eilen, obwohl wir wußten, daß wir im Falle einer Schießerei sowieso zu spät kommen würden. Aber wir behielten das Lager genau im Auge, und noch während wir uns über die ganze Angelegenheit unterhielten, hatten Healy und Talbot bereits beiden Männern Handschellen angelegt und kamen mit ihnen zum Fort zurück. Einen ketteten sie an den Mittelpfosten unseres Verkaufsraums, den anderen an eine lange Wand in der Küche. »Das wär's für heute!« rief Healy aus. »Habt ihr nichts zu essen für einen hart arbeitenden Mann? Ich bin am Verhungern!«

Healy sprach ausgezeichnet Blackfoot. Als er und Talbot ins Lager kamen, fragten sie nach Running Rabbit [Rennendes Kaninchen], dem Blood-Häuptling, und man zeigte ihnen den Weg zu seinem Zelt, wo Healy ohne große Umschweife sein

Anliegen vorbrachte. Der alte Häuptling versprach, die beiden Männer holen zu lassen, dann könnten sie ja miteinander reden. »Aber«, fuhr er fort, »ich kann für nichts garantieren. Meine jungen Krieger sind Heißsporne. Ich habe sie auch nicht in der Gewalt.«

Man schickte einige Frauen fort, die Turtle und The Rider ins Zelt des Häuptlings bestellen sollten. Warum, darüber durften die Frauen nichts sagen, Running Rabbit hatte es ihnen ausdrücklich verboten. Kurz darauf traten die beiden ein und setzten sich unbekümmert und nichtsahnend nieder; ihnen folgten einige andere Männer, die neugierig waren und wissen wollten, warum die weißen Männer ins Dorf gekommen waren. Healy ergriff das Wort und erklärte die Angelegenheit.

»Ich weiß von überhaupt nichts«, sagte Turtle, »und ich gehe auch nicht mit. Auf keinen Fall, lieber will ich kämpfen. Hier sitzen meine Freunde, die mit mir kämpfen werden.«

Er hatte noch nicht ganz ausgeredet, als Healy, der ein sehr starker Mann war, ihn packte und blitzschnell ein Paar Handschellen um seine Handgelenke zuschnappen ließ. Talbot setzte The Rider auf die gleiche Art außer Gefecht. Beide Indianer brausten auf, und ihre Freunde wurden auch sehr wütend und riefen: »Ihr werdet sie nicht abführen! Wir werden das nicht zulassen! Nehmt ihnen diese Eisenringe ab, oder ihr kommt hier nicht mehr lebend raus!«

»Hört zu!« sagte Healy, indem er seine Hand zur Warnung hochhob. »Ihr alle kennt mich, und ihr wißt auch, daß ich keine Angst habe. Ich muß diese beiden Männer hier abführen, und ich werde sie auch abführen. Funkt auch nur einer von euch dazwischen, bin ich nicht der einzige, der stirbt. Ihr wißt genau, wie gut ich schießen kann, und einige von euch werden noch vor mir sterben.«

Healy hatte seine Pistole nicht gezogen, starrte sie aber stur und kaltblütig an, und wenn er wütend war, dann konnte dieser unbarmherzige Blick selbst einen Unschuldigen zum Erzittern bringen.

»Komm schon!« sagte er zu Turtle, und der Indianer stand wie willenlos auf und verließ mit ihm das Zelt, gefolgt von Talbot und The Rider.

In jener Nacht schlief keiner von uns ruhig. Spät am Abend eilte ein Piegan-Junge in unseren Posten und berichtete, daß einige Blood planten, ihre beiden Freunde zu befreien; einige schlugen vor, man solle die Handelsstation angreifen, andere dagegen meinten, es sei besser, den Offizieren am nächsten Tag auf dem Rückweg aufzulauern. »Geh und teile ihnen mit, daß ich nur zu sehr hoffe, sie werden es versuchen«, sagte Healy. »Wir besitzen einige Winchester und Sechsschüsser und reichlich Patronen, wir werden uns bestimmt köstlich amüsieren. Turtle und The Rider verpassen wir die ersten zwei Kugeln.«

Die Gefangenen wurden sicher nach Helena gebracht, und vor Gericht erklärte The Rider, Turtle habe Walmsley von hinten erschossen, während dieser gerade sein Abendessen kochte. Der Mörder bekam lebenslänglich und starb zwei Jahre später im Zuchthaus von Detroit. Seit diesem Prozeß wurde kein Weißer mehr von irgendeinem Indianer der Blackfoot-Konföderation umgebracht.

Der Winter war ziemlich streng, und die Indianer konnten nicht so viele Bisons erlegen, da die Herden zu weit ab vom Lager weideten. Immerhin gerbten sie eine beträchtliche Anzahl Bisonroben und hatten noch eine ganze Menge roher Häute auf Vorrat, da traf eines Abends ein Trupp Soldaten von Fort Benton unter Befehl von Leutnant Crouse im Lager ein. Es war mitleiderregend zu sehen, wie Frauen und Kinder mit angstvoll aufgerissenen Augen davonliefen und sich im Gebüsch versteckten. Die Männer sagten nichts, aber sie nahmen ihre Waffen und standen zwischen den Zelten, bereit zu kämpfen, wenn es nötig sein sollte. Dann sahen sie, daß der

Trupp haltmachte und Vorbereitungen traf, ein Lager aufzuschlagen. Es sollte also keinen Krieg geben, folgerten sie, und man rief die Frauen und Kinder zurück ins Dorf. Doch der Auftrag der Soldaten war kaum weniger gefährlich als ein Kampf. Sie waren gekommen, um die Piegan in ihr Reservat zurückzugeleiten. Aber dort gab es weder Bisons noch Wild. Gingen sie nicht freiwillig mit, sollten sie mit Waffengewalt dazu gezwungen werden. Man rief eine Ratsversammlung ein. »Warum nur? Warum nur?« wollte Calf Shirt wissen und sein Gesicht war aschfahl vor unterdrücktem Zorn. »Muß das denn sein? Mit welchem Recht? Wer sagt, daß wir gehen müssen?!«

Leutnant Crouse erklärte, daß er nur ein Werkzeug seiner Vorgesetzten sei und höchst ungern deren Befehle ausführe, aber der Große Vater in Washington selbst habe wiederum diesen Vorgesetzten befohlen, daß sie die Piegan zu ihrer Agentur zurückbringen müßten. Es lägen Beschwerden über sie vor. Die Viehzüchter behaupteten, sie, die Indianer, töteten ihr Vieh, und diese Leute hätten den Großen Vater gebeten, man solle sie wieder ins Reservat heimschicken. Der Große Vater habe ihre Bitte erhört.

»Hört!« sagte White Calf. »Vor vielen Jahren kamen einige Gesandte des Großen Vaters auf einem Dampfboot an die Mündung des Judith und schlossen dort mit unserem Volk ein Abkommen. Man bekräftigte es auf Papier, und alle Gesandten und unsere Häuptlinge setzten ihre Namen darauf. Ich war damals ein junger Mann, aber ich besaß Verstand und erinnere mich noch sehr genau, was in der Schrift der Weißen auf dem Papier stand. Es hieß: Das ganze Land nördlich des Musselshell River und Missouri bis zur Mündung des Milk River, die kanadische Grenze aufwärts, und von den Rockies östlich bis an eine Grenzlinie, die nördlich von der Mündung des Mouth River verläuft – all dieses Land, hieß es, gehöre uns. Seitdem haben uns die Weißen nie etwas davon abgekauft, auch haben sie uns nicht darum gebeten. Wie können sie nun sagen, daß wir hier nicht mehr jagen sollen?

Man klagt uns an, Vieh zu töten! Das haben wir nicht getan. Warum sollten wir auch, wenn wir fette Bisons, Hirsche, Wapitis und anderes Wild und deren Felle haben? Wir wollen nicht zu unserer Agentur zurück. Dort gibt es kein Wild. Wenn wir dorthin gehen, so müssen wir Hungers sterben. Hunger zu leiden ist schrecklich. Wehe unseren kleinen Kindern, Frauen und Alten! Geht zu eurem Fort zurück und laßt uns in Frieden.«

Auch andere standen auf und sprachen. Leidenschaftlich trugen sie ihre Bitte, im Land des Wilds zu bleiben, vor. Ich glaube, des Leutnants Stimme stockte und zitterte, als er erwiderte, daß es nicht in seiner Macht stünde, an der Lage etwas zu ändern, und er bat, es ihm durch ihre Weigerung nicht noch schwerer zu machen, als es schon sei. Dann erhob er sich und verließ den Rat, bat sie aber um baldige Antwort.

Die Entscheidung fiel rasch. »Natürlich«, sagte White Calf, »könnten wir diese paar Soldaten hier kurzerhand töten, aber andere, viel, viel mehr würden nachrücken. Sie würden unsere Frauen und Kinder, selbst die Neugeborenen, niedermetzeln, so wie sie es am Marias getan haben. Nein, besiegen können wir sie nicht. Laßt uns zur Agentur zurückziehen und versuchen, auf irgendeine Art Nahrung zu beschaffen.«

Ein paar Tage später wurden die Zelte abgebrochen, wir packten unsere Bisonroben und sonstige Gerätschaften und Gepäckstücke auf die Wagen und traten, begleitet von den Soldaten, den Weg nach Norden an. Das war im März. Man konnte nur etwa 12 bis 15 Meilen am Tag schaffen, denn die indianischen Pferde waren abgezehrt und schwach. Auf der ganzen Strecke verendeten Hunderte von Pferden. Sogar wir mit unseren schwerbeladenen Wagen kamen schneller voran und erreichten Fort Benton noch vor ihnen. Unser ganzer Handel erbrachte 800 Bisonroben, 3000 Hirsch-, Wapiti- und Antilopenfelle, und ich habe vergessen, wie viele Biber- und Wolfspelze.

Von Fort Benton aus reisten die Indianer langsam zum Fort

Conrad und dann einzeln weiter zu ihrer Agentur. Dort gerbten die Frauen rohe Felle und verdienten mit dem Verkauf von Bisonroben gerade so viel Geld, daß sie sich und ihre Familien zumindest kurze Zeit vor dem Hungertod bewahren konnten.

Der wahre Grund für die ungerechte Behandlung der Piegan ist folgender: Den Besitzern der Viehwirtschaft am Big Spring Creek gehörte auch der Handelsposten bei der Agentur. Sie wollten die Indianer dorthin zurückhaben, denn sie rechneten mit etlichen hundert Fellen. Deshalb erhoben sie gegen die Piegan Klage, daß sie ihr Vieh abschlachteten, und da sie in Washington großen Einfluß besaßen, schenkte man ihrer Beschwerde Glauben und leitete die nötigen Maßnahmen ein. Die Felle bekamen sie nun, und angesichts dieses offensichtlich guten Geschäfts ließ sich ein harmloser Neuankömmling dazu überreden, ihnen die Handelsrechte abzukaufen. Er kaufte die Katze im Sack, denn im Hochsommer hatten die Piegan keine einzige Bisonrobe mehr zum Eintauschen noch sonst irgend etwas, womit sie nur ein Pfund Tee hätten erstehen können.

Halbblut vom Red River

Endlich waren wir wieder zu Hause in Fort Conrad. Nät-ah'-ki und mir gefiel es dort so gut wie an keinem anderen Ort. Der Fluß, der an unserem Fenster vorbeirauschte und -plätscherte, die herrlich grünen Waldungen in den grasbedeckten Niederungen, das sanft ansteigende Tal, die einfache, aus schweren Holzbalken erbaute Stube, die im Sommer kühl und im Winter warm war und von den lodernden Flammen im Herd beleuchtet wurde – was konnten wir uns denn Schöneres wünschen? »Laß uns nie wieder von hier fortgehen«, sagte Nät-ah'-ki, »laß uns hierbleiben, auf daß wir in Glück und Zufriedenheit leben.«

Aber ich erklärte ihr, wie schon zuvor, daß wir nicht immer tun und lassen könnten, was uns gerade in den Sinn käme und daß wir vielleicht in einigen Wochen oder Monaten schon wieder aufbrechen und dem Bison folgen müßten.

Berry machte im Mai eine kurze Reise durch das Land der Bisons, und gleich nach seiner Rückkehr trafen wir Vorbereitungen, um am Missouri bei Carrol, ungefähr 150 Meilen unterhalb Fort Benton, einen neuen Handelsposten einzurichten. Steele und Broadwater, beide Teilhaber der Diamond R. Gesellschaft, eines großen Transportunternehmens, hatten dort am Flußufer schon vor Jahren eine Filiale gegründet mit der Absicht, Frachten, die mit dem Schiff flußaufwärts gebracht wurden, direkt über Land nach Helena zu befördern. Aber das Vorhaben schlug fehl, und die alten Gebäude waren längst vom Fluß, der immer wieder über seine Ufer tritt, weggespült worden. Wir entschieden uns für diesen Platz, denn dort befanden wir uns südlich der Little Rocky Mountains, nördlich der Snowies, und gute, mit Wagen befahrbare Straßen führten von dort aus in alle Richtungen. Doch vor allen Dingen schien dieses Fleckchen Erde gerade im Zentrum jener Gegend zu liegen, in der die letzten Bisonherden lebten. Wir schickten einen zuverlässigen Indianer, der die Blackfoot und Blood von unserem Vorhaben unterrichten sollte, nach Norden, bis nach Kanada hoch, und sie willigten ein, so bald wie möglich herunterzukommen. Auch die Piegan, unsere nächsten Nachbarn, zeigten sich damit einverstanden, und so rechneten wir mit ziemlich guten Geschäften.

Anfang Juli, im Jahre 1880, gelangten wir also von Fort Benton aus auf dem Wasserweg nach Carrol. Wir hatten Unmengen von Waren an Bord. Berrys Ochsentreck war uns über Land vorausgeeilt, und die Männer hatten bereits eine geräumige Blockhütte mit zwei Räumen erbaut, die wir als Küche und Eßzimmer benutzten. Die Frauen kochten uns sogleich ein vorzügliches Mahl.

Mitte September hatten wir alles für den Winter vorbereitet, einen geräumigen Verkaufsraum und ein Warenlager im Blockhausstil, eine Räucherkammer für das Konservieren der Bisonzungen und eine Reihe von Unterkünften aufgebaut. Wie versprochen, kamen die Blackfoot und Blood vom Norden herunter, und kurze Zeit später trafen etwa 2000 kanadische Cree mit ihrem Häuptling Big Bear [Großer Bär] bei uns ein. Mit der Zeit fand sich auch noch eine große Gruppe von Halbblutindianern vom Red River ein, die mit ihren schwerfälligen, quietschenden zweirädrigen Fuhrwerken anrollten.

Die nördlichen Blackfoot kamen mit den Cree ganz gut zurecht, denn durch Einheiraten waren sie bis zu einem gewissen Grad miteinander verwandt. Die beiden Stämme lagerten den ganzen Winter über nebeneinander in der Flußniederung. Die Blood waren ihnen allerdings nicht so freundlich gesonnen und gingen südlich des Flusses, in den Ausläufern der Snowies auf Jagd. Die Häuptlinge beider Stämme schlossen eine Art Waffenstillstand und einigten sich, daß zumindest für diesen Winter alle Feindseligkeiten eingestellt werden sollten. Doch die Piegan wollten ihren Erzfeinden gar nicht erst begegnen und jagten im Westen von uns, schickten aber gelegentlich einen Kriegstrupp gegen sie aus, der einige Cree tötete und ihre Pferde entführte. Wir trieben keinen Handel mit ihnen.

Nät-ah'-ki und die Crow Woman waren äußerst aufgebracht, als sie sahen, daß die Cree vom Norden herunterkamen. »Mit welchem Recht«, fragte die Crow Woman, »kommen die hierher? Die Soldaten sollten sie in ihr Busch- und Sumpfland zurücktreiben. Es ist nicht richtig, daß man ihnen erlaubt, auf die Bisons und anderes Wild Jagd zu machen, denn diese Tiere gehören eigentlich unserem Volk.«

Noch schlimmer als die Cree fand ich ihre Halbbrüder, die Cree-Französischen Red River Halbblut. Ihre Haut war nicht dunkel, sondern eher schwarz. Männer wie Frauen kleideten sich in Schwarz; nur die Männer trugen eine knallrote Schärpe um die Hüfte geschlungen. Sogar die Taschentücher der Frauen waren schwarz. Außerdem hatten die Männer eine scheußliche Frisur; ihr Haar war über den Schultern gerade abgeschnitten und stand wie ein riesiger Staubwedel um den Kopf herum ab.

Doch ihr Aussehen war mir weniger verhaßt als ihre Sitten und Gewohnheiten. Zum einen aßen sie Hunde; dann gaben sie vor, gläubige und begeisterte Kirchenmitglieder zu sein, waren jedoch in Wirklichkeit die übelste Bande von Lügnern und Dieben, die jemals die Prärien durchstreifte. Die Amerikaner verabscheuten sie genauso wie die Engländer, und in ihrem deftigen Französisch verfluchten sie uns so lange, bis ich es eines Tages einfach nicht mehr ertragen konnte. Ich sprang über die Ladentheke und gab einem von ihnen, einem Burschen namens Amiott, eine schallende Ohrfeige, die ihn regelrecht zu Boden schleuderte.

»Das ist für dein ewiges Fluchen auf uns!« sagte ich zu ihm. »Hier in diesem Haus will ich nichts mehr davon hören. Wenn euch das nicht gefällt, dann könnt ihr alle verschwinden, eure Waffen holen und zurückkommen.«

Seltsamerweise beeinträchtigte dieser Zwischenfall unsere Geschäfte überhaupt nicht. Jene, die wir hier heruntergebeten hatten, blieben auch weiterhin unsere Kunden und waren ganz friedliche Leute.

Louis Riel! Wie gut glaubte ich, ihn zu kennen; Louis, der den Aufstand der Halbblutindianer 1885 in Kanada anführte. Er war ein gutaussehender Mann, und selbst wenn seine glänzenden schwarzen Augen etwas Verschlagenes hatten, so besaß er doch überaus höfliche Umgangsformen. Schon in einer Entfernung von 30 oder 40 Yards nahm er gewöhnlich mit einer schwungvollen Bewegung seinen Sombrero ab, näherte sich lächelnd mit tiefen Verbeugungen und warf dabei mit hochtrabenden Komplimenten um sich. Er besaß eine ausgezeichnete Erziehung; die Jesuiten hatten ihn zum Priester ausgebildet, aber gewisse Entgleisungen verhinderten seine Weihe.

Ich glaube, es war letztendlich seine Bildung, die seinen Abstieg verursachte, denn er überschätzte sich und seine Überzeugungskraft. Dennoch konnte ich nie genau herausfinden, ob er nun wirklich an seine Sache glaubte und voll und ganz von seinen Fähigkeiten überzeugt war – nämlich, daß er seinem unterdrückten und betrogenen Volk endlich zu seinem Recht verhelfen könne –, oder ob er bloß Krawall machte in der Hoffnung, die kanadische Regierung würde ihn mit Bestechungsgeldern zum Schweigen bringen, so daß er fortan als gemachter Mann ein behagliches Leben führen könnte.

Er kam mit seinen Leuten von den nördlichen Prärien zu unserem Handelsplatz herunter und stand bald in Berrys Gunst, denn er war ein außerordentlich gewandter und überzeugender Redner. Bald wollte er von uns einige Waren auf Kredit haben, um damit in seinem Lager Handel zu treiben.

Er bekam sie auch. Zwei Jahre lang führten wir laufend Buch darüber. Die Rechnung steht noch immer offen, denn er verschwand bei Nacht und Nebel; er schuldet uns die stattliche Summe von 700 Dollar.

»Wir sollten es vergessen«, meinte Berry, »denn wir sind schon quitt. Hat er sich nicht etwa 700mal vor uns verbeugt? Und ich glaube, solche tiefen und höflichen Verbeugungen, wie er sie macht, sind ungefähr je einen Dollar wert.«

Keiner der Red-River-Halbblutindianer, abgesehen vielleicht von Riel, hatte auch nur die geringste Vorstellung von der Schlagkraft der kanadischen Armee, die von den Engländern außerdem noch militärisch unterstützt wurde. Aber Riel mußte davon wissen, denn er war im Osten, in Ottawa, Montreal und Quebec gewesen und hatte sich durch fleißige Lektüre ein gutes Allgemeinwissen angeeignet. Ungeachtet dessen berief er gerade in unserem Handelsposten eine Versammlung nach der anderen ein, bearbeitete seine Anhänger bis zum Geht-nicht-Mehr und machte ihnen weis, daß die kanadischen Engländer nur eine klägliche Schar unerfahrener Männer wären und sie diese paar Leute in wenigen Wochen mit Waffengewalt durchaus bezwingen könnten. Sie fragten uns um unsere Meinung, und wir erklärten ihnen, daß sie nicht die geringste Chance hätten, und dasselbe sagte ihnen auch Father Scullin, ein katholischer Priester, der bei uns lebte.

Wäre der Bison nicht ausgestorben, glaube ich nicht, daß es Riel gelungen wäre, seine Leute, die Red-River-Halbblutindianer, zum Aufstand zu bewegen. Doch als die Hungersnot größer wurde, verzweifelten viele, waren nicht mehr zu halten und brachen aus.

Alle Cree und Red River zusammengenommen schlugen sich nicht so tapfer und erfolgreich im Kampf, wie es eine Handvoll Blackfoot-Krieger getan hätte; Riel wurde vor Gericht gebracht, verurteilt und für seinen Verrat gehängt.

Einige der französischen Mischlingsfrauen waren ganz reizende Frauenzimmer und sahen selbst in ihrer dunklen, traurig wirkenden, ungepflegten Tracht sehr hübsch aus. Amelie war eine von ihnen. Ihr Ehemann, ein Franzose, war bei einer Bisonjagd ums Leben gekommen. Es gab nicht einen einzigen Halbblutindianer, der ihr nicht den Hof machte. Aber sie wollte nichts von ihnen wissen. »Ich will keinen Franzosen mehr«, erklärte sie uns, »ich will auch kein Halbblut und keinen englischen Mischling. Ich nehme nur noch Amerikaner.«

Long John Pope und Mike Duval stritten sich um die Frau, und Long John bezog dabei ganz schön Prügel. Mike war sich ihrer schon ganz sicher und drängte sie, doch endlich einen Tag für die Hochzeit zu nennen, als eines Morgens Billy Burns in ihr Zimmer trat, sie ohne ein Wort zu sagen auf die Arme nahm, zur Handelsstation rübertrug und einfach vor dem erstaunten Priester absetzte. »So, jetzt kannst du uns verheiraten«, erklärte er ihm, »aber mach schnell!«

»Ich will aber nicht«, tobte Amelie und gab ihm eine schallende Backpfeife. »Ich will nicht! Haut alle ab, ihr schlechten Kerle! Und laßt mich bloß in Ruh.«

»Oh, selbstverständlich«, sagte Billy, »wenn du nich willst, willste natürlich nicht. Ich dachte halt, du fändst mich ganz nett!«

Er drehte sich um und ging auf die Tür zu, aber Amelie lief hinter ihm her und packte ihn am Arm. »Komm zurück, du dummer Kerl!« befahl sie ihm und stampfte dabei fest mit ihrem zierlichen Fuß, der in Mokassins steckte, auf den Boden. »Komm zurück! Ich mach doch bloß Spaß; is doch klar, daß ich dich heirate, denn du hast blaue Augen.«

Sie traten wieder vor den Priester, und er traute sie auf der Stelle. Am Abend gab es ein riesiges Fest. Long John und Duval schlossen wieder Freundschaft, und als Nät-ah'-ki und ich für einen Augenblick bei ihnen vorbeischauten, lagen sich die beiden weinend in den Armen. Billy und Amelie waren verschwunden. Nachdem sie die Hütte für das Fest hergerichtet, die Musiker bestellt und allerlei flüssige und feste Erfrischungen für die Party besorgt hatten, spannten sie ein Pferd vor einen Red-River-Schlitten und fuhren auf dem Fluß hinunter in ein anderes Lager, wo ein Freund von ihnen wohnte.

Ich glaube, kein anderes Volk der Prärien sprach dem Branntwein so fleißig zu wie die Cree und Red-River-Halbblutindianer. Die Blackfoot tranken zwar auch ganz gern, aber so versessen darauf waren sie nun auch wieder nicht, daß sie dafür ihre letzten Habseligkeiten verkauft hätten. Die Cree und Red River dagegen gaben alles, was sie besaßen, für Alkohol her, sogar ihre Frauen, und es gab unter ihnen kaum eine Familie, die mehr als ein halbes Dutzend Pferde besaß. Viele Cree mußten bei der Verlegung des Dorfes zu Fuß zum nächsten Lagerplatz wandern, ihre paar Gerätschaften luden sie den Hunden auf. Nicht, daß sie etwa faul waren, nein, sie erbeuteten und gerbten eine große Anzahl Bisonroben, die sie dann allerdings für Branntwein, Tee und Tabak und manchmal auch für allerlei Zierrat eintauschten. An manchen Abenden betranken sich mindestens tausend von ihnen auf einmal. Dann trafen sich Cree und Red River unten im Gehölz, wo sie um kleine Feuer saßen, sangen und tanzten; hier und da zogen einige grölend umher, manche liebten sich, wieder andere hatten die wunderlichsten und drolligsten Einfälle und trieben allerhand Schabernack. Sie stritten sich kaum, und nur wenige mußten in jenem Winter ihr Leben lassen. Mehr als ein halbes Dutzend erfroren auf dem Heimweg vom Wald zurück ins Lager, sie stolperten und waren zu schwach und müde, um wieder aufzustehen.

Der letzte Bison

Als der Frühling ins Land kam, zogen die Blackfoot und Blood wieder nach Kanada, um sich das ihnen laut Vertrag zustehende Geld von der Regierung zu holen. Die Cree und Red River blieben bei uns. Der Handel der Saison brachte uns 4000 Bisonroben und ungefähr die gleiche Anzahl Hirsch-, Wapiti- und Antilopenfelle. Für die Roben erhielten wir 28 000 Dollar, für die Felle, einige Wolfs- und Biberpelze, etwa 5000 Dollar. Das war unser bislang bester Umsatz, das größte Geschäft, das Berry jemals zu verzeichnen hatte.

Wir sahen wie gewöhnlich einem ruhigen Sommer entgegen, als die Händler der Sioux-Agentur in Dakota und einige Firmen aus dem nordwestlichen Territorium Kanadas bei uns gedörrtes Fleisch und Pemmikan bestellten. Die Briefe berichteten alle das gleiche. »Die Bisons sind verschwunden«, hieß es. »Schicken Sie uns so viel getrocknetes Fleisch, wie Sie können.« Die Cree und ihre Halbbrüder waren glücklich, als wir ihnen sagten, wir würden alles kaufen, was sie uns brächten. Sofort begaben sie sich auf die Jagd. Fleisch jeglicher Art wurde verarbeitet: magere Kühe, alte Bullen und vielleicht sogar lahme Pferde. Das Fleisch wurde in großen, flachen, dünnen Scheiben zum Trocknen aufgehängt und dann mit rohledernen Riemen zu Ballen verschnürt. Um Pemmikan herzustellen, zerstieß man das gedörrte Fleisch sorgfältig und mischte es mit Talg und Fett, das man aus den Knochen gewann. Es wurde in flache längliche Taschen aus grünem Fell verpackt, und wenn das Leder dann beim Trocknen schrumpfte, legte es sich so eng um die Masse, daß ein solches Paket hart und schwer wie Stein wurde. Wir verkauften Ballen auf Ballen von dem getrockneten Fleisch und Hunderte von Taschen mit Pemmikan mit gutem Gewinn.

Eines Tages im Hochsommer erschien bei uns ein großer schlanker Mann. Sein Aussehen, vor allem sein schwarzer, spitzer, nach oben gezwirbelter Schnurrbart erinnerte an Bildnisse spanischer Edelleute von anno dazumal. Er sprach Englisch, und das viel gepflegter als manch ein Weißer, dem man hier draußen begegnete, sogar besser als ein West-Point-Offizier. Er stellte sich als William Jackson vor, doch ich wußte nichts damit anzufangen, bis er hinzufügte, daß er auch gelegentlich Sik-si-ka'-kwan oder Blackfoot Man [Schwarzfußmann] genannt wurde. Natürlich! Wie oft hatte ich den alten Monroe von diesem Lieblingsenkel erzählen hören, von seiner Tapferkeit und seiner Herzensgüte. Wir wurden enge Freunde. Die Freundschaft hielt bis zu seinem Tod, und ich glaube schon, daß wir zusammen mancherlei Gutes getan und damit für unsere vielen Sünden gebüßt haben.

Keiner kann mir weismachen, daß es mit der Vererbung nichts auf sich hat. Nehmen wir zum Beispiel Jackson. Mütterlicherseits stammte er von den Monroes ab, einer ausgesprochen angesehenen Familie aus dem schottischen Hochland und von den La Roches, einem altfranzösischen Adelsgeschlecht, von dem einige Mitglieder schon früh nach Amerika ausgewandert waren. Sein Vater, Thomas Jackson, hatte am Seminole- und anderen Indianerkriegen von 1832 teilgenommen. Seine beiden Urgroßväter hatten in der Revolution mitgekämpft. Wen wundert es da, daß auch er sein Brot als Soldat verdienen wollte und sich schon in jugendlichem Alter als Späher in die Listen der Armee der Vereinigten Staaten eintragen ließ.

Jackson war bei allen Armeeoffizieren beliebt, ganz besonders bei den Generälen Custer und Miles. Am Morgen der Schlacht am Little Big Horn, am 25. Juni 1876, wurde er mit anderen Spähern abkommandiert, Major Reno zu begleiten.

Wären sie mit Custer geritten, hätten sie zweifelsohne sein Schicksal geteilt. So wie die Dinge lagen, taten sie alles, was in ihren Kräften stand, um Reno und sein Kommando vor der völligen Vernichtung zu bewahren. Als die Sioux angriffen, hielten sie die Stellung für einige Zeit, um den Soldaten den Fluchtweg über den Fluß und den Berg hinauf offenzuhalten, obwohl sie oft nahe daran waren, vom Feind überrannt zu werden. Plötzlich war Jackson zusammen mit Leutnant de Rudio, dem Übersetzer Girard und einem Soldaten vom Kommando abgeschnitten. Sie lagen den ganzen Tag über und auch noch den folgenden im Dickicht verborgen.

Als der Abend hereinbrach, wagte Jackson sich heraus, nahm Leggins und Decken von den toten Sioux, und als sie alles angezogen und sich in die Decken gehüllt hatten, führte er sie geradewegs an den Wachfeuern der Sioux vorbei zu den anderen Kameraden auf die Anhöhe.

Nur einmal wurden sie angesprochen. »Wer geht da?« fragte einer, der an einem kleinen Feuer saß und Fleisch briet.

Jackson, der fließend Sioux sprach, erwiderte: »Wir sind es nur, wir gehen ein Stück spazieren.«

»Mir soll's recht sein, geht, wohin ihr wollt«, sagte der Indianer. »Ich bleib hier sitzen und esse etwas Fleisch.«

Zu der Zeit, als er bei uns im Handelsposten, in der Nähe von Carrol, zu Besuch war, handelte Jackson mit Indianern in der Gegend der Judith Mountains. Ich war traurig, ihm Lebewohl sagen zu müssen. Ich rechnete nicht damit, ihn je wiederzusehen; aber es kam anders. Einige Jahre später trafen wir uns im Reservat, wohin es alle »Squawmen«, wie man uns, die mit Indianerinnen verheiratet waren, geringschätzig nannte, verschlug.

Wieder zog der Winter ins Land, die Cree und Red-River-Halbblutindianer lebten noch immer bei uns, aber die Bisons waren in diesem Jahr nicht mehr so zahlreich wie im vorigen. Das Jagdgebiet war diesmal auch bedeutend kleiner, es erstreckte sich von der Mündung des Judith River nach Osten bis zum Round Butte, etwa 125 Meilen nördlich des Missouri und südlich des Flusses etwa 40 Meilen. Im Süden, also zwischen dem Missouri und dem Yellowstone, gab es viel mehr Bisons, aber dort gingen auch mehr Leute auf Jagd. Die Weißen trugen am schlimmsten zur Ausrottung des Bisons bei, sie erlegten allein in diesem Winter mehr als 100 000 Tiere, deren Felle sie für 2 Dollar das Stück an Gerbereien im Osten verkauften. Mit vorgerückter Jahreszeit mußten die Jäger weiter und weiter nach Wild reiten. Zweifelsohne stand das Ende des Handels nahe bevor.

Da im Februar unser Vorrat an Decken zur Neige ging, reiste ich mit Nät-ah'-ki zu einem Händler an der Mündung des Judith, um neu einzukaufen. Der Fluß war mit einer dikken Eisschicht überzogen, und so traten wir, jeder auf einem kleinen Red-River-Schlitten mit einem Pony davor, auf ihm die Reise an.

Wir erreichten unser Ziel wohlbehalten und fuhren gleich am nächsten Tag, beladen mit Decken, wieder heim. Ungefähr gegen vier Uhr nachmittags sahen wir ein paar Bisons südlich von uns über den Fluß jagen und hörten gleichzeitig hinten in der Flußniederung Schüsse. Etwas später hielt ein großes Indianerlager auf der Talsohle unterhalb von uns Einzug. Nät-ah'-ki schaute einen Augenblick gespannt zu ihnen hinüber; sie waren schon dabei, die Zelte aufzuschlagen, und eine bemalte Zelthaut wurde soeben aufgehoben und um die Stangen gespannt. »Oh!« Sie stieß einen erleichterten Seufzer aus, der fast wie ein Schluchzen klang. »Oh, das sind unsere Leute! Sieh! Es ist das heilige Bisonzelt, das sie gerade aufrichten.«

Es waren tatsächlich Piegan unter Red Bird's Tails Führung, bei denen wir die Nacht verbrachten. Sie freuten sich genauso wie wir über dieses Wiedersehen, und erst spät am Abend, als uns der Brennstoff ausging, legten wir uns notgedrungen zur Ruhe. »Wir sind beinahe am Ende«, meinte Red Bird's Tail zu mir. »Wir sind in diesem Winter weit herumgekommen, wir haben den Milk River entlang gejagt, in den Wolf Mountains (Little Rockies) und nun hier am Big River. Wir hatten gerade genug Fleisch, um zu leben. Freund, ich fürchte, dies ist unsere letzte Bisonjagd.«

Ich erzählte ihm von der Lage im Süden und Osten, daß auch dort nirgends Bisons gesichtet wurden, außer den wenigen Herden, die sich zwischen dem Missouri und dem Yellowstone zeigten. Aber selbst dort zählten die Herden weniger als hundert Stück. »Bist du sicher«, fragte er, »bist du ganz sicher, daß die weißen Männer alles Land, das zwischen den beiden Salzwassern liegt, gesehen haben? Könnten sie nicht große Landstriche übersehen haben, wo sich die Bisons gesammelt haben und von wo sie eines Tages zu uns zurückkehren könnten?«

»Es gibt keine Gegend im ganzen Land«, erwiderte ich, »weder im Norden, Süden, Osten noch Westen, die die Weißen nicht bereist hätten oder gerade jetzt durchstreifen; aber keiner von ihnen kann einen Bison finden. Die Weißen sind geradeso versessen darauf, den Bison zu jagen, wie ihr, denn sie wollen das Fleisch und die Felle.«

Auf unserem Heimweg am anderen Morgen sah ich ein einsames Bisonkalb, etwa einen Jährling, verloren im dichten Lolch am Ufer stehen. Ich tötete es und nahm das Fell, die Hörner, die Hufe und alles mit. Die Crow Woman gerbte mir später das Fell und bestickte die Innenseite mit prächtig gefärbten Stachelschweinborsten. Das war der letzte Bison, den ich erlegte. Im Laufe des Nachmittags überraschten wir eine kleine Bisonherde mit 75 Tieren, die am zugefrorenen Fluß trinken wollte. Sie jagten bei unserem Herannahen in wilder Flucht über den Talgrund, die Böschung hinauf, in die Prärie hinaus.

Das war die letzte Herde, die Nät-ah'-ki und ich sahen.

Zur Zeit des allgemeinen Aufbruchs der alteingesessenen Händler zum Reservat zogen auch Berry und ich dorthin. Fort Conrad hatten wir verkauft, und Berry kaufte dem Händler bei der Agentur den Laden und sämtliche Waren für 300 Dollar ab.

Ich war nicht mehr von der Idee abzubringen, Schäfer zu werden, als ich einige Quellen mit gutem Wasser, umgeben von nahrhaftem Grasland, etwa 12 Meilen oberhalb von Fort Conrad entdeckte. Dort errichtete ich etliche Schuppen, ein Häuschen und legte einen großen Heustock an. Die mächtigen Viehhalter brannten mir alles nieder. Sie hatten aus ihrer Sicht das Richtige getan, denn ich beanspruchte das Stück Land, das weit und breit die einzigen Wasserstellen besaß. Ich verließ die schwarzen Ruinen und folgte Berry. Ich bin froh, daß sie meine Gebäude niedergebrannt haben, denn so kann ich heute guten Gewissens sagen, daß ich keinen Anteil an der Verwüstung der ehemals herrlichen Prärien Montanas hatte.

Nät-ah'-ki und ich erbauten uns in einem lieblichen Talgrund, wo die Wiesen grünten und blühten, ein schönes Zuhause. Wir brauchten recht lange dazu. Oben in den Bergen, wo ich das Holz fällte, gefiel uns der Lagerplatz unter den hohen Kiefern so gut, daß wir uns immer wieder aufs neue überwinden mußten, für einige Tage von dort Abschied zu nehmen, um das Baumaterial auf einem Wagen hinunter ins Tal zu schaffen. Es war so schön dort oben, es gab so viel zu entdecken, daß die Axt an manch einem verträumten Tag an einem Baumstumpf lehnte, während wir Forellen fischten, einer Bären- oder Hirschspur folgten oder vor dem Zelt saßen und auf den Wind in den Baumwipfeln horchten, die Eichhörnchen beobachteten, wie sie die letzten Krümel unseres Frühstücks stibitzten oder einem vorbeistolzierenden Waldhuhn nachschauten. Ehe der Schnee fiel, hatten wir trotzdem unser Häuschen fertiggestellt und eingerichtet. Es war sehr gemütlich.

Unsere Viehherde wuchs langsam. Zweimal im Jahr wurde sie mit den anderen Herden im Reservat zum Round-Up zusammengetrieben. Ich legte zwei Bewässerungsgräben an und machte etwas Heu. Wir hatten nicht viel Arbeit. Jeden Herbst unternahmen wir mit Freunden zusammen einen Ausflug in die Rockies oder bestiegen ein Ruderboot, ließen uns gemächlich den Missouri abwärts treiben und lagerten schließlich 300 oder 400 Meilen unterhalb von Fort Benton an seinem Ufer. Nach Hause fuhren wir mit der Bahn.

Wie froh waren wir, wieder daheim zu sein. »Wie friedlich es doch hier im Tal ist«, freute sich Nät-ah'-ki dann.

Aber keiner von uns konnte jene vergangenen Tage voller Glück und Freude vergessen – die scharfen Heimritte, wenn ich nach einer erfolgreichen Jagd abends ins Lager, in mein behagliches Zelt kam, die herzliche Freundschaft unserer Piegan-Freunde und -Verwandten, und vor allem das Abenteuer der freien offenen Prärien, den Anblick des zottigen braunen Meers von Bisons, so weit das Auge reichte.

Glossar

Adobe: luftgetrockneter Lehmziegel.

Bettrolle: Eine Art Schlafsack aus wasserdichtem Segeltuch, in dem mehrere Lagen Wolldecken steckten. Man schlief damit unter freiem Himmel und war, verschloß man ihn ganz, gegen Wind und Wetter geschützt.
Bisonrobe: Bisonfell, Bisonfelldecke, Bisonfellmantel, der auf der Innenseite mit Figuren oder ganzen Szenen bestickt war.
Blackfoot: Ein großer Prärie-Stamm aus der Sprach- und Völkerfamilie der Algonkin, der auf der Höhe seiner Kulturentfaltung die Prärien zwischen dem nördlichen Saskatchewan und dem oberen Missouri (Montana) bewohnte. Die Siksika oder die eigentlichen Blackfoot des Nordens, die Kai-nah oder Blood im Zentrum und die Piegan im Süden schlossen sich zu einer Konföderation zusammen.
Blood → Blackfoot.

Coup (frz. Schlag): Bravourstück. Im Kampf galt es, Ansehen durch Coups zu gewinnen. Wer an einen bewaffneten Gegner heranritt, ihn mit der Lanze oder dem »Coup-Stab« berührte, konnte einen Coup zählen. Die Berührung mit der bloßen Hand bewertete man noch höher. Einen Feind töten, seinen Skalp erbeuten, bedeutete nicht unbedingt einen Coup.
Crazy Dogs: Führende Gesellschaft tapferer Krieger.
Cree: Wichtiger Stamm der Algonkin-Gruppe. Ursprünglich Waldland-Bewohner, nahmen einige Banden, durch den Bison

angezogen, das Nomadenleben auf. Sie lebten mit vielen Unterstämmen in Kanada, in einem weiten Gebiet, das sich westlich der unteren Hudson Bay bis fast zu den Rocky Mountains erstreckte.

Crow: Prärie-Stamm der Hidatsa-Gruppe der Sioux-Sprachfamilie, der in der zweiten Hälfte des 19. Jahrhunderts östlich der Rocky Mountains lebte und jagte, im Quellgebiet des Powder, Wind und Bighorn River, der Ebenen, die sich südlich des Yellowstone bis hinunter nach Fort Laramie am Platte River erstreckten.

Gros Ventre: Frz. Bezeichnung für zwei verschiedene Untergruppen der Arapahoe, einem algonkinschen Stamm. 1. Atsina (Gros Ventre der Prärie, Bewohner Montanas); 2. Hidatsa (Gros Ventre des Missouri, Bewohner des oberen Missourigebiets).

Kutenai: Eine schwer einzuordnende Sprachfamilie, die gewisse Gemeinsamkeiten mit den Shoshone aufweist; wohnte im Südosten von British Columbia, Nordmontana und Idaho, vom Quellgebiet des Columbia bis hin zum Pend d'Oreille Lake; die unteren Kutenai lebten eher als Nomaden, die oberen hielten sich lieber in der Nähe ihrer Wohnstätten auf, aber beide ernährten sich von Jagd und Fischfang.

Kai-nah → Blackfoot.

Leggins: Ledergamaschen, strumpfartige Hosen, meist aus Bisonleder, die von den Knöcheln bis zu den Hüften reichten und mit einem Gürtel um die Hüften zusammengehalten wurden. Ein Lendenschurz, dessen Lappen vorne und hinten herunterhingen, bildete den Abschluß des Kleidungsstücks.

Mandan: Ackerbauernstamm der Sioux-Familie, der in Dörfern aus kuppelförmigen Erdhäusern am oberen Missouri in

Nord-Dakota wohnte. 1837 starb durch eine Blatternepidemie der Stamm bis auf 150 Überlebende aus.
Medizin: Spirituelle, übernatürliche Kraft oder persönliche Macht, die durch Traum, Vision, Übertragung oder Kauf erworben wird.
Medizinhütte: Vorübergehend errichtetes Gebäude, in dem die Medizingesellschaften und Geheimbünde ihre Zeremonien, Krankenheilungen und Initiationen durchführen.
Medizinmann: Priester, Heiler, Medium, religiöser Führer, Spezialist des Heiligen. Person mit übernatürlichen Fähigkeiten zur Telepathie, zum Hellsehen und zur Prophetie. Durch eine oft langjährige psychische Krise, durch Visionen oder durch Vererbung einer psychischen Energie von einem anderen Medizinmann tritt er ins Reich transzendenter Kräfte ein. Er unterwirft sich seelischen und körperlichen Torturen wie Fasten, Ertragen von Schmerzen, Einsamkeit, Anstrengungen aller Art, Meditation, Gebet, Singen und Tanzen, um einen veränderten Bewußtseinszustand zu erreichen. Mit seiner Seele kann er den Körper verlassen, durch Raum und Zeit fliegen und ins Totenreich reisen, mit verstorbenen Freunden, Tieren oder anthropomorphen Wesen sprechen. Jeder Medizinmann spezialisiert sich auf ein bestimmtes Gebiet, d. h. er besitzt nur bestimmte Begabungen: Er leitet Heilrituale, Geisterbeschwörungen, betätigt sich im Wahrsagen oder ist Bewahrer der Legenden und des heiligen Wissens des Stammes.
Medizinpfeifenbesitzer: Personen, die durch eine spirituelle Erfahrung gegangen sind, etwa eine Krankheit, eine Vision oder einem Geisttier begegnet sind, das sie mit übernatürlichen Kräften beschenkt hat. Die Medizinpfeife ist eines ihrer heiligen Kraftobjekte, sie bedarf daher einer sorgfältigen Behandlung und findet nur im rituellen Rahmen Verwendung.

Parfleche: Buntbemalte, große Falt- oder Satteltasche aus enthaarter Bisonhaut, die wie Pergament aussieht. Die Frauen benutzten sie zum Transport und Aufbewahren von Hausrat und Nahrungsmitteln.

Pemmikan: Gedörrtes Bisonfleisch; vermischt mit Fett und Knochentalg, zu Brei zerstoßen und mit Beeren angereichert, ergibt es ein hochwertiges Nahrungsmittel, das sich monatelang lagern läßt und als wertvoller Reiseproviant diente.

Piegan → Blackfoot.

Schwitzhütte: Rundes Rahmengerüst aus Ästen, so hoch, daß ein Mensch darin sitzen kann; mit Häuten, Decken oder Grasboden bedeckt, so daß im Innern völlige Dunkelheit herrscht. In die Mitte schafft man glühendheiße Steine, die, mit Wasser übergossen, Dampf erzeugen. Die Temperatur ist oft extrem hoch und läßt sich nur durch Beten, Singen und Konzentration auf die heilige Zeremonie ertragen. Die Schwitzhütte ist keine Sauna im europäischen Sinn, ihr Ziel ist nicht nur körperliche, sondern vor allem psychische Reinigung und Heilung. Die Teilnehmer fühlen sich nach einem Schwitzbad geläutert und entspannt. Es kann der Auftakt einer Zeremonie sein, als Ritual für sich stehen oder allgemein wichtige Ereignisse einleiten.

Sioux: Der Völkerkundler bezeichnet damit nach den Algonkin die zweitgrößte Sprach- und Völkerfamilie der nordamerikanischen Indianer, die zur Zeit der europäischen Einwanderung zum größten Teil westlich des Mississippi lebte; einzelne Stämme wohnten auch am Michigan-See und im Ohio-Gebiet, andere im Osten (Virginia, N. Carolina) und im Süden an der Golfküste. Ursprünglich Waldland-Indianer, d. h. Ackerbauern, wurden sie durch die vordringenden Chippewa teilweise nach Westen verdrängt. Diese Stämme wurden nun als Dakota und im engeren Sinn als Teton Sioux, die als eigentliche »Sioux« Geschichte machten, bekannt. Sie gelangten zu den Arikara am Missouri, übernahmen das Pferd, ließen den Ackerbau fallen und wurden reine Bisonjäger. Im Laufe von 50 Jahren stiegen sic im 19. Jahrhundert zum mächtigsten Reitervolk der nördlichen Prärien auf.

Skalp: Ein Stück behaarter Kopfhaut, die man dem besiegten Feind abschnitt. Ursprünglich nur im Osten Nordamerikas üblicher Brauch, der sich jedoch bei allen Präriestämmen ausbreitete, als die Engländer im Krieg gegen die Franzosen denen mit ihnen verbündeten Indianern für jede erbeutete Skalptrophäe eine Prämie zahlten.
Small Robes: Eine der zahlreichen Banden der Piegan, die alle unabhängig auf Wanderschaft gingen.
Snake: Ein Name, der auf viele Abteilungen der Shoshone zutrifft, aber meistens eine Gruppe im östlichen Oregon bezeichnet. Jene bildet eine Dialekt-Gruppe mit den Paviotso Westnevadas und den Mono des südöstlichen Kaliforniens. Die wichtigsten Snake-Stämme waren die Walpapi und die Yahuskin.

Travois: Schlepp- oder Schleifbahre. Zwei lange Holzstangen befestigte man seitlich am Pferdekörper und band sie auf dem Rücken des Tieres mit Rohleder über Kreuz zusammen. Mit Querverstrebungen über dem schleifenden Ende und einem Geflecht aus Bisonlederstreifen entstand eine Trag- und Packfläche von gut einem Quadratmeter.

Zeichensprache: Infolge der Vielfalt der Indianersprachen und -dialekte konnten sich auch benachbarte Stämme oft nicht verständigen. Sie entwickelten daher eine Zeichensprache, die – hauptsächlich im Westen gebräuchlich – eine nahezu perfekte Kommunikation ermöglichte. Sie bestand aus Gesten, die man vornehmlich durch Finger-, Hand- und Armbewegungen ausdrückte. 400 Zeichen entsprachen etwa 1000–1200 Worten der gesprochenen Sprache.